- 本书为广东省哲学社会科学"十二五"规划项目
- 本书受广东省高水平大学建设经费资助出版

20世纪
中国知识分子与现代知识生产

苏桂宁 著

中国社会科学出版社

图书在版编目(CIP)数据

20世纪中国知识分子与现代知识生产/苏桂宁著.—北京：中国社会科学出版社，2017.10

ISBN 978-7-5203-0887-8

Ⅰ.①2… Ⅱ.①苏… Ⅲ.①知识分子-研究-中国-20世纪②文艺评论-中国-当代 Ⅳ.①D663.5

中国版本图书馆CIP数据核字(2017)第210442号

出 版 人	赵剑英
责任编辑	曲弘梅
责任校对	王佳玉
责任印制	戴 宽
出　　版	中国社会科学出版社
社　　址	北京鼓楼西大街甲158号
邮　　编	100720
网　　址	http：//www.csspw.cn
发 行 部	010-84083685
门 市 部	010-84029450
经　　销	新华书店及其他书店
印刷装订	北京君升印刷有限公司
版　　次	2017年10月第1版
印　　次	2017年10月第1次印刷
开　　本	710×1000　1/16
印　　张	16
插　　页	2
字　　数	219千字
定　　价	69.00元

凡购买中国社会科学出版社图书，如有质量问题请与本社营销中心联系调换
电话：010-84083683
版权所有　侵权必究

目 录

绪论 ……………………………………………………………… (1)
 一 中国知识分子的历史定位 ……………………………… (2)
 二 中国现代知识分子 ……………………………………… (4)
 三 关于中国现代知识生产 ………………………………… (7)

第一章 清末知识分子及知识生产形态 ………………………… (13)
 一 传统知识分子的基本形态 ……………………………… (13)
 二 变革与启蒙中的知识分子及知识生产 ………………… (23)
 三 现代教育及现代知识的设计 …………………………… (38)
 四 科举废除与知识分子的身份迷茫 ……………………… (45)

第二章 在传统与现代之间的知识转换 ………………………… (49)
 一 现代报刊传媒与知识的生产传播 ……………………… (49)
 二 民间知识分子的知识生产 ……………………………… (52)
 三 传统文化批判与知识更新 ……………………………… (60)

第三章 知识的茫然与彷徨中的知识分子 ……………………… (82)
 一 鲁迅笔下的知识分子 …………………………………… (82)
 二 早期留学生形象 ………………………………………… (94)
 三 寻求生活意义的知识分子 ……………………………… (103)

第四章 知识分子与知识的重组 ………………………………… (119)
 一 知识生产条件和生产制度的建设 ……………………… (120)
 二 以阶级斗争为纲的知识统一建构 ……………………… (126)

三　知识生产者的定位 …………………………………… (138)

第五章　现代知识建设的困惑 ………………………………… (149)
　　　一　知识分子的定位及知识再造机制的建立 …………… (149)
　　　二　红色光环下的知识焦虑 ……………………………… (152)
　　　三　外来知识的介入 ……………………………………… (162)

第六章　寻求身份的惶惑 ……………………………………… (170)
　　　一　人文知识分子的身份焦虑 …………………………… (170)
　　　二　体制化知识生产的加强 ……………………………… (181)
　　　三　关于现代知识分子的讨论 …………………………… (190)

第七章　大众文化时代的知识分子与知识生产 ……………… (196)
　　　一　知识分子的大众化与大众文化的知识化 …………… (196)
　　　二　大众文化条件下的知识生产 ………………………… (202)

第八章　现代知识生产的商业化 ……………………………… (211)
　　　一　知识生产的商业化动力 ……………………………… (211)
　　　二　知识生产的资本化 …………………………………… (214)
　　　三　商业化的知识生产运作 ……………………………… (219)
　　　四　知识的营销与消费 …………………………………… (223)
　　　五　知识效益 ……………………………………………… (231)

第九章　现代知识伦理秩序的建立 …………………………… (235)
　　　一　现代知识生产的秩序化 ……………………………… (235)
　　　二　经济秩序与知识秩序 ………………………………… (239)
　　　三　知识资源的分配 ……………………………………… (243)
　　　四　知识阶级的重组 ……………………………………… (247)

后记 ……………………………………………………………… (252)

绪 论

20世纪的中国知识分子经历了动荡的年代和曲折的变化，从他们的身份演变过程可以看到中国现代知识生产的发展过程，中国知识分子既是中国现代知识的生产者，同时也被他们生产的知识所生产。

20世纪中国的知识生产经历了对旧文化知识系统的批判和扬弃的过程，也经历了对现代知识选择和建构的过程，并且在这样的变化中形成了现有的知识形态。

20世纪所形成的知识谱系是相当复杂的，既有中国传统文化知识的因素，又有现代西方文化知识的渗透，形成了独特的文化形态。

在这个文化知识的建构过程中，随着时间的推移，一些知识消失了，被无情地淹没在历史的长河中；一些知识积淀下来，被人们所熟悉，以至习以为常，并主宰社会的生活。这些知识曾经在历史上经历了血与火的抗争，形成了一定的权力，被认为是天经地义的知识。它逐渐地形成了关于知识的成分以及知识的谱系，在社会的权力网络中形成自身的运作力量。

对20世纪中国现代知识生产的考察是相当困难的工作，因为这其中涉及方方面面的问题。形形色色的、庞杂的知识成分及所构成的关系非常复杂。

20世纪的中国经历了不同的政治时期，其社会运作的机制也不尽相同，而且还有巨大的反差，在其知识生产的过程中，也形成了不同的知识生产层次，产生了不同的知识形态。这也是我们今天所身处其中的知识形态。

一　中国知识分子的历史定位

在中国的传统文化系统中，知识分子的身份定位已经相当完善。它有一整套关于传统知识分子的定义，也有关于知识分子存在意义和存在方式的描述。

这里面包含了各种类型的知识群体和形象。其中有进入统治阶层的士大夫阶层，这些人拥有教育和受教育的特殊权利；另外，还有一部分民间的拥有某种知识的人群，他们拥有关于儒家、道教、佛教、巫术、卜卦以及各种民间知识，并且能够以这些知识对社会产生影响。

显然，不能够以现代关于知识分子的定义对中国传统知识分子进行生搬硬套，而是要根据中国特定的文化条件讨论中国传统知识分子的特点。

中国传统知识分子在其特定的文化系统中生产发展，形成了自身的生产机制。其社会的运作规定了中国传统知识分子必须按照相应的社会规则生活。

成为中国传统知识分子，需要有一定的条件，即掌握一定的技能。文字书写被认为是区分知识分子和非知识分子的重要标志。文字符号掌握确实在很大程度上凸显了知识分子的特定权利。正如葛兰西所说的："在中国，文字书写是知识分子和大众截然分开的表现。在印度和中国，宗教领域也构成了分割知识分子和大众的鸿沟。"[1]

文字书写成为知识分子权力合法性的最大的支持。能够进行文字书写，实际上是拥有了特定的文化权力：一方面，它具有承传传统知识的基本条件；另一方面，它又能够借助传统知识权力对现实社会进行统治。他们可以运用传统知识积淀的力量对现实社会实施

---

[1] ［意］安东尼奥·葛兰西：《狱中札记》，曹雷雨等译，中国社会科学出版社2000年版，第1页。

个人的权力意志。

中国传统知识分子的一个最大特点是,他们一辈子生活在这个文化系统的话语之中,这套话语成为他们从事知识活动的主要媒介,他们也运用这套话语将自己的知识系统塑造得十分完美。它形成稳固的结构,有自己的价值体系,有自己的声音及腔调,对社会形成可控性的功能。更重要的是,它通过这套话语,将族群、社会、国家、民族有效地整合在一起,让的民众产生认同感,并且对民众实施有效的统治。

中国传统知识分子的知识来源主要是宗法制度所产生的知识,它以儒家文化为主体,兼及道教和佛教等方面的知识,这些知识构成了相当严密的伦理秩序以及强大的权力,并获得国家机器和民间力量的保障。它在相当完善的文化系统中形成稳固的知识关系,并有效地控制传统知识分子的人生过程。

传统知识分子依赖这些知识确立自己的身份地位,这是他们有别于一般民众的重要标志。也是这些知识使传统知识分子获得了强大的话语权,并且占据了社会较多的资源和较高的地位。

在儒家的知识系统中,知识分子的成就目标十分明确,即修身齐家治国平天下,"修齐治平"的人生道路和人生目标成为中国传统知识分子稳固的人生指南,是中国知识分子最基本的精神支柱。中国传统文化以及知识生产系统基本是围绕着这样的人生目标进行组织运作,中国传统的教育机制以及科举制度也是围绕着这一个人生目标设计的。知识分子要做到内圣外王,这样既能达到个人修身的目的,同时又能有效地服务于王权,对社会起到稳定的作用。要达到这样的效果,就要有完整的教育思想和知识体系为其服务。"传统学校主张寡头政治,因为它的目的在培养注定要做统治者的新一代统治阶级,但它的教学方式并不具有寡头政治性质。"[1]

---

[1] [意]安东尼奥·葛兰西:《狱中札记》,曹雷雨等译,中国社会科学出版社2000年版,第31页。

在教育内容方面，中国知识强调严格的宗法社会的伦理内容，树立起这方面的标杆，每一个人必须按照这样的知识伦理进入社会，处理人与人之间的关系。因此，中国的知识系统偏重于伦理性的知识，强调如何处理个人与社会的关系，使个人和社会的利益关系达到相对平衡。

围绕这个知识核心，中国传统的教育体制应该是相当完备。同时，在完成了这个序列的教育，掌握相关的知识以后，知识分子就可以进入国家机器，成为国家机器运作的某个部分，同时生产相关的知识。国家机器有效地保障了这个知识系统的运作，并且以自身的权力规定相关的知识范围，形成相关的价值取向。

二 中国现代知识分子

19世纪下半叶以后，中国知识分子开始面临新的变化，他们明显地感受到中国传统文化知识在现代社会出现了问题，也因此对中国文化进行质疑和批判。这是中国现代知识以及知识分子转化的关键时期，中国文化从传统走向了现代，中国传统的知识系统受到来自西方文化知识的影响而直接发生了变化。

西方文化以强势的力量进入中国，其背后拥有强大的军事、政治和经济作为支撑，它不断地冲击中国传统的文化知识系统，使这个貌似固若金汤的文化知识系统处于动荡不安的状态，并最终陷入濒临崩溃的境地。

这个时期的知识分子感受到了中国传统知识的困境，按照传统的知识条件，他们甚至感觉到不能够再生存下去。来自传统农业社会的宗法伦理知识体系让他们在现代的转化中束手无策，感觉到了民族生存的危机，因此不得不提出改良中国传统知识的建议，甚至对中国传统知识进行革命性改变的实践。

这是中国现代知识分子转化的重要历史时期，他们对中国传统知识失去了信心，同时接受了西方文化知识的洗礼，有意识地进行现代知识的生产。

绪　论

他们的知识结构也在发生变化，在中国传统知识的基础上，他们比自己的前辈增加了更多的西方知识，尤其是关于科学的知识。一些人如饥似渴地吸收这些知识，并试图将之转化为被中国所利用的知识，甚至还试图以西方知识代替中国的知识，使中国富强起来。

这个时期的现代知识分子开始拥有了西方知识的元素，也有吸收西方知识的强烈的渴望，同时还希望把这些知识运用到中国的文化改良之中，并积极地从事相关的实践活动。

这些知识分子试图从中国传统知识中挣脱出来。他们对传统的知识体系相当熟悉，有些人甚至深陷其中，正因为这样，他们在西方知识的参照下，可以比较出两种不同文化知识体系的差异，从知识功能方面感受到两种不同文化体系的差别，也因此进一步反思中国传统文化的知识结构，并对其采取批判的态度。

这是一个正在转化的知识分子阶层，就如葛兰西所描绘的："城市型的知识分子是随着工业的发展成长起来的，他们同工业的命运息息相关。""乡村型知识分子大多数都是'传统的'，也就是说他们与农民社会大众以及城镇（尤其是小城镇）小资产阶级相关联，还没有受到资本主义制度的熏染和驱动。"①

19世纪末，郑观应的《盛世危言》（1893）已经相当详尽地分析了中国社会各个方面的问题，从社会实体到精神领域，借助西方的知识标杆对中国的社会现实以及历史文化进行了相当激烈的批判。

这种批判的姿态一直延续到20世纪，直到"五四"时期对中国传统文化的否定，中国现代知识分子在不断批判中充实自己的知识领域，逐渐探求未来知识的建构目标。

中国现代知识分子的意义在于，他们在20世纪初试图为中国

---

① ［意］安东尼奥·葛兰西：《狱中札记》，曹雷雨等译，中国社会科学出版社2000年版，第9页。

引进新的知识,并且要使社会按照这些知识轨道运作。他们一方面对传统知识及其知识分子进行激烈批判;另一方面寻找能够置换中国传统知识的新的知识体系。

对旧知识的批判与现代知识的建构处在交错之中,少数激进分子对中国传统知识采取了绝对的否定态度,大多数中国知识分子却与传统知识有着千丝万缕的联系,尽管他们也看到中国传统知识存在种种弊病,但是,他们又必须依赖传统的知识生存,传统的知识系统是他们安身立命的基础。即便是那些激烈批判中国传统的知识分子,他们除了从西方吸收知识以外,更多的批判标准也仍然来自中国传统的知识标准和经验。

在这个过渡的阶段,中国现代知识的建构不断地进行。中国知识分子一直试图把外来的文化与中国的传统文化相融合,使它更有效地发挥作用。比如说中体西用,就是这种愿望的最恰当的表述。以中国知识为主体,其核心价值不改变,同时吸收西方知识的功能,为这个主体服务,这种美好的协调愿望在激烈的文化交流过程中不断地受到冲击。

在这个过程中,一些知识分子大量地吸收西方的文化知识,西方文化知识是经历过西方近代大工业文化洗礼的,而且被认为是使欧洲富强起来的知识体系。尽管阻力重重,那些接受了西方思想文化的知识分子仍然努力地推广西方的知识,并以此为参照,对中国的文化知识建构进行设计和实践。

这个时期的中国知识分子面临两重任务,即对中国传统知识进行批判否定;同时大量地引进西方的文化知识,以建构中国的知识体系。

否定原有知识系统的阻力相当大,因为这个知识系统已在中国运作几千年,形成了体系稳固的文化知识模块和运作完整的机制。但是,由于有西方文化的强势介入,并在很大程度上打破了中国原有文化知识的外壳,这就有助于中国知识分子对传统知识的批判和否定。

新的知识系统的建构实际上也面临着相当混乱的局面。在引进西方知识的过程中,中国早期只强调了单方面的知识引进,只强调了技术层面的引进,也就是"师夷之长技",而对相关的政治经济知识以及道德知识进行排斥,认为中国传统的政治道德文化远胜于西方相关领域的水平,没有必要引进。这种不相配套的知识嫁接所形成的弱点很快在1894年的中日甲午海战中显现出来。这个代价是惨痛的,它使当时的知识分子不得不重新思考对西方知识的全面引进,以彻底改良中国传统的文化知识。

这是一个发展的过程,中国现代知识分子的形成,便是在这样的社会发展环境中转化,不断地加入现代的知识成分,并逐渐地成为具有现代意义的知识分子群体。

三 关于中国现代知识生产

不妨将中国现代的文化建构看成是一次相当有效的知识生产过程,它与传统的知识生产有很大的区别。它既有中国传统文化发展的需要,同时又受到外来文化的影响,形成了自身的知识需求。它是在中西文化交汇的背景中出现,在复杂的环境中产生。20世纪的社会发展给中国现代知识生产提供了独特的环境。

福柯在其著作《词与物》中描述了知识生产,这其中有相似性的方式。他说:"直到16世纪末,相似性在西方文化知识中一直起着创建者的作用。正是相似性才主要的引导着文本的注解和阐释;正是相似性才组织着符号的运作,使人类知晓了许多可见和不可见的事物,并引导着表象事物的艺术。"[1]

福柯认为相似性有四种类型,那就是适合、仿效、类推、交感。这是人类生产知识的最常用的做法。但是,17世纪以后,相似性被赶到了知识的周边地区,知识最低级和最低下的边缘。[2] 福

---

[1] [法]米歇尔·福柯:《词与物》,莫伟民译,上海三联书店2001年版,第23页。

[2] 同上书,第95页。

柯认为，相似性并没有打开通向阐释科学的道路，随之出现了一门普遍秩序科学的设想，也就是给出事物以秩序。

这就是另一种知识生产的方式，即秩序化的方式。它把不同的知识碎片秩序化，使之互相联系，成为具有意义的知识结构。这实际上是一个结构主义的过程。不同的知识结构有自身的秩序化的方式，它围绕特定的核心价值运作，形成以这个核心价值辐射出来的网络结构。它把相关的碎片吸附在这个网络结构上，使之产生相关的意义，并且辐射出某种特定的权力。这种知识生产方式在现代国家，尤其是强权国家非常普遍和有效。

当人们给复杂的事物以秩序时，就必须构造一个分类学，确立一个符号体系。这是一个独特的知识系统。

在20世纪中国的知识建构中，知识的生产元素和生产方式是形形色色的，古今中外的知识元素以及权力混杂其中，形成了中国式的知识生产体系。这种在后来被认为具有中国特色的社会形态也是被不同的知识元素构造起来的知识形态。

普遍秩序的科学需要一定的专业训练，实际上也是知识生产的训练。不同背景下的知识生产的训练会在某种程度上开发人的相关智力以及能力。

对知识生产的关注，或者说关于知识的考古学给我们拓展了思路，考察不同国家和民族的知识生产的源流以及知识生产的方式，还包括考察各种知识所形成的权力过程，尤其是后者，也就是知识权力的形成更加显示了不同系统的知识运作的关系。

20世纪的中国经历了现代知识生产的三个重要的时期，也称为三个重要的知识板块的建构。

第一个是20世纪初从传统走向现代的知识生产和建构；第二个是20世纪50年代以后由红色政治建立起来的红色知识系统；第三个就是20世纪末大众文化兴起以后的知识生产形态。

这三个时期，中国知识分子投入其中，自身也经历了很大的变化。他们生产知识，同时也被其生产的知识所生产，或者称之为异化。中国现代知识的生产，知识分子起到了尤为重要的作用。

中国现代知识生产经历了复杂曲折的过程。社会权力渗透知识生产之中，政治因素成为知识生产的主要因素。政治化的知识生产成为20世纪中国现代知识生产的主流。其知识生产者，也就是被政治化的知识分子非常有效地生产出了具有强烈政治色彩的知识形态。极端政治化的知识形态同时也有效地控制了中国的社会。

在这个知识生产的过程中，中国经历了动荡不安的时期，频繁不断的战争，尤其是经历了日本对中国的侵略战争，这就使得中国20世纪上半叶的知识生产失去了相对稳定的环境，也缺乏相对明确的核心价值观。社会在动荡不安中不断地调整知识生产的价值关系。不同政党的政治观念以及强烈的民族主义情感和观念的产生，都对以后的知识生产造成了重大的影响。

20世纪初期是中国社会文化转折的重要时期，其知识生产从最初的设计到发展都经历了非常曲折的过程。在这个时期，中国知识分子在建构新的知识系统方面起到了关键性的作用。这是中国现代知识生产的重要时期，它是从旧的知识系统转向新的知识系统的生产和建构的过程。

这个时期的知识建构主要从两个方面进行：一方面是对传统中国文化进行激烈的批判，试图改造原有的知识系统；另一方面，试图建立起新的知识系统，它以引进外来知识作为建构新知识的重要依据和参照。

新知识建构的主要资源来自西方的文化知识。在此之前，这种文化知识曾经通过西方的坚船利炮以武力的方式证明了它的强大，打破了中国曾经自认为固若金汤的文化知识系统，显示出了强大的力量。尽管有相当一部分传统知识分子对此不以为然，但是，现实中强大的外来力量却又不得不让中国民众受到极大的震动。一部分知识分子提出要向西方学习，也就是"师夷之长技"，至少要在技术层面上向西方学习。在这之后，不仅仅是技术层面上的学习，还包括了政治、文化、教育等各方面的学习。

这是一种渐进式的发展。在 19 世纪末提出的中学为体、西学为用,在一定程度上承认了改造中国传统知识,学习西方知识的必要性。到 20 世纪 30 年代,甚至出现了全盘西化的口号,这是更大的变化,尽管这种要求最终没有实现,但它意味着中国原有的知识在很大程度上遭受了否定。

中国现代知识生产除了民间的人文知识分子以外,还有相当一部分进入官僚体制的知识分子直接地推动了现代知识的生产。他们具有非常强烈的政治意识,一方面,他们秉承中国传统官僚知识分子的价值观念中,具有非常强烈的王权观念;另一方面,他们又接受了来自西方的文化知识,并推动中国现代知识的改变。

20 世纪上半叶,是广泛接受西方文化知识的时期;20 世纪下半叶,则是马克思主义的知识占据了绝对的位置。

1950 年以后,中国共产党建立起强大而有效的国家管理机器,对整个国家,包括政治文化及其知识生产实施了非常有效的管理。

它迅速建立起知识生产的相关机构,包括教育机构以及文化管理机构;同时,迅速地建立起符合政权稳固的知识生产原则,并按照这个原则设计和规范所有的知识生产。

这是一个急剧变化着的历史时期,为了建立新的知识系统,首先需要批判在这之前的传统知识,并从中选择符合自身需要的知识元素,按照自身的价值对知识进行重新整合。

高度政治化的管理是这个时期知识生产的重要特点。这个时期的新政权面临着非常复杂的政治环境,经过长期战争动荡的国内局势尚未稳定,刚刚被推翻的政权还在组织力量进行抵抗,国内的各种力量和派别仍然处在非常混乱的状态;另外,国际环境动荡不安,刚刚经历过第二次世界大战的国家和民族处在重新整合之中,中国周边国家和地区还有战争动乱,因此,采取高压的政策甚至激烈的手段稳固其政权也势在必行。这种特殊的历史时期所形成的高度政治化的知识生产机制也似乎成为历史的必然。

与此同时,以高度政治化的标准对从事知识生产的知识分子进行严格的政治甄别,也成为基本的要求。这个时期的中国知识分子被甄别出了不同的政治身份。新政权对他们的知识生产权力进行了严格的规定。

通过国家机器对知识进行重新组合,以政治的标准筛选和淘汰不利于新政权建构的知识元素,重新创造了有利于新政权的知识元素和知识结构,是其知识生产的重要目标。

在这一目标的指引下,一切知识生产都围绕着这一核心目标进行,知识分子在国家机器的强力保障下展开了新的知识系统的建设。

政治知识分子在掌握政权以后,又迅速地把这种东西方混合的知识借助国家机器加以推行,并在中国建立起具有强烈的政治色彩的政治权力的知识系统,对国家进行有效的统治。

20世纪末,大众文化迅速兴起,知识生产的环境发生了重大的变化,也改变了中国现代知识生产的基本形态。

知识生产的主体,也就是知识分子的权力和条件发生了变化,知识生产去中心化和去权威化,大众化的知识分子广泛地参与现代知识生产的各个环节,知识生产不再被国家主流意识形态和少数精英知识分子所垄断,而是在更为广泛的条件中进行大众化的知识生产运作。

这就意味着,知识生产的多元化和多层次性使现代知识具有了更为复杂的结构,也形成了更为广泛的形态。

在大众化的知识生产过程中,商业化的文化资本迅速地进入这个领域,并成为主宰现代知识生产的重要力量,使得现代知识生产具有了相当浓厚的商业色彩,众多的知识产品成为商品。

大众化的知识生产是在现代市民社会迅速发育的过程中进行的,它拥有市民社会的广泛支持,也因此拥有非常深厚的发展基础。

这是一个具有生命力的知识社会,大众是知识的消费者,也是知识的生产者。大众文化的知识生产融汇在市民社会的日常生活之中，与大众的生活密切相关，它的知识产品也因此具有非常强劲的生命力。

大众文化的知识生产是在高度发达的网络传媒的支持下进行的，即生产者进入网络就可以进行相关的知识制造，其产品可以借助发达的网络传媒流通和传播，并被大众所消费。

这是一个高速发展的时代，知识生产也在大规模地进行，知识产品的形态丰富多样，呈现出多元化的态势，知识生产也融汇了更多的力量，形成现代文化知识的潮流，主宰着社会文化的走向。

第一章　清末知识分子及知识生产形态

19世纪下半叶之后，中国社会进入了复杂变化的时代，与之相伴随的中国知识分子也进入了变化和分化的时代。一方面，是中国自身的社会运作产生了种种矛盾冲突；另一方面，来自西方的文化对中国传统的文化系统产生了巨大的冲击。中国一部分知识分子开始选择和接受来自域外的文化知识，并试图改变中国的文化，以使中国富强起来。

在社会的变动过程中，中国知识分子起到了很大的推动作用，对中国社会及其文化知识的批判和建构都产生了根本性的影响。中国知识分子成为中国现代知识建设的主体，也经历了塑造自己的过程。

中国知识分子从传统走向现代，他们不断地淘汰已有的知识，同时吸收来自西方的文化知识，并且把这些知识重新组合，使之成为能够支撑中国在现代社会发展的知识系统。

20世纪是中国现代知识建构的重要时期，20世纪初为现代知识的建构奠定了重要的基础，清末民初的知识分子在这方面做出了重要的贡献。

一　传统知识分子的基本形态

中国传统文化历史悠久，经过长期的建构，已经形成了庞大而且严密的知识体系。它拥有明确的核心价值，形成了完善的知识生产机制，也形成了稳固的知识结构，其功能非常明确，就是要维护王权的统治以及社会的稳定，使中国社会按照一定的轨道运行。

作为知识生产主体的知识分子或者士大夫阶层，在知识生产的机制中拥有相当明确的身份和地位。他们生产知识，同时也在其生产的知识中生产自己，他们的知识构成本身也是中国知识生产的结果。这套知识系统非常有效地确证了知识分子的身份地位。他们在这样的知识系统中建构自身，也在社会中赢得了相当大的话语权。

1. 传统知识分子的身份构成和成就目标

中国的知识是在自身的社会土壤上发展起来的，它是中国人认知世界的产物。中国社会的生存条件以及建立起来的社会关系是其知识的根本来源。

两千多年前，孔子就曾经为寻求知识分子的身份做出过努力。他自己不辞辛劳，奔走十多年，实践自己设计的知识价值。尽管他在现实中没有找到自己的地位，却给以后的中国知识分子建立了一种理想，也建立了衡量知识分子身份地位的价值尺度，更重要的是，他为中国设计并提供了一套知识体系，这套知识体系延续下来，成为中国社会运作的重要依据。

他从各个方面论证了知识分子所应具备的要素，并且身体力行地实践这些要素。孔子及其儒家为知识分子设定了相当完整的身份内涵。知识分子的身份定位与宗法社会的需求紧密地联系在一起，儒家知识成为支撑中国社会发展的重要基础。

经过历史的积淀和规定，修身齐家治国平天下成为知识分子的人生目标。这被认为是知识分子最为完善的人生道路，它上可以光宗耀祖，下可以荫庇子孙，同时还能够成就个人的人生目标。这样的人生设计对个人、家族、宗族和国家而言，都符合整体利益的需要。

中国传统知识分子在这样的知识指导下努力奋斗，力争进入国家体制，以获取相关的社会资源。

孔子提出了"仁"的道德目标，这是儒家知识的核心，他还提出"学而优则仕"的实践路径，为知识分子确立了完整的身份价值系统。传统知识分子在追求这样的成就目标中不断地塑造自己，同时在社会中获得相应的利益。

传统知识分子在各方面被作出了基本的定位，在发展目标上，主要是以求道为主，君子求道，君子有道，道成为中国知识的核心，形而上者谓之道，形而下者谓之器。知识分子被要求以道为中心展开自身的价值，也从事相关的知识生产活动。

道德修养是中国知识分子人生过程中十分重要的实践内容，儒家文化非常注重个体人格的塑造，并总结出一套关于修身的目标和方法。个体修养是事业成功的前提，也是为文的前提。个体修养被视为达到人生目标的先行条件，先修身，才能齐家治国平天下。

儒家非常看重品德修养。孟子认为，"君子不可以不修身"，"知所以修身，则知所以治人；知所以治人，则知所以治天下国家矣"。要治好天下，修身是根本，所以儒家学说总是不厌其烦地要求人们注重自身的修养，储备相关的道德知识。儒家关于修养的知识显然符合中国社会发展的需要。宗法伦理制度必然构成严格的群体关系，并产生一系列相关的知识。

中国知识分子的发展道路在长期的发展中逐渐地定型下来，成为主宰中国知识发展的基本模式。

在中国历史上，知识分子有各种各样的生活，中国历代知识分子既有进入国家机器的，也有流落民间的，他们在民间也以各种方式从事相关的知识活动，比如文艺创作以及各种民间知识的创造，这些生产都给中国文化提供了非常丰富的资源，也使得中国历史上的文化知识成为具有非常深厚积累的文化形态。

2. 传统知识的生产方式

传统中国已经形成了相当完整的知识生产机制，中国的知识是在自己的生存土壤上生产出来，并且形成了自身的文化体系。它有自身的核心价值，同时也围绕着这些核心价值生产出相关的知识。

中国传统知识有一个道的核心，由道而繁衍的中国文化生生不息。中国古代思想家以道作为依托，对世界做出了种种解释，中国

20世纪中国知识分子与现代知识生产

知识就在道的阐释演变中不断地生产出来，形成了独具特色的知识系统。

道是万物之源。老子认为，"道生一，一生二，二生三，三生万物。""道者万物之奥，善人之宝。"（《老子·下篇》）万物源于道，道亦统领万物，其力量之巨大，可以为万物之首。

道是凝聚中国文化的核心符号。道是万物的源头，是人文的根本。"人文之元，肇自太极。"[1]

"道"为古代思想家解释万物提供了依据，同样也为人类精神及其形态的阐释提供了根据。道是精神之源，一切精神源之于道。

中国传统文化有着一整套的知识元素。它以宗法伦理为核心，建立起维护王权制度的核心知识体制。经过历史的反复积淀，形成了严密的知识系统。

中国传统知识经历过长期的积累和建构，已经形成了相当固定的知识模式。它基本上是围绕着宗法政治以及宗法伦理道德的核心进行运作，形成了相关的知识结构，相当有效地把中国知识分子整合在一起，使之成为中国文化的中坚力量。

传统知识分子的开蒙教育是中国的经史子集等传统的经典，它所传授的是中国传统文化的内容。从小学训诂开始，这些内容包含了丰富的中国传统文化的内涵。伦理道德内容是这个知识系统的基础。忠孝仁义的核心价值贯穿在青少年的教育之中，成为他们接受中国知识的基础内容。

科举考试将这些基础知识强化为社会的核心知识，并转化为应用性的知识。这些知识被转化为能够进入国家机制的应用性的范畴，使之为国家机器服务。忠孝仁义是组织中国知识的核心价值，它获得国家机器的保障，也因此成为传统知识分子必须接受和遵循的知识规则。

这种知识规则成为具有普遍性的社会共识，由国家规定的知

---

[1] 刘勰：《文心雕龙·原道》。

识，尤其是儒家文化知识成为中国民众需要接受和遵循的知识原则。

掌握着这类知识解释权的是借助了这个知识的台阶走进国家宫殿的知识分子，他们成为国家的有机知识分子，同时，又借助国家机器强化这种知识的权力，形成由国家到民间的知识文化霸权。

这种知识权力的辐射范围很大，它几乎垄断了整个社会的资源，包括文化资源，从物质层面到精神层面，这个知识系统都拥有了非常强大的控制力。

中国学术是中国传统知识生产的重要轴心，其核心思想是崇经。经学在中国的发达，与这样的信仰直接相关。在中国，诸多典籍被称为经。经典阐释是崇经意识的延伸，以注释方式阐释经典，是中国历史悠久、影响深远的知识生产方式。

自汉代开始，经典注释为中国学术建立了根深蒂固的权力话语。中国学术知识便在这样的生产方式中产生和发展。

以经书笺注的方式对待经典知识，是中国知识生产的重要特征。这一方式的前提是把注释对象定位在"经"的神圣地位上。在这里，注释者的立场和态度是相当明确的，他们以神圣而敬重的态度对待所注对象。

孔子的"述而不作"有其特定的要求，他崇尚先代的礼乐制度和先王的思想，在整理先人典籍时，他是以弥补先人的知识在流传过程中的损益为目的。在文献的整理中，述的作用是很大的，它以解释、阐发的方式补足缺失；同时，在对学生进行教育时，对先人的微言大义进一步阐发。

对经的阐释思路基本上与政治道德的秩序化一致。大一统不仅需要政治上的统一，还要在思想文化上统一，将知识秩序化和伦理化是重要的统一手段。

中国知识生产的秩序化和伦理化的过程，主要是围绕王权的核心价值运作的知识化的过程。

为现实政治道德服务的诠释方式也被引入对经的阐释，这是现实的需要。例如对《春秋》的阐释就是最典型的关于古代政治知识建构的范例，其中的公羊学在汉代成为组织政治秩序的核心知识。董仲舒从儒家的角度对当时的政治进行梳理，提出了关于天地人之间的关系，尤其是理清了关于帝王与民众的关系，并强调了这种天人关系的合理性和合法性，这种秩序化的知识获得了统治者极大的赞赏支持，并且以罢黜百家、独尊儒术建立起这一知识的绝对权威。

经典成了政治道德阐释的附着体，例如历代思想家借助《诗经》阐发自己对诗的理解，政治家也不断地强化《诗经》的政治伦理地位，并借助经典的力量论证自身统治的合理性和合法性。《诗经》的存在被各种力量支配着，由《诗经》辐射出来的知识网络也逐渐明确加强，形成了中国诗学的独特的权力话语。

汉代经学重明经，唐代经学重义疏。这是不同时代的现实需要所产生的知识生产倾向。几乎每个时代都需要对经籍做出新的解释，以使其适合于现实统治的需要，成为支持现实统治合法化的理论基础。

唐代贞观四年（630）开始的经典整理，对儒家知识的发展具有重要意义。《旧唐书·儒学传序》载：唐太宗以经籍去圣久远，文字多讹谬，诏前中书侍郎颜师古考定《五经》，颁于天下，命学者习焉。又以儒学多门，章句繁杂，诏国子祭酒孔颖达与诸儒撰定《五经》义疏，凡一百七十卷，名曰《五经正义》，令天下传习。此后经多次组织整理，把南北经学义例的分歧进行统一，使版本和经义达到了形式的统一。实际上，学术统一也是政治统一的标志。

所谓"正义"，就是建立知识的标准和样本，为政治上的大一统，对前朝繁杂的经说进行统一整理，编出统一的经书作为标准，给士子学习经学有所宗，并可据此明经取士，这是统一知识的做法。

在经典权威认同的基础上，依据经典发挥统治的合法化知识，较容易获得民众的支持。宋代儒学的复兴，是中国经义阐释方式发

第一章　清末知识分子及知识生产形态

生重大转变的标志。宋代统治者需要借助经典阐发建立王权的内容，其中包括加强中央集权，重建社会伦理纲常、名分等级秩序，将制度及其精神权力渗透到日常生活之中。这样的目的，就不仅仅是要求知识分子钻到故纸堆里皓首穷经，而是要他们学以致用，把对经典的理解用于现实政权的需要之中。

知识分子在知识建构上还获得了相对的自由。汉唐以来重文辞、重义疏的阐发变为重义理的阐发，宋儒逐渐地抛开传注，直接在经籍中探求义理，进而发挥思孟学派的性命义理之学，以理欲心性为论学对象，从而发展为对身心性命的进一步阐发。理学借助经学阐发理欲心性、三纲五常。"理"成为阐发事物的核心。"理"继而引申为"心"，即如陆九渊所说的"心即理"，"宇宙便是吾心，吾心便是宇宙"，万物皆备于我。宋学的强烈的主体性使传统的知识基点发生了转向，我注六经转而成为六经注我。我注六经是一种知识生产方式；六经注我也是一种知识生产方式。

经学在清代大盛，有政治统治上的原因，也有学术风气的原因，还有对某种学术价值和学术规范的认同。政治统治的严峻酷烈，迫使文人转向学术，在"技"方面下功夫，思想的阐发被限制在对政治统治不能损害的前提之下，所以清代思想的阐发在范围和深度方面受到严格的制约。作为少数民族入主中国，清统治者除了武力的征服外，在文化上也要有一个控制融合的过程，最终达到严密的控制。

中国学术展开的基本方式，大体都是围绕统治需要的基本范围进行的。

梁启超总结清代经学风气和成就时认为，以乾嘉学派为中坚之清代学者，一反明人空疏之习，专从书本上钻研考索，想达到他们所谓"实事求是"的目的。"二百年来学者家家谈经，著作汗牛充栋。"[①] 经成为学术依附的对象，成为学术生存的支柱。它规定了

---

① 梁启超：《中国近三百年学术史》，东方出版社1996年版，第221页。

19

中国学术的价值倾向，也规定了中国学术的治学方式。

对微言大义的解读、阐释和敷衍，是中国经学阐释的主要目的和方法，也是中国知识生产的重要方式。与此相关的是，经典阐释的方法越来越严密。中国学术在长期的发展中形成了一定的方法，也形成了相当规范的阐释体例。这些方法和体例逐渐构成了社会承认的所谓"学术规范"，这也是中国传统知识生产的严格规范。

中国古代阐释方式大体有传、注、笺、疏、正义，此外还有诂、训等，这是中国独特的知识生产方式。

传述是以阐释经典的微言大义为目的，可以依文字逐字逐句解释。阐明经义是中国学术的目标，挖掘经义所隐含的意义，是历代学者所致力的工作。

注是灌注疏通之义，对难解的字句解释疏通，这对理解原文是不可缺少的工作。

笺是引申发挥或补充订正前人的说解，对简略隐晦之处加以阐明。笺不破注，是注家之原则，这其中所包含的是对经典的神圣性的认同。

疏、正义作为注解，至唐代出现，主要是为时人理解典籍提供方便。它除了解释正文，还对先人的注解进行注解。

诂、训作为阐释方式，也有重要的作用。孔颖达在疏《诗经·周南·关雎》时，对诂训作了解释。他认为："诂者，古也。古今异言。通之使人知也。训者，道也。道物之形貌以告人也。""诂训者，通古今之异辞，辨物之形貌，则解释之义尽归于此。"对古今相异的文字、名称疏通，对古代物体的形貌进行描绘说明，疏通文义，在实证考据的基础上进入义理的路径，使读者对经义更易于理解。中国学术注重疏通文义，对经史微言伸张发挥，实际上已经包含了对知识精神的建构。

从知识建构的意义上说，由经学阐释所构成的中国文化体系也是相当完整的，它覆盖了相当范围的知识领域，在某方面的阐释研究也达到了相当的深度。

3. 文化失据的痛苦

19世纪下半叶以后，中国传统的知识系统受到了巨大的冲击。它表现为以这套知识系统所建构起来的社会体系的发展遭受了巨大的阻碍，依据这套知识系统进行运作的国家社会陷入了发展的困境。

吏治腐败、道德沦丧、民不聊生，各种社会矛盾尖锐复杂，这一套知识系统导致了这种社会格局的产生。这套知识系统已经失去了自我协调的功能，很难对社会激烈尖锐的矛盾进行有效的协调和控制，这也就意味着，这套知识系统本身也产生了巨大的危机。

与此同时，外来力量对中国的强势进入，更是使得中国传统的知识系统失去了它控制社会的有效性，这个曾经统治中国上千年的知识系统在西方文化力量面前陷入捉襟见肘的窘境。

这是两个不同知识系统的碰撞，中国在自我陶醉的闭关锁国若干年之后，突然发现，在国外还有另外一种知识系统能够与中国相对抗，这种知识系统能够对中国产生巨大的冲击，甚至让中国的知识系统面临崩溃。

这是令人惶恐的趋势，尽管有一部分传统知识分子，也就是被称为保守的知识分子对此进行顽强的抵抗，但是，却很难抵挡来自域外的知识的强势进入。

植根于中国传统知识系统中的知识分子，最大的痛苦就在于，他们所依据的知识系统在社会的特定时代失去了存在的意义，或者说，这种知识在受到西方力量的冲击之下显出了它的弱势，并似乎关系到整个民族的生存处境，它还能不能保证这个民族在当时及未来在世界上存在下去。

曾经是中国传统知识分子安身立命的知识基础，能够支持中国知识分子存在合法性的知识系统，还能否支撑中国知识分子的存在，这是中国知识分子面临的重大问题。

在西方的进化论思想进入中国以后，这个问题显得更为突出。物竞天择，适者生存，这个被认为是物种生存的自然法则成为中国知识分子衡量中国传统文化知识优劣的重要标准。西方生物学的规则在中国被迅速地转化为社会进化论的规则，并使中国知识分子感觉到了危机。

在当时，有一批对中国传统文化质疑的知识分子反复地论证中国传统文化知识的可靠性和合法性，并且不断地证明中国传统文化知识已经失去了其存在的合理性和合法性，它已经不能够支撑这个民族在世界的存在，必须改变，或者必须借助西方的思想文化来代替。这种强烈的批判性就在于对中国传统文化的极大的质疑和反感。

进行这个工作的最主要的程序，首先就是对其进行怀疑和批判，从怀疑到批判，这是一个痛苦的过程。中国知识分子从中西文化碰撞过程中所处的劣势证明了中国传统文化知识的落后，并挖掘了中国传统文化在其形成过程中所产生的种种致命的弱点，如结构性的和功能性的，物质性的和精神性的，这些文化知识对中国的发展造成了致命的影响。

这个认识过程非常重要，它是一次有效地对中国传统文化的深度反思。在这个过程中，它相当完整地清理了中国文化的源流，并且对其源流进行带有强烈批判性的评价。其结果是，中国传统文化知识已经不适应现代中国的社会运作，更不适应现代世界文化竞争的格局。

面对现实，绝大多数中国传统知识分子也处在茫然之中，他们不知道如何改变中国的已有知识，或者说根本就不知道中国传统知识是否需要改变。大部分知识分子仍然按照原有的知识轨道行进。他们仍然试图通过传统知识走科举仕途的道路，以获取功名，进入国家机器，达到自身的成就目标。

这是一种文化惯性，即便是那些曾经激烈批判过中国传统文化的人，包括鲁迅和周作人，参加过科举考试，也在这条传统文化的轨道上运行。

1895年出现的"公车上书"，是中国传统知识分子在忍无可忍之下，以另外一种力量介入国家公共事务的范例。也是从这个时候开始，中国知识分子更加广泛地、有意识地以有别于科举道路的方式介入国家的公共事务。

这些知识分子从国家遭遇的最迫切问题入手，对国家和民族的生死存亡的处境表示了最为迫切的关注，也对民族文化的现实意义以及发展方向表示出极大的担忧。

他们在接受了西方的思想文化之后，认识到了必须要从根本上改变中国的文化知识，哪怕仅仅是改良，也是必须的。其目的就是要让中国文化能够成为支撑这个泱泱大国继续发展的力量。因此，他们要建构新的知识系统，使之能够促进国家的变化，在生死存亡之际能够让这个泱泱大国存活下来。

二　变革与启蒙中的知识分子及知识生产

鸦片战争之后，清王朝的统治江河日下。一方面是列强入侵，国难当头；另一方面是吏治败坏，道德堕落。这对当时的政治、经济、文化风俗都造成了严重的影响。以龚自珍、魏源、林则徐、陶澍、王韬、郑观应等为代表的知识分子对此进行反思。正人心，厉风俗，兴教化，整顿道德和吏治成为当时的社会呼声。之后，对中国社会进行改造的呼声日益高涨，中国出现了新的发展机会。改变中国的文化知识也成为这个时期非常激烈的呼声。这时候的知识分子普遍感受到，中国传统的文化知识已经不能够支撑中国在现代社会的发展，因此，改良中国文化势在必行。

1. 天演论，新知识变革的推动力

清朝末年，中国在甲午战争中遭遇失败，这使社会感受到了民族危亡的压力，同时也刺激了中国文化知识的变革。

也正是在这样的心态和要求下，严复翻译了英国生物学家赫胥黎的《天演论》，于1897年12月在天津出版的《国闻汇编》刊出。该书的思想在社会上引起了巨大的共鸣和反响。

《天演论》阐述了进化论的思想，认为自然界的生物不是万古

不变，而是不断进化的。进化的原因在于物竞天择，物竞就是生物之间生存竞争，优种战胜劣种，强种战胜弱种；天择就是自然选择，自然淘汰。这一原理同样适用于人类社会。

甲午战争后，国家危亡，再不变法，将循优胜劣败之公例而亡国亡种。《天演论》的思想使当时处于知识自信危机的中国人为之震动。

严复译述《天演论》时有所发挥，对其中的28篇加了按语。他联系中国的实际，向人们提出不振作自强就会亡国灭种的警告。严复指出，植物、动物中都不乏生存竞争、适者生存、不适者淘汰的例子，人类亦然。人类竞争，其胜负不在人数之多寡，而在其种其力之强弱。中国面临亡国灭种的威胁，挽救中国的办法就是强力竞争，通过努力，改变弱者的地位，变为强者。

这样的论断恰好符合当时社会感受到的现实情况以及民众的危机情绪，因此迅速得到了社会的呼应，天演、物竞、天择、适者生存等新名词很快成为报刊传播的重要内容。有学校以《天演论》为教材，有教师以物竞、天择为作文题目，有些青少年干脆以竞存、适之等作为自己的字号。

胡适回忆：(在澄衷学堂)有一次，他(国文教员杨千里)教我们班上买吴汝纶删节的严复译本《天演论》来做读本，这是我第一次读《天演论》，高兴得很。他出的作文题目是"物竞天择，适者生存，试申其义"。这种题目自然不是我们十几岁小孩子能发挥的，但读《天演论》，做"物竞天择"的文章，都可以代表那个时代的风气。

《天演论》出版后便风行全国。中国屡战屡败，似乎印证了优胜劣败的规律。几年之中，这种思想迅速地蔓延。自1898年以后，在十多年中，《天演论》就发行过三十多种不同的版本。

天演论迅速成为推动中国知识变革的动力，就在于它恰好符合当时民族的变革要求。经过若干年的积累，这种变革的情绪非常强烈，天演论点破了需要变革的危机点，也刺激了社会的民族主义的神经，因此它能够迅速地引起人们的共鸣。

在民族危机的情绪中，一部分人把变革看成是必需的社会发展途径，天演论有效地刺激了国民的精神。由物种进化演变为社会的进化，这是天演论在特定的土壤上能够迅速蔓延并引起共鸣的重要原因，也被认为是民族生存的关键之处。如果中国文化不进行改革，这个民族就无法生存，就会被挤出世界民族之林，因此，中国文化知识的变革势在必行。

当时的诸多文章以及文学作品也以天演论作为批判民族文化的起点，同时提出对民族文化改良的迫切愿望。

天演论给当时的国民提供了文化演变的依据，这实际上也给当时的人们提供了一种出路，至少让他们看到，只有改变自身的文化知识，才可以获得生存的希望，他们必须要去改变中国的文化，而且不能有任何的动摇。

生物界物种演变的发现被引进民族知识生产领域，它所产生的力量是巨大的，甚至可以改变一个民族在几千年形成的文化知识。对自己的文化失去信心，并将之批得体无完肤，这是20世纪初中国文化知识向现代转变的重要景观。

2. 中体西用，新知识的组织原则

在对西方文化知识的接受阶段，确实出现了以什么标准对待西方文化知识的困惑，经过争论，聪明的中国人很快找到了面对西方文化的基本立场，那就是中学为体、西学为用。这个标准在一段时期内成为整合中国知识和西方知识的标准，也表现了中国人接受西方文化知识所产生的矛盾心理和自我协调的能力。

19世纪末，一些知识分子对中国传统文化进行批判，并试图建立另一种知识系统，以使中国富强起来。这个过程就是被后人称为救亡和启蒙的时期，其核心是要改变中国传统文化，建立新的文化，使国家强大起来，能够继续生存下去。

在当时的启蒙者眼中，中国大多数民众对世界的变化局势无所知晓，对自身的生存危机也没有感觉，仍然处在蒙昧之中，这是当时启蒙知识分子判定的现实，因此他们需要用新的知识去改良社会，让民众振作起来。这种观念也很快地在现实中进行实践。

探索新知识的建构是这个时期启蒙知识分子所致力的工作。他们寻找新的知识点，也寻找建立新知识的方式，其中，从西方社会寻找知识资源是重要的途径。这些知识分子与中国传统的旧式文人有区别，他们接受了西方的思想，具有更为开放的眼光，能够从西方文化中看到对中国有益的知识，但是，他们又需要突破重重困难，突破中国社会对知识引进和重建的阻挠。

此时，官僚集团中一部分有眼光的士大夫也成为新知识建构的重要推动者。他们借助国家机器推动知识的改良，如李鸿章、张之洞以及康有为等人，都曾借助国家的力量改造中国传统文化，为知识的改良铺垫道路，而且也有成效。

新知识的建构显然不是由单方面的力量促成，而是由官僚集团中的知识分子以及民间知识分子综合促成的。

一个西化的知识界正在产生。它麇集在几个通商口岸，比起旧式文人来他们与农民的接触更少。最初的代表人物之一王韬（1828—1897年），他的个人命运深受国家动荡、文人日益贫困、太平军失败、洋人和传教士广泛地出入于中国的影响，也同样深受他自己的学术经历的影响，他因而成了一个完全以写作为生的报人。另外一些人名气虽然不如他，但都在亦步亦趋地效法他，例如赴美留学生团中的邝其照，他于1886年创办了广州的第一家报纸。

有些受过更正统教育的文人也加入了他们的行列，例如梁启超和他的友人麦孟华、汪康年即是。他们在中日战争之后放弃了传统的职业而致力于宣传新思想。一些较早受过教育的工程技术人员也加入了这一行列。例如严复，他是福州船政学堂的第一期毕业生，后来发现自己的真正才能是译注西方哲学。国内新式学堂的教师和毕业生到国外留学者日渐增多，尤其是在1905年废除科举使仕途阻塞之后更是如此。许多传统的文人都进师范学校再学习，而且不少人出国留学。大城市也开始有像律师和医生这样的自由职业者。然而,许多新知识分子还不得不靠为数不多的薪金过活,既无名望又无权势。①

这是中国知识分子在新知识建构的道路上走出的重要一步。对新知识的引进也在不断地进行,这就出现了中西文化碰撞与融合的问题。如何协调中西文化之间的关系,使之进入平衡的状态,是这个时期文化知识建设的重要问题。

19世纪90年代,"中学为体,西学为用"成为晚清中国选择西方文化的主要依据,也似乎成为知识建构的原则。梁启超说,此语虽是"张之洞最乐道之",但已形成"举国以为至言"的局面。中体西用基本成为时人的共识。

中国知识分子需要寻找中西文化的会接点,既不丢失中国文化的根基和面子,又能够把西方的优越知识融汇到自己的文化之中。中学为体,西学为用,"投合吾国好古之心,而翼其说之行"。这个表述相当巧妙,它被认为既不伤害中国的根本文化和民族感情,同时还具有某种程度的开放性,能够容纳西方文化,把西方文化引进为己所用。

中学为体,符合中国人的中国文化中心的认同,以之为本,西方文化的接受就具有合理性和合法性,不至于受到国人太多的反对;西学为用,是看到了西方文化在功能上确实具有独特的有效性,不但能够提高生产效率,还可以统治世界。

中体西用,既能保住体,又不失功用,这样一个处理西方文化的原则,既照顾到中国的体,又获得西方的用,应该是能够让国人接受的知识处理方式。

这个现代知识的组织原则在中国通行了一段时间,"五四"时

---

① 费正清编:《剑桥中国晚清史》,中国社会科学出版社1985年版,第543—544页。

期才受到了较大的冲击,以致在20世纪30年代受到了"全盘西化"的冲击。但是,中国现代知识的建设基本上还是以这一标准运行的。尽管它已经成为一种看上去比较落伍的观念,但是这个民族文化的主要精神支柱仍然是"中体"。现代人并不彻底排斥中国传统文化,同时也不排斥西方文化,能够将这两种文化融合在一起才被认为是最佳的开放态度和公允立场。

3. 康、梁的知识生产示范

在批判中国文化和接受西方文化的早期阶段,出现了一些标志性的事件,足以让人们对现代文化进程中的某些界限有明确的认识。

1895年,上千名参加科举考试的士子在忍无可忍之下,上书吁请清王朝进行改革,"变法成天下之治",这在理论和实践方面给知识分子做出了示范。

"公车上书"是中国传统知识分子开始向现代转化的重要标志,也是中国现代知识发展的关键转折点。康有为、梁启超是其中的代表人物。

康有为在当时和以后的一系列的上清帝书中,以慷慨激昂的文字阐述了对国家问题的关注。这其中包含了中国知识分子以现代眼光,即在与西方的比较中评价中国的种种问题,并提出以西方的知识改造中国的主张。他所涉及的领域非常广泛,对中国政治、军事、工商业的发展提出了明确的建议,对国家政体、文化教育、新闻出版的方面都有具体的设计。

他强调了以商立国的重要性。只有商业强大,才能够在世界强国中处于主动。"凡一统之世,必以农立国,可靖民心;并争之世,必以商立国,可俾敌利,易之则困敝矣。"[①]

康有为认为开放言路,扩大言论,信息沟通,可以使民众开阔

---

① 康有为:《上清帝第二书》,载汤志钧编《康有为政论集》上册,中华书局1981年版,第127页。

视野，对社会各个领域的拓展有重要的作用，这是国家富强的条件。

> 近开报馆，名曰新闻，政俗备存，文学兼存，小之可观物价，琐之可见土风。清议时存，等于乡校，见闻日辟，可通时务。外国农业、商学、天文、地质、教会、政律、格致、武备，各有专门，以为新报，尤足以开拓心思，发越聪明，与铁路开通，实相表里，宜纵民开设，并加奖励，庶裨政教。①

康有为历数了国外各种知识的优势，特别强调这些知识在启发民智上的作用，这是相当开放的思想观念。信息舆论开放，打破封闭蒙昧，使民智开通，这对国家的强大是有益的。在中国近代社会的变革中，报刊兴起和迅速发展推动了中国走向现代社会。

康有为所提倡的知识建构是全方位的，他几乎涉及了文化知识重建的各个方面，在有些方面还给出了相当完善的设计，比如说在教育体制和内容方面以及报刊的开放方面，都有相当完整的思路和策划。

> 今宜立使才馆，选举贡生监之明敏办才者，入馆学习，其翰林部曹愿入者听。各国语言、文字、政教、律法、风俗、约章，皆令学习。学成或为游历，或充随员，出为领事，擢为公使，庶几通晓外务，可以折冲。②

这些知识成为20世纪中国现代知识的基础，中国现代学科的

---

① 康有为：《上清帝第二书》，载汤志钧编《康有为政论集》上册，中华书局1981年版，第132页。

② 同上书，第133页。

划分以及现代知识的构成，在康有为那里都已经有了相当明确的雏形。

康有为不仅仅是现实主义者，也是具有浪漫情怀的理想主义者。他幻想着有一个美好的世界，能够成为中国未来美好社会的样板。他写了一部《大同书》宣示自己的理想，也算是一种知识的模式。在这本书中，他对大同世界进行描绘和设计，提出建立没有国界、家界、产界的大同世界。太平之治，大同之乐，是一代知识分子的社会理想。这种理想和知识甚至直接地影响了包括毛泽东在内的后来的共产党人。

康有为以开阔的知识视野及对民族存亡的责任心，成为当时知识分子向现代转化的重要榜样。他的言论之所以引起知识分子的共鸣，就在于他以自己的勇气和胆识指出了中国社会需要改良的迫切需要。这是相当一部分知识分子的共同感受。尽管后人对康有为的功过评价不一，但是，康有为顺应了历史的发展，大胆地提出了改良中国社会的主张，并对此进行实践。

与此同时，梁启超也以激扬的文字展开了对中国文化的批判以及对中国文化重建的种种建议。这是重要的示范，许多知识分子从他们的言论中领略到现代知识的重要性，并且逐渐转变思想，投入新知识的建构之中。

西方的知识能够在传统中国的土地上迅速传播，就在于当时的中国社会也有此迫切的需要，中国知识分子需要为中国文化寻找新生的机会。

所谓变法，就是要改变原有的知识内容和规则，建立新的知识系统。康有为、梁启超是变法的中坚，为变法做出示范。

1898年，梁启超入京协助康有为开展维新活动。变法失败后，梁启超亡命日本，接受了西方思想。他在日本创办了《清议报》《新民丛报》，鼓吹变法。

梁启超这样描绘变法的重要性："法者天下之公器也，变者天下之公理也。""可以保国，可以保种，可以保教。"①

中国的状况已经到了不得不改变的程度，不改变则亡种亡国，这是一代有责任心的知识分子所面对的现实。

1901—1903年三年间，他撰写了近百篇文章，广泛介绍西方的文化思想：将霍布士、斯宾诺莎、卢梭、培根、笛卡儿、达尔文、孟德斯鸠、康德等介绍到中国，对中国现代知识建构起到了重要的推动作用。

梁启超著作和论文的内容极为丰富，约有1400万字。其围绕变法的著述主要有：《变法通议》（1896）、《倡设女学堂启》（1897）、《湖南时务学堂学约》（1897）、《公车上书请变通科举折》（1898）、《教育政策私议》（1902）、《论教育当定宗旨》（1902）等，收录于《饮冰室合集》。

新民德、开民智，是梁启超进行知识建构的宗旨。他提出在中国建立新的道德系统，以公德为核心，这样才能够使国民振奋，国家富强。"静察吾族之所宜，而发明一种新道德，以求所以固吾群、善吾群、进吾群之道。"②

梁启超认为"新泰西伦理"的核心就是公德。中国道德虽然历史悠久，但是缺乏公德，所以对社会进步的推动不大，甚至导致了社会的落后。"吾中国道德之发达，不可谓不早，虽然，偏于私德，而公德殆阙如。试观《论语》《孟子》诸书，吾国民之木铎，而道德所从出者也。其中所教，私德居十之九，而公德不及其一焉。"③

他认为公德关系群体、社会、国家的存亡，"公德者，诚人类生存之基本哉"，"我国民所最缺者，公德其一端也。公德者何？

---

① 梁启超：《论不变法之害》，1896年8月19日。见《饮冰室合集》第一卷，中华书局1989年版，第8页。
② 梁启超：《新民说·论公德》，中华书局1937年版，第15页。
③ 同上书，第12页。

人群之所以为群，国家之所以为国，赖此德焉以成立者也"。① 公德是国家凝聚力的基础。由于中国国民公德缺乏，智慧不开，所以启发国民益群、利群以至于爱群、爱国、爱真理，这是新民的主要内容。

梁启超觉得民众对国家前途以及公共事务的淡漠，就是由于公德心的不足。"今吾中国所以日即衰落者，岂有他哉，束身寡过之善士太多，享权利而不尽义务，人人视其所负于群者如无有焉。人虽多，曾不能为群之利，而反为群之累，夫安得不日蹙也？"② 启发民众，培养公德心，成为梁启超新民的核心内容。

在中国，建立起新的道德系统，它以公德为核心，这样才能够开民智，使国民振奋，人人关心国家的兴亡，国家才能富强起来。"知有公德，而新道德出焉矣，而新民出焉矣。"③

变法就是知识的变革，变法成为时代的主题，与这个时代所处的危机是紧密联系的。梁启超提出对社会改造的目标十分明确，那就是要让中国强大起来，不让这个具有悠久历史的民族沉沦下去。

在中国，学术是凝聚知识和知识分子的重要媒介，是中国文化的重要支柱，它是让知识分子产生文化认同感的核心平台。中国传统学术的发展体现了中国文化知识的价值，从中可以看到中国知识发展的脉络。

梁启超这一代知识分子接受过中国传统学术的完整训练，非常了解中国传统学术的思想方法，也受到中国传统学术价值的浸润，对其内在的精神价值有深刻的感受。

梁启超还接触了西方的学术思想，提倡经世之学，把中国传统学术与现实问题联系起来，从现代政治、文化的角度考察中国传统学术，得出新的见解，为现代中国学术建设奠定了思想的基础。

---

① 梁启超：《新民说·论公德》，中华书局1937年版，第12页。
② 同上书，第13页。
③ 同上书，第15页。

第一章　清末知识分子及知识生产形态

梁启超总结清代经学风气时认为：以乾嘉学派为中坚之清代学者，一反明人空疏之习，专从书本上钻研考索，想达到他们所谓"实事求是"的目的。正是这样的指导思想，"二百年来学者家家谈经，著作汗牛充栋"。①

这种学术已经显得不合时宜，甚至影响民族文化的发展。梁启超提出，学术要依时而变，要把学术作为能够对社会有用，能够拯救中国于危亡的知识，这样的学术才能成为社会文化的核心知识。

梁启超把西方的知识作为中国学术的参照点，使之成为评价中国学术的坐标，试图建立起新的学术内容和精神。

梁启超认为晚清一些学者的学术具有启蒙的作用，"其启蒙运动之代表人物，则顾炎武、胡渭、阎若璩也。""黄宗羲、万斯同一派，以史学为根据，而推之于当世之务。""王锡阐、梅文鼎一派，专治天算，开自然科学之端绪焉。此诸派者，其研究学问之方法，皆与明儒根本差异。"② 这些学者具有现代的学术思想甚至科学的思想，能够把学术提升更高的层次，使学术成为经世致用的知识。

梁启超的学术目的很明确，他不是为学术而学术，而是为经世而学术。在民族国家遭受危难之时，以学术救亡，建立起民族的文化支柱，是他的学术建设的目标。

梁启超认为："凡启蒙时代之大学者，其造诣不必极精深，但常规定研究之范围，创革研究之方法，而以新锐之精神贯注之。顾炎武之在'清学派'，即其人也。"③

启蒙派的特点就在于知识的创新，这种创新对现实和未来都有重要的作用。

梁启超在晚年以大量的精力投入了学术研究，在现代学术知识

---

① 梁启超：《中国近三百年学术史》，东方出版社1996年版，第221页。
② 梁启超：《清代学术概论》，上海古籍出版社2005年版，第3页。
③ 同上书，第9页。

的建构方面做出了示范。他是一个在现代思想和现代学术方面做出巨大贡献的知识生产者。

梁启超看到当时的小说在中国社会具有相当大的影响。当时中国的民众通过小说接受了种种现代知识,而且这些知识深入民心,成为了解现代社会的主要媒介,梁启超因此呼吁提高小说的地位,借助小说进行现代知识的传播。

梁启超还以小说直接表述自己的政治观点,他在自己创作的小说《新中国未来记》中塑造了一种新型的知识分子形象,尽管这篇小说在艺术上比较生疏,但是它借助形象的方式展示其未来中国的理想。

此书是作者所倡导的政治小说的代表作,他在《绪言》中说"兹编之作,专欲发表区区政见,以就正于爱国达识之君子。"小说介绍了君主立宪的知识。

他描写了当时接受西方知识的知识分子的学习状况,从中可以看到当时知识分子接受外国思想的过程。

毅伯先生于传受家学之外,久已立意要讲求那世界的学问,想学外国的语言文字。但因香港英人所设的学堂,气习太坏,学课程度亦低,其余中国各处学堂都是一样,因此不往就学,却自己买些英文读本,文法等书自行研究。靠着字典帮助,做了几年工夫,早把所有英文书籍都能阅读了。

这种接受的过程是艰苦而自觉的,但是,他们却是在这样的生活状态下获得了对西方的认识。

却说黄、李两君到了英国,他两人本属寒士,学费自然不足,都是半日做工,半日读书,到暑假时候,向人佣役,因此便就敷衍得过去。只因他在家研究有素,所以到了英国,不过预备一年,便够得上恶斯佛大学(笔者注:即牛津大学)。毅伯先生修那政治、法律、生计等学科，李君修那格致哲学等学科。那大学内武备教育是很严整的，李君性情所近，非凡用功，因此常列优等，在学堂内得了少尉之职。①

这是中国最早描写留学生的小说之一，这些留学生在国外不仅学习西方技术性的知识，还接受西方现代国家的思想文化，并且试图引进中国，改造中国，使中国强大起来。

梁启超还创造了一种新文体，或称报章体，直接地推动了中国后来的知识变革。其文体特点是：平易畅达，条理明晰，语言丰富，不避俚语俗言，吸收外国语法，不分骈散与韵脚，词汇丰富，句法灵活，参差多变，常用排句及偶句。它的笔调自由，"纵笔所至不检束"，笔锋常带情感，往往用铺排的笔墨以加强文章的煽动力、感染力。人们称这种新文体为"时务体"或"新民体"。

文体本身就是知识及知识的载体，梁启超运用新文体自由大胆地抒写己见，传播新思想新知识，从根本上影响了社会的发展。"新文体"的变革是"五四"白话文运动的先声。

这是重要的知识建构的时代，中国现代知识分子对西方的知识产生了极大兴趣，他们通过各种手段，试图把西方的思想观念引进来，建立起中国新的思想知识体系。正因为有了这样的工作，20世纪中国现代知识的建设也因此奠定了基础，并且直接地影响了整个世纪知识的发展方向。

4. 西方知识的译介与新知识的准备

清末民初，译介到中国的外国思想著作和文学作品日益增多，

---

① 小说最初发表于光绪二十八年（1902）十月至次年七月的《新小说》第一、二、三、七号，未完，标"政治小说"。《饮冰室文集类编》收四回。阿英编《晚清小说丛钞·小说一卷》（1960），并据《新小说》补入第五回。有台湾广雅出版有限公司《晚清小说大系》（1984）排印本；1960年中华书局排印本。

域外社会的知识对中国现代文化的建设产生了重大的影响。

中国一批较早接受西方思想的知识分子，如魏源、王韬、李善兰、徐寿、华蘅芳、郑观应等人，译介西书，传播西方的政治体制和科学知识。洋务派创办的江南机器制造总局翻译馆也译介出版了大量西方科技著作，这些西方知识在中国社会发挥了很大的作用。

1872年，《瀛环琐记》连载的小说《昕夕闲谈》中就介绍卢梭《民约论》自由平等的思想。此后，一些接触了西方思想的中国人如郭嵩焘、黄遵宪、梁启超、邹容、严复等人都接触并介绍了《民约论》的思想。1900年留日学生杨廷栋翻译了《民约论》，于1900年12月6日至1901年12月15日《译书汇编》上连载。1902年上海文明书局以《路索民约论》出版。

在当时，运用卢梭思想对中国社会进行批判的声音也日渐高涨，这是对宗法等级制度的有效的批判武器。严复运用卢梭的社会契约论、天赋人权论、人民主权论对中国传统的君权神授、君为臣纲的道德体系进行批评。这一批评获得了梁启超等知识分子的支持，他们在报刊上呼应呐喊。宣扬自由、平等、博爱的文章不断出现，与此相关的小说诗歌也应运而生。

维新变革的核心是鼓民力、开民智、新民德，这是一套建立现代知识的思路。自由平等的思想不仅打开了中国社会文化建设的思路，也为社会等级制度的批判提供了思想武器。许多思想者乃至小说家围绕这个题目发表议论。

翻译文学是西方知识进入中国的重要渠道。众多的中国读者主要还是通过文学作品接受西方知识。1873年1月，《申报》馆出版的文学月刊《瀛环琐记》上开始连载译者署名为蠡勺居士的长篇小说《昕夕闲谈》，该小说表现了西方的自由恋爱观和金钱观；小说还表现了平等的思想。

梁启超曾呼吁译印政治小说，以为政治小说对政治变革推动甚大，在欧美及日本各国起过很大作用。

西方知识的译介引进，使思想者们有了观照中国社会的参照点。中国传统观念受到了比较评估。启蒙主义者以西方知识为参照，提出改良中国社会的设想。

1899年，林纾及其合作者翻译的《巴黎茶花女遗事》发表，引起了极大的震动。它使中国读者的人性观念受到冲击，并让读者领略到了西方人性的特点，了解西方人的感情世界，了解西方世界的人伦关系，为国人打开了眼界。

1901年，林译《黑奴吁天录》同样激发了读者对专制社会导致国家衰弱的反思以及追求平等自由的愿望。小说描绘黑奴的悲惨生活，警醒中国人，国家衰弱，民族也将沦为奴隶。

林译小说所涵盖的知识十分广泛，几乎涉及中西方文化的各个领域，也为中国的文化变革提供了丰富的参照点。林译小说为中西文学文化的结合树立了范本。他对中西文化艺术融合进行了有益的尝试。

翻译小说的大量进入，国外小说家也被大量地介绍到中国，无形中提高了小说家在中国的地位。

在理论方面，一些知识分子在引进西方理论知识的同时，也试图运用西方的理论解释中国的文化对象。

王国维的《〈红楼梦〉评论》便突破中国传统知识的框架，引进了西方现代伦理哲学的思想，并将其融汇于艺术美学的论述之中。他以叔本华的人生观念为基础，从欲望与苦痛的关系体会、分析贾宝玉和林黛玉的爱情，进而评价《红楼梦》的美学价值。他得出结论，对人生痛苦的解脱，是艺术叙述的根本动力。将解脱作为人生最高的理想，并引申为艺术美学的理想，从而使中国艺术的内涵有了新的发现。

这是西方知识对中国传统知识分子的影响，也是中国知识分子在文化的选择中接受西方知识的表现。20世纪初中国现代知识的形成，与知识分子的需求是直接相关的。

鲁迅翻译了日本文艺心理学家厨川百村的《苦闷的象征》，在中国引起较大反响。该译本自1924年10月1—30日在《晨报副镌》上连载，1924年12月由新潮社出单行本。该书吸收运用了柏格森、弗洛伊德、康德、克罗齐的思想，对文艺与心理、社会生活的关系作了论述，对中国文学青年具有很大的感染力。它拓展了艺术创造和艺术研究的领域，使人们看到了艺术表现的另一个世界。

在历史变革时期，道德建设是社会发展的要求，中国现代道德知识的建设，也在这样的需求中逐步展开。

西方知识的进入给国人打开了视野，以世界的眼光看待世界和中国是中国艺术的重大变化。这一时期，启蒙主义者借助西方的道德知识描绘中国的道德图景，西方的道德现实成为中国的道德理想。中国思想家对道德理想的设计便借助了世界主义的观念，把中国放到世界的格局中规划，甚至提出打破国界，在世界大同的环境中建立新的道德。

借助西方的知识批判中国的道德，甚至以此作为中国知识重建的依据，确实是对传统文化的巨大变革。中国传统文学的观念也因此受到了重大的影响。

外国文学的译介，在20世纪初的文化建设时期具有十分重要的意义，它为20世纪中国的文化建设提供了重要的资源，20世纪中国诸多文学观念主要就是在中外混合的知识土壤上形成，并对中国文学的发展产生了巨大的影响。

三　现代教育及现代知识的设计

中国现代知识变革的基础就是教育领域的变革。20世纪初，一批中国知识分子所看到的中国的落后，关键点就在于其文化知识教育系统的落后。这个系统从教育内容到教育机制都显示出与现代社会发展的不适应性。那种以四书五经为核心内容的教育显然与现代社会的发展相矛盾。这样的知识结构很难使它的民族在世界竞争中获得生存的机会，因此，它所存在的合理性和合法性也受到质疑。

这种变革也处于两难的境地：一方面是传统的知识在中国社会

土壤上生长出来，已经延续了数千年，并且形成了一整套严密的运作机制，同时也形成了稳固的知识观念，变革的阻力很大；另一方面，来自西方的知识对中国传统的知识系统产生了巨大的冲击，并且显示出了优势，不变也不行。

西方知识系统以现代工业文明为基础，对中国传统的知识系统产生了冲击。这种冲击是有效的，它使中国的知识系统在其面前显示了捉襟见肘的窘境，也使中国人产生了强烈的危机感。民族的危亡被提到首要的地位，因此，要在世界民族之林中生存下来，就必须有所改变。其中所要改变的最重要的是知识的内容，对中国传统文化进行改造，在当时被称之为改良，到了"五四"时期，甚至被提出要进行彻底的改造。

1. 教育体制的变革

教育机制的改变就是对传统知识生产系统最大的改变。传统的教育内容和形式在中国已经延续了上千年，它是中国社会文化以及国家体制运作的主要的支持系统。在这种教育机制之下，中国传统的文化知识不断地生产出来，支撑中国走过了自身的历史过程。

19世纪以后，这一套知识系统在社会运作中显示出了难以为继的状态，传统知识的滞后以及外来文化的进入，导致了这一套文化系统难以应对新形势的变化，尤其是在外来文化的参照下，中国传统的文化知识更加显出了它的劣势。19世纪末，在一个被称之为物竞天择、适者生存的世界环境中，中国传统文化知识更被一部分知识分子认为是落后挨打的知识，已不足以支撑这个民族的生存。在与世界其他民族竞争的环境中，这种文化知识甚至被认为是导致民族灭亡的根源，因此，必须改变中国知识生产的目的和方式，彻底改变中国的知识教育机制。

一批接受了西方文化的知识分子首先发难，对中国的教育体制进行了猛烈的抨击批判，指出其弊端，同时也提出改变教育机制的种种办法，提出要参照西方的现代教育，从根本上改变中国的传统教育。从办学形式、教育内容、培养目标以及教育运作等方面，都提出了相应的办法。这其中，首先是引进西方的教育内容：算学、化学、物理学、水力学等西方现代学科。这些学科的引进对中国的知识结构变革产生了重要的影响。

康有为认为科举是"千年之弊俗"，八股取士严重地束缚了人们的思想，使天下士子尽陷于无用之地。改革科举是首要之选。他在1898年6月的《请废八股试帖楷法试士改用策论折》中提出："请罢弃八股度帖楷法取士，复用策论，冀养人才，以为国用。""臣窃惟今变法之道万千，而莫急于得人才；得才之道多端，而莫先于改科举。"

他罗列了八股取士的种种弊害："然则中国之割地败兵也，非他为之，而八股致之也；故臣生平论政，尤痛恨之。即日面奏，荷蒙圣训，以八股为学非所用。"①

这套知识生产体系所生产出来的产品，也就是接受了这方面知识的知识分子，他们在现代社会遭遇了非常严酷的考验，已经不能够适应现代社会的竞争发展。以八股文的知识训练很难培养出现代的人才，这种知识系统不能够再维持下去。

他要求特发明诏，立废八股，"夫皇上既深知其无用矣，何不立行废弃之乎？此在明诏一转移间耳，而举国数百万人士，立可扫云雾而见青天矣。"②

康有为把废八股、变科举作为除旧的手段，把兴学校、建立新型的教育制度作为布新的措施。他在《请开学校折》中，要求远法德国，近采日本学制，建立小学、中学、大学三级学校教育体系：乡立小学，令儿童7岁入学，实行强迫义务教育，学习文史、算数、舆地、物理、歌乐，学制8年；县立中学，14岁入学，加深小学阶段的内容，分初等科2年和高等科2年；省府设立专门高等学

---

① 康有为：《请废八股试帖楷法试士改用策论折》，载汤志钧编《康有为政论集》，中华书局1981年版，第270页。

② 同上书，第271页。

和大学,大学分经学、哲学、律学和医学四科,"高等专门学者,教人民之应用,以为执业者也"。①

康有为的教育改革设计也成为中国现代教育的基本样式。

严复也积极倡导兴办现代学校,并身体力行。他亲自总理北洋水师学堂长达20年,助人兴办现代学校,如天津俄文馆、北京通艺学堂等,提出建立完整的学校系统,普及教育,以开民智。

他仿照西方教育体制,提出中国的学校教育应分三段,即小学堂、中学堂和大学堂。小学堂吸收16岁以前的学生入学;中学堂吸收16岁至21岁文理通顺、有小学基础的青年入学;大学堂学习三四年,然后升入专门学堂进行分科学习。把学习好的聪明之士送出国留学,以造就学有专长的人才。这个设计,实际上已经是现代教育的基本结构。

清末的改革学制包括停科举、设学堂和奖游学三项内容。

1901年,清廷谕令从1902年起,各省科举考试科目要有能够解说四书、五经和论述中国历史、政治及西学政治、艺学的策论,废除八股文章;将各省、府、州县的书院改设为大、中、小学堂,学生毕业后可以取得功名;选派学生出国留学,毕业后分别赏给进士举人出身,自费留学学生也一体考验奖励。

1902年,清廷颁布《钦定学堂章程》。1904年,重订学堂章程,制定了一套以日本教育为样板的学堂行政管理规章,规定学堂分为初等和高等小学堂、中学堂、高等学堂三级。高等学堂毕业后还可以升入分科大学或通儒院深造,通儒院或分科大学毕业生授予进士功名,高等学堂毕业生授予举人功名,中学堂和高等小学堂毕业生授予生员(秀才)功名,并宣布科举录取名额将自丙午(1906)科起递减。

1905年9月,清廷下令从1906年起停止一切科举考试,随后

---

① 康有为:《请开学校折》,载汤志钧编《康有为政论集》,中华书局1981年版,第306页。

命令各省学政专管学堂事务,并在 12 月设立学部。延续一千多年的科举制度终于被废除了。

科举的废除加速了学堂建立。据学部统计,1904 年全国学堂总数为 4222 所,学生 92169 人;1909 年学堂总数猛增为 52346 所,学生达 156.027 万人。① 留学生人数也大幅度增长。

1902 年共有现代学校 35787 所,1912 年为 87272 所;学生则从 1006743 人增至 2933387 人。② 1909 年,723 个教育会共有会员 48432 人,会员远不限于教育界(教师只占少数),从士大夫到工业界领袖无所不有,这反映了现代社会精英阶层的总的面貌。他们受过教育,有钱,有行政才干,并且集体负责,因而大大地引人注目。他们是有财又有能力的上等人,决心迫使官僚实行改革。③

传统的乡村上等绅士便觉得群龙无首了。他们对西学既难适应,又不可能真正掌握,西学的优越性使他们的学识声望受到损害。他们的政治影响被局限在乡、镇和县里。④

从中国教育改制的轨迹看,这种变革似乎是顺理成章的,因为在它背后有一系列化解危机的动力在推动。追求民族的生存是最大的动力,而民族生存的最根本的支撑点就在于文化知识的有效性。教育机制的改革被认为是能够让民族生存并强大起来的最重要的步骤。

新的教育体制的变革,意味着新的知识生产观念和机制的变革,它将会生产出与该机制相配套的知识。20 世纪中国现代知识的建设,与 20 世纪初的教育生产机制的变革是直接相关的。

2. 教育内容的变革

改变中国传统的教育内容,是当时社会变革的迫切需要。在遭

---

① 李侃:《中国近代史》,中华书局 1994 年版,第 316 页。
② 参见费正清主编《剑桥中国晚清史》下卷,中国社会科学出版社 1985 年版,第 548 页。
③ 同上书,第 550 页。
④ 同上书,第 558 页。

第一章 清末知识分子及知识生产形态

受外来文化的强势进入以后,一批知识分子感受到了不改变教育内容,就会导致中国的衰落,因此,改变教育内容的呼声形成潮流,也对清王朝关于教育变革的决策产生了决定性的影响。这实际上是重新设置中国的知识基础,生产出能够对社会生存和发展有直接帮助的,也就是经世致用的知识。

康有为提议,要改变选举人才的内容,教育上要有导向。在科技发展的时代,要把传统无用的武科改为艺科,学习实用的技术,在内容上作出实用性的改变。"武科弓刀步石无用甚矣。""今宣改武科为艺学,令各省、州、县遍开艺学书院。凡天文、地矿、医律、光重、化电、机器、武备、驾驶,分立学堂,而测量、图绘、语言、文字皆学之。"①

1898年他在《请开学校折》中将日本战胜中国的原因归为教育的成功:"近者日本胜我,亦非其将相兵士能胜我也。其国遍设各学,才艺足用,实能胜我也。"中国积贫积弱的根源,就在于缺乏"穷理劝学"。康有为指出:"今天下治之不举,由教学之不修也。"而"欲任天下之事,开中国之新世界,莫亟于教育"。②

针对在中国流行了上千年的知识生产方式以及面对众多的以此谋生的知识分子,提出废止这一套知识生产体系,是需要很大的勇气和见识的。

康有为提出教学内容要改变:"从此内讲中国文学,以研经义、国闻、掌故、名物,则为有用之才;外求各国科学,以研工艺、物理、政教、法律,则为通方之学。以中国之大,求人才之多,在反掌间耳。"③ 这是一个相当全面的知识结构改造的设计,代表了那

---

① 康有为:《上清帝第二书》,载汤志钧编《康有为政论集》,中华书局1981年版,第130页。

② 同上书,第306页。

③ 康有为:《请废八股试帖楷法试士改用策论折》,载汤志钧编《康有为政论集》,中华书局1981年版,第271页。

个时代的思想水平。

康有为极力主张"特发明诏,立废八股"。"其今乡会童试,请改试策论","宏开校舍,教以科学,俟学校尽开,徐废科举","其试帖风云月露之词,亦皆无用;其楷法方光乌之尚,尤为费时。昔在闭关之世,或以粉饰夫承平;今当多难之秋,不必敝精于无用。应请定例,并罢试帖,严戒考官,勿尚楷法。庶几人士专研有用之学,其于立国育才,所关至大。"① 国家危难,当务之急就是要经世致用,让士子学习有用的知识,直接为国家出力,而不是把精力耗费在那些虚无的空架子上。

康有为提出现代教育要从儿童开始,让他们学习科技知识。各地要广筹资金,投入教育,这是办全民教育的观念。"若能厚筹经费,广加劝募,今乡落咸设学塾,小民童子,人人皆得入学,通训诂名物,习绘图算法,识中外地理、古今史事,则人才皆可胜用矣。"②

严复也积极地呼吁改革教育,他有西方教育的经历和背景,有开阔的视野,能够比较中西教育的利弊,直接指出中国教育的问题,所以,他的议论有很大的鼓动性。

严复主张多办学校,他论述了西洋各国重视教育,对"民不读书,罪其父母"的强行义务教育表示赞赏。

"体用一致"是严复的教育思想。他认为小学阶段的教育目的是使儿童能"为条达妥适之文","而于经义史事亦粗通晓",以明白易懂的文字翻译西学的辅助读物。在教学方法上,多讲解,减少记诵功夫。中学阶段以西学为重点,"洋文功课居十分之七,中文功课居十分之三","一切皆用洋文授课"。

---

① 康有为:《请废八股试帖楷法试士改用策论折》,载汤志钧编《康有为政论集》,中华书局1981年版,第271页。

② 康有为:《上清帝第二书》,载汤志钧编《康有为政论集》,中华书局1981年版,第132页。

在高等学堂阶段主要学西学，中文则是"有考校，无功课；有书籍，无讲席，听学者以余力自治之"。引导青少年学会分析，学专深的知识，让他们有所收益，触类旁通，左右逢源。

20世纪初中国教育体制的重大变革，是经历过相当激烈的争论和论证的，其最主要的动力就是寻求能够使中国在现代和未来生存和发展的出路。

在现实压力面前，这一代知识的开拓者首先论证了中国传统知识功能的衰落，进而对中国传统知识的基本元素和结构进行批判性的论证和否定，与此同时，参照西方的知识生产方式，重新设计中国的知识生产体制。

这是相当复杂和艰难的过程，在西方知识权力的强大压力之下，民族生存的危机与文化知识生存的压力共存，这种变革不得不进行。

四 科举废除与知识分子的身份迷茫

科举的废除是20世纪初中国知识生产和政治体制最大的变革结果之一。它从国家的层面上解除了传统文化知识系统的保障机制，使得原有的知识系统迅速地瓦解。

科举制度在中国的运作，曾经有效地保障了国家和社会的稳定性，也在一定程度上维持了社会的公平性。魏晋南北朝的选官制度受到门阀制度的直接影响，平民知识分子即便具有才华，也很难进入国家机器的运作之中，知识分子的社会地位受到严格的血统等级制度的规定限制。

唐宋以降，随着科举制度的推行，中国知识分子有了进身的规范和途径，这是一条切实有效的进身之路，知识者只要愿意，都可以在这条道路上试试实力和运气，一旦金榜题名，便可以纳入社会政制的运行轨道，确立自己的身份地位，达到社会和个人认同的统一价值。尽管挤进这条道路的过程相当艰难，有时甚至极为痛苦，但是，许多人情愿不惜一切代价，毕生为之奋斗。

科举制度也逐渐定型为规范的游戏方式，知识分子接受了它的价值前提，不再去怀疑这一目标的可靠性，只要按部就班，就可以完成自己的人生选择。

科举制度实际上也成为中国知识生产的重要机器，它获得国家制度的保障，同时也获得大部分知识分子的认同，中国传统文化知识的建构基本上也是围绕着这一轴心进行。这条轨道凝聚了中国传统社会的核心价值，并组织了中国知识分子进行具体相关的知识生产。

20世纪初，科举考试走向衰落，并最终在1905年9月2日取消，曾经聚集在这条体制轨道上的知识分子及知识也迅速地瓦解。

科举考试的废除，实际上也是废除了一种知识生产的方式，这种方式曾经是中国历史上最重要的知识生产方式。其生产由国家机器和民间力量提供了最为强大的保障，并且形成了严密的知识生产体系和稳固的知识模式。它的每一个环节都渗透了中国文化的基本因素。

这种知识生产方式也让传统知识分子产生了依赖的心理，他们将自己的身心附着在这套知识系统上，将之作为安身立命之地，他们需要借助这套知识阐释自己，证明自身的合法性。在感情上，他们离不开这种知识对自身的判定，这个知识系统是他们的情感的依托之处。

并非所有的知识分子都能够理性地认识到中国传统知识已经给这个民族和国家带来了多大的负面影响，他们在这个知识系统中心安理得地走着一条由社会给他们制定的人生道路。

当激进的知识分子怀着极大的愤慨之情批判和瓦解这套知识系统时，从心理而言，他们也许并不以为然，因为这个时候需要重新建构的知识平台没有显示出多大的效果，而且这种新的知识系统如何安置传统知识分子，仍然是难以把握的事情。在随之而来的社会局势中，相当一部分传统知识分子确实失去了发展的目标，也失去了人生的目的，他们感到茫然，无所适从，这是社会转折时期的人生状态。

20世纪初,知识分子身份依据的丧失与这个民族身份地位的动摇是同步的。在中西方文化的较量中,中国文化似乎处于弱势,于是,中国文化对于立国立民的可靠性遭到了一部分知识分子的质疑:中国文化还能不能支撑它的民族生存下去,中国文化还能不能给它的民族以足够的信心,承传中国文化的知识分子,还能不能以此作为自身存在的依据。这是当时的精英知识分子所面临的文化选择的难题。

不过,在旧的身份规则瓦解的局面下,中国知识分子却可以成为确立自身价值的主体,他们可以根据需要提出自己的设想。与此同时,他们的身份选择与民族身份的选择是同步的,探索和重建民族的和知识分子的身份系统,必然地成为当时知识分子相当热衷的工作。一些知识分子,例如康有为、梁启超、严复等人就投入相当大的精力论证知识分子存在的依据。

1905年,科举,这一在千余年的历史中形成的晋身规则被中断了,垄断了知识分子人生和灵魂的价值系统至少在形式上崩溃了。承传了千余年的知识分子的身份系统受到了冲击,它在形式上断绝了知识分子跨入传统身份门槛的途径,中国知识分子一度陷入了丧失身份依据的惶恐之中。这一事件对中国政治乃至文化心态的影响巨大且深远。中国的大多数知识分子为此茫然过,整整一个世纪,中国知识分子的定位几乎无规律可循,身份处于难以确定的状态。传统的身份价值在中国走向现代社会的过程中逐渐地模糊,并且在形式上瓦解,这是传统知识分子的历史悲剧。

同时,一部分知识分子也相当乐于实践自己设计的角色,他们充当过维新者、启蒙者、革命者、救亡者和自由主义者,也充当过复古者和国粹家,各种身份设计在历史的十字路口纷纷出现,他们在试图拯救国民的同时,也在拯救自己,为自己设计身份和前程。

这是一个知识混杂的时代,其最大的特点就是不同的知识在这个时期都粉墨登场,试图占据历史的舞台,获取其话语权。

政治强权成为支持某种知识系统的重要力量，在这其中，国家机器中的军事力量迅速成为混乱时代知识话语权的有力支持者，一部分激烈的知识分子迅速地投笔从戎，试图通过枪杆子获得最为强悍的知识话语权。

20世纪，军事力量介入知识生产领域的程度是很深的，或者说，20世纪中国的诸多知识领域都具有了与军事力量相关的话语权力。军事力量参与了知识的生产过程，而且以强势的姿态主宰知识生产的走向。

这种状况在20世纪初的中国显出了它的迫切性，中国知识分子在失去了进入国家机器的考核渠道之后，不得不采取极端的手段，也就是以武力的手段直接介入国家机器中，掌握国家政权，直接干预现代的知识生产。

第二章 在传统与现代之间的知识转换

20世纪中国知识分子走过了一条曲折的道路,从他们的行进轨迹可以看到中国社会价值的变化。社会的发展为知识分子的变化提供了重要的土壤。知识分子从传统走向现代,历经诸多变化,他们在这样的条件中不断地适应环境和改造环境,同时也被环境所改造。新的社会条件形成了新的社会结构,也对知识分子进行了改造和组织,并推动他们进行新一轮的知识生产。

一 现代报刊传媒与知识的生产传播

报刊的兴起是中国现代知识生产的重要的条件和方式之一。报刊不仅仅是知识传播的媒体,也是知识生产的机器。

19世纪末到20世纪初,随着外来文化的进入和经济的发展,中国现代城市社会迅速兴起,在中国沿海地区,许多新兴城市迅速地发展起来,这些城市聚集了来自各地的民众,并形成了现代的市民社会。市民社会信息沟通的重要媒介就是报纸杂志。

报纸杂志为现代知识建设提供了充分的条件。在中国的传统社会,知识主要是通过私人学堂以及民间艺术进行传播,现代报刊的出现极大地拓展了知识传播的渠道,使知识传播的范围更加广泛,信息的密度也更大。传播媒介的变化直接地带来了人们接受知识方式的变化,也促使了知识观念的变化。

中国近代报刊出现于鸦片战争前夕。到1911年,共出版约五百种报刊,出版地点遍及全国。19世纪,外国人在中国出版了一百多种中外文报刊，占当时中国报刊总数的一半以上。1815年8月5日，外国人创办的第一份中文报纸是在马六甲创刊的《察世俗每月统计传》。19世纪50年代起，一些受过西方教育的知识分子开始办报。1858年，中国人在香港创办了第一份近代报纸《中外新报》。此后，中国内地陆续创办的报刊有《羊城采新实录》（1872，广州），《昭文新报》（1873，汉口），《循环日报》（1874，香港），《汇报》（1874，上海），《述报》（1884，广州）等。

现代报刊极大地扩展了社会文化公共领域，社会信息交流更加便捷，民众获取信息的权力扩大，民众参与社会活动的渠道更多，中国现代诸多变革是通过报刊媒体相号召，鼓动民众，促使社会变革。

1895年以后，以康有为、梁启超为首的改良派办报鼓吹变法。1895年8月17日《中外纪闻》在北京创刊，1896年1月12日《强学报》在上海创刊，1896年8月9日《时务报》在上海创办。《时务报》先后出版69期，日销量达17000份。此时全国其他地方也创办了近820种鼓吹变法的报纸。辛亥革命时期，革命的鼓吹者在国内外创办有近一种报刊。这些报刊在宣传主张、动员民众方面起到了很大的作用。

这是现代知识生产的爆发期，报刊的大量兴起成为现代知识生产的主流工具。现代思想的传播，现代知识的生产，现代文化的形成，都借助了报刊作为重要的载体进行整合推动。报刊对中国现代知识的形成有至关重要的作用，尤其是在建立关于民族革命的知识方面起到了关键的作用。20世纪初之所以能够推翻满清王朝，就是因为有了报刊对相关思想知识的生产传播，进行社会动员，形成了社会共识，使相关的运动得以顺利地进行。

现代报刊的兴起和发展为现代知识生产构成了新的生产机制和规则，直接地影响到20世纪及以后的知识生产。它给现代知识生产提供了非常重要的平台，也做出了重要的示范。

在文学方面，19世纪70年代出现了文学期刊。最早的是《申报》主办的《瀛寰琐记》（1872），《四溟琐记》（1875），《寰宇琐记》（1876）等月刊。19世纪90年代以后，以上海为中心创办了一批文学期刊，累计在五十种以上。1902—1919年，全国文艺期刊共59种，阿英《晚清小说目》记录，全国出版创作类小说599种。有李伯元主办的《世界繁华报》（1896），《游戏报》（1897），《绣像小说》（1903），吴趼人主办的《采风报》（1898），陈去病主办的《二十世纪大舞台》（1904）等。梁启超在东京创办《新小说》，也送到上海发行。

文学是20世纪初中国现代知识建设和传播的最主要的领域。当时的城市知识分子以及一部分乡村知识分子也主要是通过文学作品了解社会，获得关于社会的各种知识，包括来自西方的社会思想，改变了传统的社会认知观念，对中国社会重新认识。启蒙主义者也希望借助文学作品对民众传播新的知识。

梁启超对小说启蒙功能寄予了很大的希望，希望通过小说对民众进行思想启蒙。"欲新一国之民，不可不先新一国之小说。故欲新道德，必新小说；欲新宗教，必新小说；欲新政治，必新小说；欲新风俗，必新小说；欲新学艺，必新小说；乃至欲新人心，欲新人格，必新小说。何以故？小说有不可思议之力支配人道故。"[1]

这实际上是一个新知识建构的设想，经过一段时间的实践以后，小说启蒙还是取得了一定的效果，小说的地位也因此进一步提升，成为20世纪中国知识建构的重要媒介。

报刊主要是在城市社会流行，并且覆盖到乡村地区，成为现代知识传播的重要媒介。

报刊的兴盛也证明了社会对现代知识的大量需求，报刊是民众获得新知识的主要来源之一。这是一个互相作用的过程，民众通过报刊获得知识，同时这些知识又推动了报刊的发展，继而推动社会

---

[1] 梁启超：《论小说与群治之关系》，1902年11月14日，《新小说》1902年第1期。

的发展。报刊的发展为社会建立了现代的知识系统。

二 民间知识分子的知识生产

失去了科举考试的路径,知识分子也失去了进入国家机制的传统门槛,大量的知识分子进入民间,成为民间现代知识的生产者和传播者。

这些人曾经接受过中国传统文化知识的教育,并且具备了较为深厚的传统知识修养。他们对世界的认知仍然是传统的,但也在不断地吸收外来的文化知识,这个群体逐渐地形成了中西方文化杂糅的知识载体。

现代知识分子逐渐地集中在城镇,尤其是大中城市,形成了现代市民社会的知识阶层,他们是中国现代知识的重要生产者。

1. 市民社会的知识分子

民间知识分子的知识生产更多的是借助在都市蓬勃兴起的报刊媒体进行的。这些聚集在城市市民社会中的知识分子以他们所具有的知识储备和表达欲望,迅速地与报刊媒体结合在一起,通过报刊媒体发表自己的文章和文学作品;他们还利用民间的艺术形式,例如戏剧,展现自己的思想知识。

这种知识生产模式是与城市社会的商品生产和商品消费紧密地联系在一起的。他们将生产的知识以商品的方式进行营销,获取利润,维持生计。

这是现代商业化知识生产的雏形,稿费制度,报刊的营销量,广告投资以及形形色色的现代西方商业社会的经营手段都被广泛地运用到现代知识生产的领域中。

相当一部分知识生产者通过稿费制度就能够维持生计。另一些知识生产者直接地投入创办报刊,进行市场推广,吸引消费者的经营中。

20世纪初,知识开始成为消费品,并通过市场营销进入消费者之中。

第二章 在传统与现代之间的知识转换

这些来自民间的知识生产者也是现代中国社会发展的重要推动者。市民社会的知识分子必然地与经济生活和文化生活融汇在一起，他们是引进和接受西方知识的最重要的群体。面对西方知识，他们可以通过日常生活进行消化，并且给社会做出示范。他们的生活方式形成了都市生活的文化主流，引领着都市的生活时尚，也逐渐地改变了中国传统的生活观念和生活方式。

城市内容的小说在这个时期得以广泛出现，得益于当时中国现代城市的迅速发展以及市民社会的逐渐壮大。

这是一个价值观相对复杂的时代，各种知识在变动着的社会土壤上迅速地出现，在传统和现代交界的文化土壤上产生了各种知识观念，这也是现代知识发展的重要环节。

此时出现的言情、武侠、侦探等类型的小说，都表现了市民社会兴起的文化需要。

从中国传统社会走出来的年轻一代，他们在情感方面更渴望获得自由的满足，通过文学作品建立理想的世界，从中满足理想的需求，不失为重要的途径。

鸳鸯蝴蝶派的产生并且流行起来，代表了民间文化知识发展的一种倾向，也代表了民间知识分子的文学审美趣味。

20世纪初，鸳鸯蝴蝶派盛行一时，1914年，上海刊载鸳鸯蝴蝶派作品的刊物有21种，其中最著名的是6月出版的由周瘦鹃和王钝根编辑的《礼拜六》周刊。其市场很大，有着广泛的读者基础。

鸳鸯蝴蝶派作家和作品的出现，正是20世纪初中国现代城市发展的文化产物。其中《礼拜六》的主编周瘦鹃（1895—1968），代表了这个时期民间知识分子进行社会知识生产的一种潮流。从他的生平、知识形成和运作的方式来看，都代表了城市市民社会知识分子的生活特点和知识特点。

周瘦鹃原名周祖福，上海市人，出生于小职员家庭。六岁父亲病故。母亲含辛茹苦让儿子读书。他发愤苦读，入储实两等小学和民立中学。1910年,在中学读书的周瘦鹃购得一本《浙江潮》杂志,其中一篇描写法国军官爱情故事的笔记打动了他,他将之改编为八幕话剧《爱之花》,投寄《小说月报》发表。该剧被郑正秋等搬上舞台,在武汉演出,引起轰动,并被改编成电影,易名为《美人关》。

很显然,这个时期的民间知识分子很容易接受来自西方社会知识的影响。在他们的知识结构中,除了传统中国的文化知识,还包含了来自西方的各种知识,尤其是文学作品所传达的知识。在这种知识的推动下,一些知识分子走上了文学道路,并不断地模仿创作相关的文学作品。1912年,周瘦鹃中学毕业,他勤奋写作,以多产小说家的声誉在文坛崭露头角,于是他专事写作。

周瘦鹃中学毕业前结识了女校学生周吟萍,两人迅速发展为恋爱关系,但女方父母早已把周吟萍许配给了富家子弟,两人未能如愿。他为抒发内心苦闷写出了大量哀情小说,这些作品使他成为鸳鸯蝴蝶派的代表作家。

1914年夏,他协助王钝根编辑《礼拜六》周刊,在前后200期《礼拜六》周刊中,周瘦鹃的作品最多。

1915年,周瘦鹃参加南社。1915—1919年,周瘦鹃先后应聘于中华书局、《新闻报》和《申报》。他编译出版了《福尔摩斯探案全集》和《欧美名家短篇小说丛刊》。介绍了欧美14国,包括一些弱小民族国家的短篇小说作品。1919年,周瘦鹃先后创作日记体小说《亡国奴之日记》和《卖国奴之日记》,痛斥侵略者和卖国贼。抗战爆发,周瘦鹃写了《风雨中的国旗》《南京之围》《祖国之微》《亡国奴家里的燕子》等作品。

从这些经历可以看出,民间知识分子是随着社会发展的需要调整自己的创作,其作品的内容与社会生活有紧密的联系。这些内容可以是社会生活的风花雪月,也可以是政治和战争时期的腥风血雨。

民间知识分子对社会生活的变动是敏感的,因为他们生活在其

第二章 在传统与现代之间的知识转换

中,他们的命运与社会变化息息相关,正因为如此,他们是社会变动的晴雨表,对社会的变化有着非常敏感的触角。他们对社会的感受是细致入微的,对社会情感和情绪的表达也是丰富和充分的。

1920年4月,周瘦鹃为《申报》副刊《自由谈》编辑。长达12年,还创办、主编或合编了《游戏世界》《半月》《紫兰花片》《上海画报》《紫葡萄画报》《良友》画报等多种报刊。其中,《紫兰花片》月刊最具特色,内容全是周瘦鹃一人或创作或翻译的短篇杂作,被称作"周瘦鹃个人的小杂志",月出一册,从无缺漏,维持达两年之久。这样的杂志在社会上,在市民社会中形成了不小的影响。它反映了社会生活的另外一面。

"九一八"事变时,周瘦鹃曾在《新家庭》月刊上发表《为国难事吁求全国家庭一致抵制日货》的呼吁书,号召全国家庭团结一致,积极行动起来,坚决抵制日货。

周瘦鹃所涉及的文学样式是多种多样的。他涉足了中国现代社会早期的多种文化领域,包括报纸杂志以及电影等,而且都相当成功地引领了当时市民社会文化发展的潮流。

1924年,周瘦鹃编写第一部电影剧本《水火鸳鸯》,由程步高导演。新大陆影片公司出品。汪曼丽、汪小达、陆韫贞等主演。

1926年,周瘦鹃任大中华百合影片公司编辑,编写电影剧本《真爱》《还金记》《一夜豪华》等。先后为该公司摄制的影片《小厂主》《透明的上海》《同居之爱》《马介甫》《殖边外史》《儿孙福》《探亲家》《美人计》等出版特刊,撰写影评。1933年,周瘦鹃任《申报》《春秋》副刊编辑。

像周瘦鹃这样的知识分子还在一定程度上涉及了当时的政治领域,并以自己的方式投入政治活动之中。1936年10月,他与鲁迅、茅盾、巴金、郭沫若等21人联名发表《文艺界同人为团结御侮与言论自由宣言》,主张新旧一切文艺派别联合起来,为抗日救国、言论自由而斗争。

他们的人生经历与20世纪中国社会的剧烈变动密切相关。

1937年,"八一三"事变爆发,战火波及苏州,周瘦鹃携家眷避兵浙江南浔,继之转赴安徽黟县。在此期间,他作有诗词200余首,感时伤怀,排愁遣闷。次年春,《申报》在租界复刊,他举家赴沪复职。后太平洋战争爆发,租界陷落,《申报》被日军接管,周瘦鹃辞去《申报》副刊编务。

抗战期间,周瘦鹃在上海编辑出版了《乐观》《紫罗兰》等刊物,创作白话中篇小说《新秋海棠》。与此同时,他潜心于盆景的艺术研究。1938年冬,在上海中西莳花会展出比赛中,他以古朴、典雅的中国盆景两度夺魁,获得彼得葛兰奖杯。

1945年秋,国民党接收《申报》,授予周瘦鹃以《申报》设计委员的虚衔,周瘦鹃不满,于次年春举家返回苏州,过着隐居生活。

周瘦鹃在外国作品翻译方面也做出了很大的成绩。在苏州,周瘦鹃将以前发表过的旧译作结集出版,名为《世界名家短篇小说全集》。该书分上、中、下三册,收入以欧美为主的短篇小说80篇。这一代知识分子在向中国传播外来文化方面起到了很大的作用,尤其是像周瘦鹃这样融汇在民间日常生活中的知识生产者,他们对中国民间社会知识生活的建构具有更为具体的作用。

1949年,他深居简出,陶醉于花木丛中。1953年3月,时任上海市市长的陈毅往访,同他进行交谈。周瘦鹃重新为报刊撰写小品文、散文、游记,1962—1966年,以"姑苏书简"的形式为香港《文汇报》撰文,出版了小品文、散文和游记结集,包括《花前琐记》《花花草草》《花前续记》《行云集》等。这些作品,表现了其所在阶层的知识分子的生活和文学趣味。

通过对周瘦鹃生平细致的描绘就可以看到,民间知识分子是如何生存,并且如何与社会建构起相关的知识联系。

这种知识在民间流传,不一定通过国家机器推动,但是却能够有效地进入社会,形成文化性的影响。

2. 小说、戏剧，现代知识生产的机器

清末民初，城市社会迅速发展，形成了相当规模的市民阶层，他们对城市生活文化的大量需求刺激了小说的生产。小说大量的出现，成为中国现代知识生产和传播的重要景观。这个时期的小说生产量大，接受者众多，影响面大，对新知识的建构有重要的作用。小说对社会所进行的通俗描述容易得到民众的接受，它所提供的思想内容也容易成为民众的精神食粮。它可以使社会知识大规模地普及。

1902 年 11 月，梁启超在自己创办的《新小说》杂志上发表了《论小说与群治之关系》，提出"今日欲改良群治，必自小说界革命始，欲新民，必自新小说始"。① 梁启超认为小说具有支配人道的熏、浸、刺、提的力量，这一论证提高了小说的地位。

梁启超将变法的失败归为"民智不开"，认为中国要维新，必须改良群治，让民众了解西方世界，重新审视自己的生活。开民智就是用新知识启发民众。他认为小说是开民智的最有力的工具，宣称"小说是文学之最上乘"。梁启超的观点激起了社会的反响，得到了部分知识分子的支持。小说成为新知识的载体，成为社会改良的工具。新文学、新小说的出现让知识分子找到了展现现代知识的途径。

这一时期，全国出版成册的小说有上千种，孙楷第录有《中国小说书目》和阿英录有《晚清小说书目》。阿英在《晚清小说史》中将晚清小说分为 14 类。小说内容涵盖了社会生活的各个方面，包括政治、经济、伦理道德、文化以及社会的日常生活等。于润琦主编的《清末小说书系》，收录了 800 篇中、短篇小说，并按伦理小说、爱国小说、警世小说、武侠小说、言情小说、科学小说、滑稽小说等栏目进行分类。

当时的小说传播了各方面的知识，例如立宪小说传播了西方的

---

① 《论小说与群治之关系》，《新小说》1902 年第 1 期。

宪政制度及其观念，也给国民普及了关于立宪政治的知识。这些思想认为，西方以及近代的日本，就是因为实施了立宪制，才使国家富强起来，成为世界的强国。中国如果要富强，就要模仿西方的立宪制度，在中国实施君主立宪制，这样才能拯救中国。反映立宪运动的小说有春飑的《未来世界》，佚名的《宪之魂》，吴趼人的《立宪万岁》等。

西方平等、自由的思想启发了中国妇女的思想解放，妇女解放的呼声逐渐高涨，也产生了关于妇女解放的小说，相关的作品非常丰富，其中有挽澜词人的《法国女英雄弹词》，思绮斋的《女子权》，颐琐的《黄绣球》等，这些小说传播了妇女解放的知识，为妇女解放呐喊。

受到科学思想的影响，反对迷信的小说在中国盛行起来，这是对中国传统的民间知识的突破。如壮者的《扫迷帚》，批评苏州地区种种迷信表现：信神祀鬼、盂兰会、社戏、狐仙、堪舆、辟神。小说的主旨是以科学反迷信。嘿生的《玉佛缘》，历数了杭州地区的迷信表现，涉及看相、算命、测字、风水等行为观念。吴趼人的《瞎骗奇闻》，也批判了民间的迷信思想。

这些作品都是对旧知识的批判和对新知识的传播，在当时起到了启蒙的作用。

20世纪初，戏剧是在民间传播知识的重要形式。由于其直观性和综合性，戏剧在知识传播方面具有不可替代的作用。这个时期的戏剧，除了中国传统的戏曲外，还因为受到西方戏剧的影响，新的戏剧形式在中国的土地上迅速地发展起来。戏剧发展的直接推动者是那些到国外学习的留学生。他们在国外接受了相关的知识，把这种知识和形式引进中国，推动了新知识的生产和传播。

在旧剧改革和西方戏剧的影响下，出现了学校演剧活动。1906年在东京由中国留日学生组织的春柳社，1907年在上海成立的春阳社，1909年天津南开学校剧团等所演的"新剧"，被认为是中国话剧发端的标志。春阳社于1908年上演的《迦茵小传》被认为是

第二章　在传统与现代之间的知识转换

中国第一次成型的话剧演出。1910年以后新剧被称为"文明戏"，以后定名为"话剧"。中国话剧在"五四"前后已臻成熟。

新剧种的出现意味着新的知识形式的出现，而且，这种知识是由中西方知识的交融所构成，在当时的中国社会引起了巨大的反响。

1907年，春柳社排演了《茶花女》片段和根据小说《汤姆叔叔的小屋》改编的《黑奴吁天录》。当时推翻清政府，建立民国，富国强兵，民族独立已成为热血青年追求的目标。同年，春阳社在上海排演了《黑奴吁天录》。

不久，春柳社的成员陆续回到国内，他们以研究新、旧戏曲，改良中国艺界为宗旨，编导演出了许多新戏。春柳社先后排演了莎士比亚的戏剧以及《复活》《娜拉》等外国名剧，同时也将《红楼梦》等传统剧改编成话剧。

这一时期的新剧团，新剧目不断涌现。到1914年，家庭剧十分兴盛，这一年被称为"甲寅中兴"。

戏剧对现代知识的传播有更大的效果，它在市民社会兴起的背景下出现，拥有众多的观众，也更便于在民众中传播。当时一些戏剧所演出的内容在观众中引起了轰动，尤其是在城镇市民社会中产生了很好的知识传播的效果。

戏剧在传播西方知识方面起到了非常重要的作用，民众，尤其是城市市民社会可以通过戏剧和小说对西方的社会思想和生活知识有所了解，并且从中获得直观模仿的样本。

与此同时，电影进入中国，它以更为直观的方式传播西方社会的知识，人们直接地接受了西方的文化。这对中国现代知识的影响是非常巨大的，也给中国人带来了现代艺术的观念。加入科技元素的艺术更加有效地刺激了中国现代知识的生产，使中国形成了相关的艺术生产机制。

小说、戏剧等艺术样式在现代社会获得新的地位，与它们所承载的内容有很大关系，新的知识既创造了新的形式，也给传统的形式带来了新的生机。这是知识生产及生产机制互动的结果，也因此推动了社会历史的发展。

与此相关的是，大量的出版机构，如商务印书馆的出现，也在很大程度上组织了现代知识的生产。

三 传统文化批判与知识更新

中国现代知识体系建立在对旧体制批判之上。20世纪初，一些知识分子看到了中国社会的腐败堕落，并从政治道德危机中看到了生存危机，在反思之中，他们发现中国传统文化知识是导致中国走向没落的基本原因。由现实的社会问题反思到中国文化的根基，这是中国现代知识分子在知识认知上的一大拓展。

这些知识分子发现中国的传统文化知识在世界的竞争格局中似乎失去了作用，西方力量以及外来文化的大量进入，让知识分子感受到了世界竞争的残酷性，由此而反思中国在世界竞争中的能力。中国文化处于劣势，这对自以为是泱泱大国的中国知识分子来说是很难接受的。他们把中国文化与西方文化进行比较，并最终得出的结论：西方文化优于东方文化，甚至西方人种优于东方人种，中华民族如果仍然要在世界生存下去，就必须改变自己的文化，甚至推翻原有的文化，建立起包含了西方文化的新文化。

在这样的判断之下，打破旧的知识生产机制，建立起新的知识生产机制势在必行。当时的诸多知识分子投入批判旧文化的运动中，同时也在不断地引进介绍西方的知识，并且试图在中国社会实践运用。

这个过程经历了多次的反复，中国的传统文化有数千年的历史，有自己的知识生产土壤，它根深蒂固地扎根在中国的土地上，也在中国社会独立运作，它有自己的适应性，也能够在一定程度上维持中国社会的运作，要想迅速、彻底地推翻它是不容易的，因此批判和反批判也处在不断的交织之中。

严复以"物竞天择"的观念提示了对强势文化选择的必然性；

陈独秀等人发起的"新文化运动",意在以不同于传统的文化取代原有的文化。他们对孔子,对中国的政制、伦理道德直至对中国的传统语言发难,以为这些承载中国传统文化信息的符号和话语方式已经承担不起中国的命运,更无法支持中国知识分子的发展。这种现在看来相当激烈的观念和方式的确表现了当时中国知识分子在文化选择中的强烈需求。

从19世纪末的文化批判开始,经过一段时期的积累,中国知识从量变到质变,爆发新的变革。传统知识系统在经过一个时期的审视批判以后,在20世纪初,也像清王朝一样发生了崩溃性的瓦解。清王朝的崩溃不仅仅是一个王朝的消逝,也是一种文化保障机制的崩溃。中国传统文化机制发展到这个程度,似乎走到了穷途末路。

1911年辛亥革命以后,社会突然间失去了传统权威机制的统治,在社会结构以及精神信念方面都出现了发展的空档。中国向何处去,确实成为当时的政治集团以及知识分子争论不休的问题。不同的政治力量和知识派系都试图在社会的变革时期获得一席之地,试图以自己的力量影响中国的发展。不同层次和不同方面的力量交织在一起,形成了探索性的知识交织竞争的状态。

这是文化选择的重要时期,经过一段时期的酝酿,各种文化知识在竞争中所出现的矛盾冲突导致了社会文化的运作难以达到平衡,也难以对社会起到有效的整合作用,社会矛盾更加突出。在政治领域,立宪制和共和制的失败,导致中国迅速地进入了以武力解决权力问题的战争状态。在文化领域,各种思想、主义也处在激烈的争论之中。

1.《新青年》的知识建构

"五四"运动的出现是各种社会文化矛盾积累到一定程度爆发出来的结果。作为标志性的文化运动,它更具有文化变革的象征意义。

在当时,诸多报刊都成为推动新知识的重要媒介,推动了新文化运动开展，这是现代中国影响最大的知识建构运动。一些知识分子创办的报刊，以令人耳目一新的面貌给国民提供了新的知识，并且产生影响，甚至改变了中国的文化进程。

《新青年》是20世纪初引起文化变革的重要杂志，它所涉及的知识范围非常广泛：道德建设、文学改良、新诗创作、小说创作、戏剧创作、白话文推广、文字改造、文学译介及文学比较等，这些思想知识在当时的社会中产生了较为广泛的影响，并且影响到20世纪中国的发展。

《新青年》为20世纪的中国提供了许多重要的知识点，它引进和介绍了西方的思想文化，在哲学、政治、社会、道德、文学文化等方面都有重要建树。在哲学方面，它介绍了西方的多种哲学思想，黑格尔、康德、叔本华、穆尔、斯宾塞、柏格森、尼采、赫克尔、杜威等人的哲学思想都被介绍过；它还介绍了西方的政治思想和道德思想，并结合中国社会的情况提出政治道德方面的建设；在文化方面，发动了对孔子及传统文化的批判；发动了文学革命，白话文运动，宣扬汉字革命，美育推广，还介绍宣传了诸如人口学等社会学科思想。这些思想有许多已经形成了较为系统的知识体系，成为20世纪的主流话语，构成了20世纪中国的知识系统，影响了20世纪中国文化的进程。

《新青年》是在这个时期进行思想探索和知识建构的一种力量。1915年，陈独秀创办《青年杂志》，之后改为《新青年》，其目的相当明确，就是要探索和建立新的政治道德文化的知识系统，在社会中推广，尤其是在年轻一代中教育推广，改变他们的素质，使中国在新知识的推动下发生新的变化。

陈独秀的知识设计和知识推广的目标是明确的，他认为中国未来的希望是青年人，他们应该具备新的知识和新的理想，拥有区别于传统知识分子的新的知识素质。因此，陈独秀及其同人致力于设计新的知识，并不遗余力地对其进行传播。

陈独秀在《新青年》发刊词《敬告青年》中提出了科学与人

权（民主）的口号，向青年提出六点希望：自主的而非奴隶的，进步的而非保守的，进取的而非退隐的，世界的而非锁国的，实利的而非虚文的，科学的而非想象的。之后，陈独秀将之归结为拥护德、赛两先生，即民主 Democracy 和科学 Science，认为这是能够救药中国的新知识："我们认定，只有这两位先生可以救治中国政治上，道德上，学术上，思想上一切的黑暗。"

新文化是什么，陈独秀认为："文化是对军事、政治、产业而言，新文化是对旧文化而言。文化底内容，是包含着科学、宗教、道德、美术、文学、音乐这几样；新文化运动，是觉得旧的文化还有不足的地方，更加上新的科学、宗教、道德、文学、美术、音乐等运动。"这是一个需要全面更新的文化系统，需要从根本上进行知识的改造。

在《新青年》所提出的知识变革中，文学革命和汉字革命影响最大。文学革命的基本内容是反对文言，提倡白话，反对旧文学，提倡新文学。1915 年 6 月，李大钊提出："要以其优美之文学，高尚之思潮，助我国民精神之发展。"1915 年 11 月，陈独秀提出："吾国文艺犹在古典主义理想主义时代，今后当趋向写实主义。"

1917 年 1 月，胡适在《新青年》2 卷 5 号发表《文学改良刍议》，对文学的改革提出了基本的要求：胡适认为"一时代有一时代之文学"，"今日之中国，当造今日之文学"。他提出要文言合一，"白话文学为中国文学之正宗"。他提出文学变革的主张，即文学的"八事"：须言之有物、不模仿古人、须讲求文法、不作无病呻吟、务去陈词滥调、不用典、不讲对仗、不避俗字俗语。

在文学和语言建设方面，他提出以文学建设推动语言的建设，建立起国家统一的语言。他说："我们所提倡的文学革命，只是要替中国创造一种国语的文学。有了国语的文学，方才可有文学的国语。有了文学的国语，我们的国语才可算得真正国语。国语没有文

63

学,便没有生命,便没有价值,便不能成立,便不能发达。"①

胡适从西方各国的语言建设与文学的关系借鉴经验,提出应该以中国新文学的建设推动本国语言的发展,使之成为国家文化知识凝聚的媒介。

1917年2月,陈独秀在《新青年》发表《文学革命论》,提出推倒雕琢的阿谀的贵族文学,建设平易的抒情的国民文学;推倒陈腐的铺张的古典文学,建设新鲜的立诚的写实文学;推倒迂晦的艰涩的山林文学,建设明了的通俗的社会文学。

对传统文学发难,就是对传统的知识发难,文学革命表现了现代知识兴起的姿态,它以明确的态度建立起"新旧"知识的对立面,并对旧知识做出彻底决裂的姿态。

文学革命的发起者和参与者大多接受了西方的文学知识,西方文学影响了这些新文学作家的创作观念。

"汉字革命"是"五四"文化运动的重要内容,它所涉及的范围,产生的震动不亚于新文学运动,对传统文化根基的动摇更甚于文学革命。它所形成的文化思想在现代思想史上的地位也是相当重要的。

"汉字革命"代表了20世纪初中国的一种文化选择趋势,表现了部分知识分子对待中国文化知识的立场。

20世纪初,中国传统文化失去了它的权威性,也失去了对中华民族的整合力量。这种形势的产生有其相当复杂的社会原因。中国社会发展到这个阶段,在列强的打击和中国内部的冲突中,中国传统文化遭遇了巨大的挑战,它似乎已经不能支持中国的发展了。在世界的竞争格局中,中国似乎被挤向边缘,这样的结果让当时的一些知识分子担忧。一部分知识分子对中国传统知识失去了信心,以为中国传统知识不再足以支撑中国的现代发展,甚至成了严重阻

---

① 胡适:《建设的文学革命论》,《胡适文集》第三卷,人民文学出版社1998年版,第60页。

第二章　在传统与现代之间的知识转换

碍中国社会发展的绊脚石。推翻旧有文化，用外来文化置换中国传统文化，便成了这批知识分子变革的主要动机和思路。他们掀起一次次变革的思潮，从西方和从国粹中选择形形色色的思想，试图为中国找到新的立国之本；他们热衷于政治变革，鼓吹道德重建，发动文学革命、汉字革命以及种种知识革命，还轰轰烈烈地尊孔教为国教，宣传读经救国，目的是为了寻找经世济国的方略，给中国寻找一条出路。方向不同，动机却大体一致。

"五四"运动的目标，就是力图用"新文化"去置换"旧文化"，这样的文化置换运动，借助了革命的力量，对延续了数千年的传统价值观念作了相当激烈的检查批判，并为20世纪建立和提供了一套与传统有异的价值系统，由此生产了20世纪的知识体系。

钱玄同等人提出废除汉字，目标便是针对汉字所负载的传统价值观："欲使中国不亡，欲使中国民族为二十世纪文明之民族，必以废孔学、灭道教为根本之解决，而废记载孔门学说及道教妖言之汉文，尤为根本解决之根本解决。"[①]

文字改革的目标是什么，主要目的仍然是知识的变革。钱玄同在其诸多变革的提议中，主要核心仍然是围绕着文化道德变革这一根本目标展开。《新青年》从发刊开始，便提出以道德改革作为首要目标。陈独秀的《敬告青年》所要做的，就是道德的革新。钱玄同对此十分赞同，认为推翻孔学，改革道德，最后达到强国的目的，这是文化变革的最终目标。而这一紧要的事情，又是与语言文字密切相关的。

1923年前后，黎锦晖、钱玄同等人已经迫不及待地提出推进汉字变革的方案。1923年9月13日，钱玄同在《晨报副刊》上刊出《请组织"国语罗马字委员会"案》，希望组织一个"国语罗马

---

① 1918年3月4日钱玄同《致陈独秀》，《新青年》第4卷第4号，1918年4月15日。

字委员会",对于字母应该怎样配置,声韵应该怎样拼合,声调(即四声)应该怎样表示等进行研究,征集各方面的意见,定出一种正确使用的"国语罗马字"来。

他认为首先要作出的改变,就是要减省现行汉字的笔画。当时汉字改革的呼吁者都直接提出了一个显而易见的理由,就是"现行的汉字,笔画太多,书写费时,是一种不适用的符号,为学术上、教育上之大障碍"。[1] 钱玄同认为,现行汉字在学术上、教育上作梗,已经到了火烧眉毛的地步,不可不亟图补救,绝不能等拼音的新汉字成功才来改革,先用减省汉字笔画这种"治标"的方法,为目前的紧迫需要,至于"治本",也就是改为拼音字母,还可以假以时日。这汉字是无论如何都要改革的。

1923年,由黎锦晖动议提案,秦凤翔、马国英、黎锦熙、钱玄同连署附议的《废除汉字采用新拼音文字案》在1923年《国语月刊》第1卷"汉字改革专号"刊出,其中设计了拼音字母改革的方案。在学校方面进行的工作有五个步骤:

第一步是呈请教育部明令各校在各地设师范讲习所,专门练习拼音文字,师范学校,增加新文字一科。这样便从师资上保证拼音字的教育。

第二步是从第二年起,小学一二年级一律用拼音文字的教科书。

第三步是从第三年起,小学全部都改用拼音文字的教科书。

第四步是从第四年起,初级中学用课本也一律改用拼音文字,高级中学的文科,可兼习汉字。

第五步从第五年起,大学除文科必须明白汉字以外,其余的讲义,也一律改用拼音文字。[2]

---

[1] 钱玄同:《减省现行汉字的笔画案》,1923年《国语月刊》第1卷"汉字改革专号"。

[2] 《钱玄同文集》第三卷,中国人民大学出版社1999年版,第97页。

第二章　在传统与现代之间的知识转换

这是一个现代知识生产的方案，它借助国家机器推动现代知识生产工具的变革以及知识载体的变革，使之更有效地承担现代知识生产。

钱玄同、陈独秀等人还一度热衷于讨论以世界语作为中国的流通语言，代替汉语以为中国与世界相沟通的工具。他们提出"世界语为今日人类必要之事业"。进行拉丁化变革，提倡世界语，便成了语言变革的一条出路。

钱玄同诸人关注并提倡世界语，应该说得益于世界的眼光。其时第一次世界大战正在欧洲进行，钱玄同即以为待欧战结束，则"世界主义大昌，则此语必有长足之进步无疑"。①

这大概也是以知识变革拯救中国的一种方式。尽管这项工作最后没有取得成功，但是，它表达了当时的知识分子试图改变中国的知识结构，推动中国的知识生产机制的变革愿望，它要从根本上改变中国知识的基本元素和生产机制。

美育知识的建立，以美育改变国民素质，也是20世纪初知识变革的重要内容。

其时中国文化界正在寻找中国的核心精神，宗教一度被提到相当高的地位。一些学者热衷于宗教的研究。康有为、陈焕章等人还发起立孔教为国教的运动，以此重建中国的核心价值。以宗教立国，似乎成了救国保种的途径。

蔡元培提出了以美育代替宗教的思想。他提倡美育，是有感于中国世风之堕落，人的素质不健康，人格发展不完善而提出的。蔡元培认为，在现代社会，宗教已经过时。宗教只是人类发展到一定阶段所产生的智识特征，其中反映了人类认识世界的缺失，有局限性。并且，宗教有很强的排他性，一些宗教不容许其他宗教共存，显出了它的狭隘性。这都不符合人类文明发展的需要。"美以普遍

---

①　钱玄同：《论世界语与文学》，《新青年》第3卷第4号，1917年6月1日。

性之故，不复有人我之关系，遂亦不能有利害之关系。"①

蔡元培认为，在历史传统方面，中国还不宜与欧洲相比，中国有自身的传统。"欧人之沿习宗教仪式，亦犹是耳。所可怪者，我中国既无欧人此种特别之习惯，乃以彼邦过去之事实作为新知，竟有多人提出讨论。此则由于留学外国之学生，见彼国社会之进化，而误听教士之言，一切归功于宗教，遂欲以基督教劝导国人。而一部分之沿习旧思想者，则承前说而稍变之，以孔子为我国之基督，遂欲组织孔教，奔走呼号，视为今日重要问题。"②

现代知识的建设，还要与国情相符，以新知识培养国民是当务之急。

蔡元培认为文化的引进要讲究国情，尤其是要根据自己的传统寻找适合本土生长的文化。"宗教之原始，不外因吾人精神作用而构成。""其他各种现象，亦皆以神道为惟一之理由。此知识作用之附丽于宗教者也。"③

宗教是人的精神需求和表现，其中的要素有些已经过时，有些也不适合现代的需要，尤其是在20世纪初科学已经成为潮流的时候，过度地强调宗教会有失偏颇。所以，蔡元培提出要用美学教育代替宗教，改造人的精神要素，这种要素包含了科学的精神。

蔡元培提出以美育代宗教，是他选择培育中国现代精神的方式。中国人需要新的精神，抛掉束缚文明发展的精神。美育是现代教育的重要途径。

如何进行美育建设，使其对中国产生影响，蔡元培提出了许多方式，他提倡以音乐美术等一些具体的艺术门类作为教育内容，以陶冶国民的审美素质，提高国民的文化品位。他提倡在中小学增强

---

① 蔡元培：《以美育代宗教说》，《新青年》第3卷第6号，1917年8月1日。
② 同上。
③ 同上。

美育科目，使之成为国民精神的基础。

美育的目的，就是要培养人的高尚纯洁的情操，使国民的整体素质提高。这样的目标是高瞻远瞩的。"纯粹之美育，所以陶养吾人之感情，使有高尚纯洁之习惯。"① 提倡以美育代替宗教，是因为"知识、意志两作用，既皆脱离宗教以外，于是宗教所最有密切关系者，惟有情感作用，即所谓美感"。②

蔡元培的倡议开创了中国美学教育的先河，得到了社会的响应，报刊也展开了美学教育的讨论，特别是针对中小学教育的相关报刊，如《中学生杂志》持续地刊载了美学教育的文章。这是中国现代素质教育的开始，关于美育的知识也在现代教育的发展建设中逐渐地完善。

蔡元培有深厚的中国传统文化的底蕴，又接受过西方思想文化的熏陶，有这两种文化背景，使他成为中国传统知识和现代西方知识交融的人。他的知识构成及文化价值观也具有这个转折时期的特点。蔡元培知道西方思想文化对中国的意义，所以他不排斥对西方文化的接纳，将之作为重要的知识引进大学，使之在大学传播。而此时也正是中国文化交替的历史时期，蔡元培的素质与时代的需求是吻合的。他不是一面倒地肯定这部分或否定那部分，而是顺应形势，吸收西方文化，也保留中国传统文化，由此而显出他的多元文化的态度。

蔡元培所处的时代，正处于朝代更替时期，在制度建设的缝隙中，大学得到较大的自由空间，新知识也获得了更大的发展空间。

2. 科学，现代知识生产的组织媒介

20世纪初，科学成为组织中国知识生产的重要的思想和媒介，并且经过一个时期的有效组织，关于科学的知识成为20世纪中国

---

① 蔡元培：《以美育代宗教说》，《新青年》第3卷第6号，1917年8月1日。

② 同上。

最为重要的知识。

　　科学也同样改变了西方的知识系统。中世纪，宗教神学是组织西方知识的核心支柱。它以宗教为基点，以上帝为终极目的，按照独特的推理方式组织了关于上帝创造世界的知识，然后以这样的知识统一世界，并构成了政教合一的严格的知识结构。哥白尼理论的出现以及布鲁诺的牺牲逐步瓦解了西方宗教的知识体系，使人们重新认识了世界。随着工业社会的发展，一系列科学知识迅速地成为组织世界的力量。科学的思维和科学的知识改变了西方的世界，使西方进入现代社会并且迅速地发展起来。

　　科学在中国传统文化知识中属于"器"的层面，也是形而下的层面，不为儒家文化所看重。直到19世纪下半叶，西方商品经济大量进入，西方机械包括钟表以及坚船利炮给中国人带来了具体感性的科学样本。西方坚船利炮在战争中的威力使中国人看到了科学的力量。那些保守的中国士大夫也不得不承认西方利器的威力，即便不是很情愿，也只能向西方学习被称为科学的坚船利炮。

　　早在明代，西方的科学知识就被陆续地介绍到中国。西方传教士带来了相关的科学知识和观念。16世纪末，利玛窦绘制，1602年李之藻为其刻成的《坤舆万国全图》，对中国的天地观发生了影响。

　　明末以后，陆续翻译介绍到中国的西方知识逐渐增多，所涵盖的学科范围相当广泛，几乎包含了自然、人文学科的各个方面：数学、几何、物理、化学、天文、地理、生物、医学等都有译介到中国。徐光启与利玛窦合作翻译了欧几里德的《几何原本》前六卷。翻译介绍进来的科技著作有数学方面的《同文算指》、农田水利技术方面的《泰西水法》、机械工程方面的《远西奇器图说》、人体解剖方面的《泰西人身说概》、物理学方面的《重学》、化学方面的《化学鉴原》等。

　　一批知识分子领略到了西方科学技术及其科学思想的优越性，提出向西方学习科学，即"师夷之长技"。所谓"长技"，也就是

第二章　在传统与现代之间的知识转换

西方的科技知识，这表示中国知识分子已经看到中西方知识的差异，而且愿意放下架子进行学习。

洋务运动使西方的科学技术和科学思想逐渐地在中国落地。中国知识界继而提出了中学为体、西学为用的思想，适度调和中国传统文化和西方科学的关系。这种调和过程，也是中西方文化知识交流的过程。在这之后，西方的科学知识逐渐地成为组织中国现代知识的重要的黏合剂。

这是由西方的强势力量所推动的接受西方科学知识的重要时期。以科学重新整合中国的文化知识，目的十分明确，就是要新民德、开民智，使中国的文化知识成为能够支撑中国民族的精神支柱，支撑这个逐渐衰落下去的民族能够在世界的竞争中生存下去。这个目的是相当迫切的。

寻找和引进外来思想观念拯救中国，也就成为一条重要的途径，其中，引进科学的知识是中国的启蒙思想者热衷的事情。以科学改造国民性，也是启蒙者的理想。

严复翻译了英国生物学家赫胥黎的论著，题名为《天演论》，其中的物竞天择、生存竞争的进化论思想对中国产生了巨大的影响。

在民族救亡危机感的推动下，科学在中国拥有了巨大的权力，也拥有了重建中国知识系统的合法性地位。

现代学校的建立主要就是以科学教育作为标志。西方科学知识成为现代学校的主要课程，科学教育瓦解了四书五经一统教育天下的局面。算学、物理、化学以及各种西方现代学科内容进入中国的学校教育领域。这种曾经被中国士大夫不屑一顾的技术型的知识逐渐地成为整合中国现代知识的主要力量。中国的知识系统发生了根本性的改变。

现代西方科学带来的不仅仅是技能性的知识，还带来了科学的精神和科学的观念，它改变了中国人对世界认知的方式，改变了中国人思考世界的逻辑起点以及思想方法。

人们通过科学进一步认识自然界，对探究自然发生兴趣。这方面的内容，在中国历史上是不被重视的，被认为是形而下的层次，为中国士大夫所不齿。

科学也被引渡到社会人文方面，即要以科学的观点和方法研究人文社会。当时的进化论和科学实证主义被引进中国，运用到人文社会方面的研究，起了一定的知识示范作用，这就相当有效地为人文社会科学方面的知识生产作出了示范，并形成了一定的权力。

科学对中国传统道德产生了巨大的冲击，也成为文学变革的重要依据，在现代文学的发展中起到举足轻重的作用。科学给现代文学提供了广泛的思想资源，也是改造中国传统文学的重要动力。科学给中国小说变革提供了重要的参照点。科学的观念对中国人文的冲击是巨大的，原本放之四海而皆准的人文道德在科学的观照下受到了质疑。

科学小说大量进入中国，对启发民众，改造国民精神有极大的作用。直接翻译科学小说，在20世纪初成为新奇的事情。

1903年，明权社翻译出版了日本小说家押川春浪的小说《空中飞艇》。此时翻译或创作的与科学有关的作品还有《电术奇谈》《神女再世奇缘》等。

1906年，《新世界小说社报》第二期载《论科学之发达可以辟旧小说之荒谬思想》，以科学的立场批判中国传统小说的想象世界。文章认为中国在没有科学的状况下浑浑噩噩长期生存，文人也因为好奇，把那些荒唐之事、幽怪之情、子虚乌有的东西作为小说的内容，误导了中国人对世界的认识。

关于科学的知识使得在风雨飘摇中的中国看到了希望，当时几乎所有的报刊都掀起了以科学为宗旨组织报刊的浪潮。这是非常明确的示范，中国的知识生产需要由科学进行组织，然后生产出合乎科学的知识。

科学在世纪初风行一时，几乎成为人们表明思想先进的标志。诸多小说杂志也以标榜科学为号召。1906年《新世界小说社报》

发刊词提出新小说具有科学的因素,是"开通民智之津梁"。1907年,《小说林》第一期有觉我的《〈小说林〉缘起》一文,认为"月球之环游","地心海底之旅行,日新不已,皆本科学之理想"。

此时,还出现了大量以科学反对迷信为主旨的小说,对"迷信"的种种观念、行为进行抨击。李伯元主编的《绣像小说》刊发了许多作品,其中有壮者的《扫迷帚》、吴趼人的《瞎编奇闻》、嘿生的《玉佛缘》、李伯元的《醒世缘弹词》等。这些小说以科学为依据,对中国的迷信现象进行抨击,这对新知识的建设起到了重要的作用。

许多小说运用西方的科学观念评价中国的社会生活,西方的科学知识也在逐步地进入人心。20世纪初中国现代知识的建构,明显地受到科学力量的左右。

科学的声誉及其地位如此强大,中国的传统知识在20世纪被改写。当时的许多学校都开出了科学的课程;大批留学生也注重向国内输送科学知识;关于科学的出版物及与科学相关的杂志相当发达,有人统计当时的书市上有400余种。1917年出现的《学艺》是当时有影响的宣传科学的杂志,它提出的宗旨就是以真理为基础促进学术和批判。1919年冬,傅斯年、顾颉刚、徐彦之等一批北大学生创办了《新潮》杂志,也以批判精神、科学思想和文学改良为信条。1919年,由少年中国协会创办的《少年中国》杂志,提出了在科学精神指导下服务于社会以创立少年中国为宗旨。1918年,由美国迁回中国的中国科学社,创办的《科学》杂志,是一个全面介绍科学及科学精神的杂志。其宗旨是为科学增长和工业进步传播科学精神和知识。其中所涉及的内容,以它在1919年出版的《科学总论》划分,便有:科学的精神、科学的方法、科学与教育、科学与道德、科学的人生观等,科学进入社会生活的各个领域,科学理性成为突出的特征。

科学及科学的世界观被大量地介绍进来,关于科学的人生观也被提出来。这种观点主张以科学为基础的人生观,主张人生观充分地科学化。科学不仅是外在的事物，而且要逐渐成为人生的内在动力，支配中国人的生活。科学要改变延续了数千年在传统文化支配下的社会人生。中国将要进入一个为科学支配的时代。

中国文化需要什么来变革？那就是科学。什么是科学？陈独秀认为：狭义的科学是指自然科学，广义也包括社会科学。"社会科学是拿研究自然科学方法，用在一切社会人事的学问上，像社会学、伦理学、历史学、法律学、经济学等，凡用自然科学方法来研究、说明的都算是科学，这乃是科学最大的效用。"陈独秀认为：中国人向来不认识自然科学以外的学问，不认识中国的学问应该受到科学洗礼的必要，所以，"要改去从前的错误，应该提倡自然科学，并且研究、说明一切学问（国故也包含在内），都应该严守科学方法，才免得昏天黑地乌烟瘴气的妄想、胡说"。[1]

科学刺激了现代知识分子对中国传统知识的反思和批判，也成为中国知识分子建构新的知识体系的重要依据。当时的教育机制以及传播媒体，包括在社会蓬勃兴起的报纸杂志，都标榜以科学为宗旨，以指导自己的基本运作。

以科学主义作为建构中国现代知识的力量，以科学理性置换中国传统的道德理性，是20世纪中国知识生产的特征。科学不仅仅具有工具理性的意义，更不是晚清时期的"奇技淫巧"，科学及其精神逐渐地渗透社会生活的各个方面。以科学的知识阐释事物，阐释社会，阐释文学艺术成为风尚。

科学的弘扬在五四时代达到高峰。以科学、民主为号召的五四运动对传统的知识系统造成了巨大的冲击，它不仅仅以具体的科学知识置换中国的知识，而且明确地强调以科学的精神对待社会和人生。

五四运动打出了科学与民主的旗号，借助科学的力量对中国传

---

[1] 陈独秀：《新文化运动是什么》，《新青年》第7卷第5号，1920年4月1日。

统文化进行批判。科学成为中国现代知识建设的重要资源。科学成为五四运动的旗帜，是经历了多年引进积累的结果。这是中国现代知识形成的重要时期。一部分知识分子逐渐地以科学知识为依据，对世界、对社会进行评判，关于科学的认同感也在社会上逐渐加强。

20世纪，科学的地位日渐稳固，中国现代社会也在科学的光照下发展。

胡适在20世纪20年代总结过科学的地位："这三十年来，有一个名词在国内几乎做到了无上尊严的地位；无论懂与不懂，无论守旧与维新的人，都不敢公然对他表示轻视或戏侮的态度。这个名词就是'科学'。这样几乎全国一致的崇信，究竟有无价值，那是另一问题。我们至少可以说，自从中国讲变法维新以来，没有一个自命为新人物的人敢公然毁谤'科学'的。"[①]

从现代知识生产的角度而言，这是革命性的变化，它借助科学的眼光和理论，把中国文化重新进行了省视和过滤，并提出要彻底改变中国传统文化，用西方科学的知识重新教育民众，让民众从蒙昧之中觉醒过来，使中国能够在科学的支持下强大起来。

这是20世纪初科学在中国所得到的最为隆重的待遇，科学被认为是知识水平的最高点，具有至高无上的地位。科学成为改变中国知识系统的最为重要的力量，也成为20世纪重新组织中国知识的核心价值。

3. 从文言文到白话文，知识载体的变革

20世纪初，白话文的使用和普及被提到迫切的位置，被认为是文化变革成败的关键。这不仅仅是语言的变革，也被认为是"新旧"文化较量的标志。其核心意义是关于知识生产环节的媒介或工具的权力地位的争夺。它要把中国文化生产的权力从传统文化的垄

[①] 胡适：《科学与人生观·序》，《科学与人生观》（上），上海亚东图书馆1923年版，第2—3页。

断中夺取过来，让文化生产成为刚刚兴起的新一代知识分子以及市民社会的权力。这种文化生产权力的争夺直接地表现在对文化生产工具和媒介的争夺上。

文言文是中国传统官方流通语言，也是中国知识承传的重要载体。文言文对中国的统一起到了重要的作用，文字和语言作为维系国家统一的重要媒介，具有不可替代的作用。文字和语言所承载的文化信息是民众对国家和民族认同和承认的目标指向。

文言文在其发展过程中，已经积淀了非常深厚的中国传统文化的基因，其文化知识也构成了非常复杂绵密的关系网络，这些文化知识通过文言文的一整套的概念以及相关的逻辑构成了巨大稳固的知识系统，并且有效地控制了整个社会的基本运作。

文言文一度成为凝聚中国社会文化的重要黏合剂，作为一种媒介，它所承载的知识价值也形成了强大的文化向心力，这种文化向心力是借助语言媒介联系起来的。由文言文所形成的文化共同体非常有效地整合了中国社会。

文言文的强大的文化权力是以隐含在其中的各种力量相互交织而产生的。

文言文还具有分别传统知识分子身份的重要作用，能够认识文字，或者能够使用文言文进行写作，就被认为是知识分子。在中国，这样的知识分子占据了一定的比例，并且具有较高的地位，他们必须拥有这样的条件，才能够进入国家的机制。这是重要的身份标识。

中国传统文化非常有效地将各种思想附着在文言文上，并由此强化了文言文的重要地位。

中国的科举考试在制度上保证了文言文使用的延续，能否使用这种官方语言进行流畅的表达，成为考量中国传统知识分子文化水平的最重要的指标，所以，中国知识分子如果想进入国家体制，就必须精通文言文，能够有效地运用文言文维护国家机制的运作。

文言文也是激励中国传统知识分子维护其合法性的重要媒介，

传统知识分子以此作为安身立命之地，在中国文化的变革时期奋起保卫文言文的存在。

19世纪末以后，文言文的使用受到了西方知识的挑战，西方科学知识逐渐地成为强大的话语知识进入中国，文言文也走向了衰落。

1905年9月2日，中国科举最终废除，这就从根本上解除了国家机器对文言文的保障，文言文的权力地位也因此被大大地削弱。

白话文地位的提高是与现代社会及其文化的发展密切相关的。在西方经济文化进入以后，中国城市快速地发展，由此而形成了逐渐发展壮大起来的，具有一定规模的市民社会。市民社会主要的文化载体是更为感性和通俗的语言符号——白话文。城市市民社会在日常生活中大量使用白话文，是推动白话文流行的重要动力。城市市民社会迅速发展并形成一定的规模，使得白话文的运用有了更为丰厚的社会土壤。

另外，中国大部分人口是农民，其中的大多数人不识字，运用白话文能够更加有效地传播文化知识，这对当时需要在民众中迅速传播社会变革思想的启蒙知识分子而言，普及白话文是进行知识传播的有效手段。

20世纪初，现代报刊媒体的迅速发展也给白话文的发展带来契机，尤其是在梁启超为代表的新报刊体的示范之下，白话文成为能够淋漓尽致表达思想感情的重要的语言形式，也引起了社会读者的兴趣。

这是非常有效的现代知识的生产方式，它主要是通过白话文的方式进行，尽管当时报刊使用的文体还是半文半白的，但是，它更倾向于白话文的表达方式。

这种通俗易懂的语言方式很快在市民社会流行起来，被市民社会所追捧，其作为现代知识生产的主要媒介也自然形成。白话文在现代市民社会拥有更为接近日常生活的亲和性，更便于在市民社会中流行。与此同时，报刊媒体大量刊登的各种类型的文章，包括文学艺术作品，这些文体更需要白话文作为推广的媒介，以占领更为广大的市民社会所形成的文化消费市场，白话文也因此具有了更为强大的发展动力。

现代城市以及市民社会的发展，是白话文能够盛行的最重要的原因。白话文的发展是文化消费的需要，也是现代传播迅速发展的需要。

以白话文重新组织现代知识成为20世纪最重要的文化运作方式，也是现代知识生产的重要方式。

19世纪下半叶，外来文化的强势进入，导致了中国传统文化的危机。一批中国知识分子对中国文化的质疑，反映在语言文字上，就是针对中国语言文字所承载的中国传统的文化信息产生了极大的怀疑。中国传统文化精神在这个时期被认为已经难以支撑中国民族在世界生存，因此必须进行置换，而置换的做法就是要改变承载这些文化的语言文字，使之从根本上消失。

另外，这个时期需要大量翻译和介绍外来文化，外来文化的内容也使得中国的文言文在翻译过程中显出了捉襟见肘的状况，许多外来文化的概念及其内容都很难在中国传统知识中找到相应的概念。以知识生产的相似性的运作方式，当时的文言文确实与西方的诸多概念难以一一对应。文言文往往难有相应的概念对其思想内容和科学技术的内容做出翻译。

为了对中国民众有更强的启蒙作用，这个时期所要翻译介绍的外来文化就需要借助能够让更多的民众容易阅读理解的语言媒介，让启蒙思想获得更大的普及。文言文在这个时候显然并不是最为有效的媒介，因此，寻找另外一种更容易让民众，尤其是不识字的民众看得懂和听得懂的语言就显得相当迫切。白话文是一般民众常用的口语，这就让当时急于要在民众中进行教育启蒙的知识分子运用这种语言来表达自己的思想，白话文的推广应用也成为迫切需要进行的工作。

需要是最大的动力，中国知识分子需要借助白话文的通俗性对

第二章 在传统与现代之间的知识转换

现代文化进行更新和推动,文言文显然已经不适应这种需要。它首先受到一批文化改革者的质疑和批判。当然,这种改变的阻力还是很大的,绝大多数知识分子仍然使用这种语言作为表达的工具,或者说,他们所接受的知识也是依据文言文作为媒介进行支持,它是中国传统知识分子安身立命之地,也是情感的寄托之地,废除文言文确实是于心不忍的。正如林纾所说的,中国文化百无是处,仅仅文言文还可以成为文化之根,因此还应该保留。

白话文在现代拥有相当广泛的民众基础,文言文失去了制度保障之后,在一批知识分子的强力推动下,白话文取代文言文的地位也在所难免。

1919年,国语统一筹备会召开第一次大会。刘复、周作人、胡适、朱希祖、钱玄同、马裕藻等提出《国语统一进行方法》的议案。

1920年1月,教育部训令全国各国民学校先将一二年级国文改为语体文。1920年4月,教育部发布通告,明令国民学校其他各科教科书亦相应改用语体文。

白话文运动开始后,大量白话文报纸出现,并为民众所接受,逐渐成为报纸的主流。

与白话文同时推广的还有标点符号,1919年4月,胡适、钱玄同、刘复、朱希祖、周作人、马裕藻在国语统一筹备会第一次大会上提出《方案》,要求政府颁布通行",。;:?!——()《》"等标点。这是一个重大的改变,中国传统书写没有标点符号,借助西方的标点符号作为参照,实际上已经导致了语言表达的根本性的变化,它使语言的表达和理解更为人性化。

1920年2月2日,北洋政府教育部发布第53号训令,《通令采用新式标点符号文》,中国第一套法定的标点符号诞生。

由政府推动的知识载体的改革也迅速下达到基层,在基础教育方面已经以新知识的教育为主,并且建立起关于知识教育的基础机制。

1920年1月18日《申报》第10版发表《小学国文科改授国语之部令》：

> 江苏教育厅奉教育部训令云，案据全国教育会联合会，呈送该会议决推行国语，以期言文一致案，请予采择施行。又据国语统一筹备会，函请将小学国文科，改授国语，迅予议行各等因，到部、查吾国以文言纷歧，影响所及，学校教育，固感受进步迟滞之痛苦，即人事社会，亦欠具统一精神之利器，若不急使言文一致，欲图文化之发展，其道无由。本部年来，对于筹备统一国语一事，既积极进行，1920年全国教育界舆论趋向，又咸以国民学校国文科宜改授国语为言，体察情形，提倡国语教育，实难再缓，兹定自1920年秋季起，凡国民学校一二年级，先改国文为语体文，以期收言文一致之效，合亟令行该厅转令所属小学遵照办理可也，此令。

  白话文在知识分子的舆论呼吁和国家机器的保障下，迅速成为中国文化知识建构的工具。其最大的意义就在于有效地解构了由传统知识建立起来的文言文的权威性，而且把这种权威转化为社会民间所共有的文化知识权力。

  与此同时，汉字改革也在中国引起关注。汉字改革降低了民众进入中国文化知识系统的门槛，使民众有了获得知识的更大权力，使现代知识更加普及化，为更多的民众所接受，也因此改变了传统知识垄断和统治的局面。

  中国的汉语拼音运动是从清朝末年的切音字运动开始的，它与教育救国的主张直接相关，梁启超、沈学、卢戆章、王照等人认为，汉字的繁难是教育不能普及的原因，因此，开展了"切音字运动"。

  1913年2月，读音统一会在北京召开，会议主要是"审定一切字的国音发音"和"采定字母"。这次会议审定了6500个汉字的读音，用各省代表投票的方法确定"标准国音"；拟定了一套注音字母，共39个，字母采用汉字笔画式，字母选自古代汉字，音节采用声母、韵母和声调的三拼制，对双拼的反切法进行改进。这套注音字母后来减为37个。

注音字母于1918年由北洋政府教育部正式公布。1920年，全国各地陆续开办"国语传习所"和"暑期国语讲习所"，推广注音字母，全国小学的文言文课一律改为白话文课，小学教科书都在汉字的生字上用字母注音。

注音字母的使用对统一汉字读音，推广国语，普及知识起了很大的作用。

这是20世纪初中国知识分子进行现代知识生产必然要走的步骤，在生产工具方面进行改造，语言这种必备的工具或者媒介首先成为改造的对象。

新的知识体系需要新的知识概念进行建构，传统的语言，文言文已经难以承担实质性的建构任务，新的语言媒介也会相应地产生和推广。

随着现代知识的不断丰富，20世纪初以后，使用白话文逐渐成为衡量知识分子知识现代性的潜在标准。

现代报刊的大量发行，白话文在传播方面具有更为广泛的受众基础，成为民众的通用语言。

白话文与社会民众有更大的亲和性，因此在民众中更易于普及，这是一种知识的普及，现代知识通过白话文迅速地向民间流布，形成了新知识的传播趋势。

第三章 知识的茫然与彷徨中的知识分子

20世纪初,中国知识分子对传统文化进行激烈的批判,但是,新的文化并没有迅速地建立起来,新文化建设的目标也不甚明了,外来文化和本土文化在交融中的价值边界相当模糊,部分中国知识分子失去了发展的目标。

失去了传统文化的依据,新文化还没有完全建立起来,新的知识权力需要重新建构和布局,这是一个艰难的文化选择的时期。一些知识分子不断地探索,更多的知识分子则处在茫然彷徨之中,这些状态在当时的文学作品中有诸多表现。

一 鲁迅笔下的知识分子

鲁迅笔下出现了众多的知识分子形象,从中可以看到中国知识分子的种种形态。这是文化交替时期的知识分子形象,他们拥有中国传统的知识,同时也接受了一些现代知识,其知识结构是混杂的,处在茫然的选择中。这正是时代转换过程中的知识分子形态。作家如果能够把他所处时代的社会生活以及种种知识形态表现出来,尤其是将这个时期的知识生产方式表现出来,就是非常有意义的文学表达。文学的真实性,其意义就是给历史提供真实的记录。

1. 科举制度中的知识分子

传统的中国文化在生产知识的同时,也生产知识分子本身。这是非常独特的知识生产模式,中国知识分子也被塑造成固定的知识因素,成为传统知识的一部分。

第三章　知识的茫然与彷徨中的知识分子

鲁迅的小说曾经形象地描绘过在这样的知识轨道上行走的传统知识分子，将他们的人生路径以及精神形态表现得淋漓尽致。

在小说《白光》中，鲁迅描写了陈士成这样一个在科举道路上耗尽了平生精力的知识分子。他代表了大多数传统知识分子的人生经历。他的理想目标是由社会赋予的，社会规定了知识分子的人生道路，也建立了这样的人生价值。

传统知识分子的人生轨道便是这样：

"隽了秀才，上省去乡试，一径联捷上去，……绅士们既然千方百计的来攀亲，人们又都像看见神明似的敬畏，深悔先前的轻薄，发昏。""屋宇全新了，门口是旗竿和扁额，……要清高可以做京官，否则不如谋外放。"

一旦这条道路走不通，人生的价值又在哪里呢？中国社会所给出的知识分子的出路，似乎只有"学而优则仕"的唯一标准，其他的便只能是"万般皆下品"了。

他的一生就耗费在这科举的漫漫长途之中。

他忽而举起一只手来，屈指计数着想，十一，十三回，连今年是十六回，竟没有一个考官懂得文章，有眼无珠，也是可怜的事，便不由嘻嘻的失了笑。

陈士成心里仿佛觉得空虚了，浑身流汗，急躁的只爬搔。

科举失败，对陈士成们的打击是全身心的。对不能进入国家体制的知识分子来说，社会的压力和自身精神的压力是难以忍受的，可是，他们又难以跳出这种知识规则，自杀也许是一条解脱的道路。

第二天的日中，有人在离西门十五里的万流湖里看见一个浮尸,当即传扬开去,终于传到地保的耳朵里了,便叫乡下人捞将上来。那是一个男尸,五十多岁,"身中面白无须",浑身也没有什么衣裤。或者说这就是陈士成。①

这就是中国传统知识分子的人生,他们要么成功,要么失败,成功者可以进入国家机器,失败者被国家机器所拒绝,失去了生存的信心。在中国历史上,知识分子大都是围绕着国家机器的轴心实现自己的价值,以此作为衡量自身价值的最为重要的坐标。这样的价值积淀了上千年,也因此形成了围绕着这一目标而进行的知识生产过程。

20世纪初科举制度废除,新的知识生产方式出现,同时也使得大部分知识分子走进了茫然不知所措的境地。大部分接受了传统文化的知识分子,他们的生存是依靠传统知识进行支撑。新的知识系统没有正式地建立起来,他们不知道以何种知识作为安身立命的支持,大多数人仍然在无所适从的环境中寻求生存的出路。

在传统的知识生产方式中,孔乙己代表了许多被传统知识整合的知识分子。他们拥有传统知识的要素,但却不能按照规则进入国家机器,是传统知识中的落寞者,同时也是传统知识的支持者。

鲁迅用凄凉的笔调描绘了传统知识落魄者的形象:

孔乙己是站着喝酒而穿长衫的唯一的人。他身材很高大;青白脸色,皱纹间时常夹些伤痕;一部乱蓬蓬的花白的胡子。穿的虽然是长衫,可是又脏又破,似乎十多年没有补,也没有洗。他对人说话,总是满口之乎者也,教人半懂不懂的。

孔乙己原来也读过书,但终于没有进学,又不会营生;于是愈过愈穷,弄到将要讨饭了。幸而写得一笔好字,便替人家钞钞书,

---

① 鲁迅:《白光》,最初发表于1922年7月10日上海《东方杂志》第19卷第13号。

第三章　知识的茫然与彷徨中的知识分子

换一碗饭吃。可惜他又有一样坏脾气,便是好吃懒做。坐不到几天,便连人和书籍纸张笔砚,一齐失踪。如是几次,叫他钞书的人也没有了。孔乙己没有法,便免不了偶然做些偷窃的事。

他虽然也掌握了一些传统的文化知识,但是在新的社会环境中,传统知识并不能支持他的谋生,渐渐地这些知识似乎也失去了最基本的功用,成为一种累赘,使其在做人方面也失去了基本的尊严。

孔乙己喝过半碗酒,涨红的脸色渐渐复了原,旁人便又问道,"孔乙己,你当真认识字么?"孔乙己看着问他的人,显出不屑置辩的神气。他们便接着说道,"你怎的连半个秀才也捞不到呢?"孔乙己立刻显出颓唐不安模样,脸上笼上了一层灰色,嘴里说些话;这回可是全是之乎者也之类,一些不懂了。

传统知识的形式成了嘲笑的对象,传统文化也似乎进入了必须变革的趋势。

孩子吃完豆,仍然不散,眼睛都望着碟子。孔乙己着了慌,伸开五指将碟子罩住,弯腰下去说道,"不多了,我已经不多了。"直起身又看一看豆,自己摇头说,"不多不多!多乎哉?不多也。"于是这一群孩子都在笑声里走散了。孔乙己是这样的使人快活,可是没有他,别人也便这么过。

孔乙己所拥有的知识失去了优势,被社会逐渐淘汰,对孔乙己而言,他赖以谋生的支撑点也在逐渐丧失,作为一代知识分子,他们逐渐丧失了社会存在的意义。他所拥有的知识成为被取笑的对象,不合时宜的知识在新的语境中遭遇了尴尬。

孔乙己谋生的手段丧失了,传统知识已不能够支持他的最基本的生存。他因为偷而被打折了腿。

  那孔乙己便在柜台下对了门槛坐着。他脸上黑而且瘦，已经不成样子；穿一件破夹袄，盘着两腿，下面垫一个蒲包，用草绳在肩上挂住。①

这便是传统知识者的悲剧命运。孔乙己已经成为旧知识消亡的符号，一个在20世纪被新知识嘲弄的符号。

2. 反讽，一种知识分子形态

在鲁迅笔下出现了一些矛盾的知识分子，他们的矛盾点就在于他们所掌握的知识在现代与传统之间存在着冲突。他们掌握着传统知识，但他们又要在现代知识机构里进行知识的传授，在这样的场景中，传统知识，尤其是一些相当陈旧的知识在现代学堂里便显出了不合时宜的状态。

鲁迅把传统知识放到了新的场景中进行对比，显出了传统知识在现代的窘境。鲁迅非常擅长构造传统知识与新环境的矛盾冲突，并在比较中让人看到传统知识在现代环境下的矛盾，由此而感觉到知识变革的必要性。鲁迅刻意塑造了一个高尔础先生，让他在新旧知识的交汇中显示出这一代知识分子的问题，并且最终让他退到传统的知识体系中，成为现代知识建设的反对力量以及可笑的形象。

新学堂的教学内容和教学方式在不断地变革，而且越来越被社会所认同，但是仍然有一批以传统知识为基础的知识分子，他们对新学堂持怀疑态度，也颇多非议。他们所拥有的知识在新学堂的教育中遭遇了尴尬，对他们来说，这是非常严重的生存问题。

在鲁迅笔下，这些人所掌握的知识显得相当迂腐，这就构成了巨大的反差。小说《高老夫子》中的高尔础便是这样的人物，只靠一些流俗的传统知识便在现代学堂中传授知识了。

---

① 鲁迅：《孔乙己》，最初发表于1919年4月《新青年》第6卷第4号。

第三章　知识的茫然与彷徨中的知识分子

如果那人不将三国的事情讲完,他的豫备就决不至于这么困苦。他最熟悉的就是三国,例如桃园三结义,孔明借箭,三气周瑜,黄忠定军山斩夏侯渊以及其他种种,满肚子都是,一学期也许讲不完。到唐朝,则有秦琼卖马之类,便又较为擅长了,谁料偏偏是东晋。他又怨愤地吁一口气,再拉过《了凡纲鉴》来。①

这种不伦不类的知识在新的环境中显出了捉襟见肘的窘境,把历史和小说混为一谈的知识在现代学科中被认为是非科学的。这样混杂的知识又如何能承担起现代学堂的教育呢。

鲁迅还刻意描写了他们的知识与行为的荒谬。这些教育者无非是些吃喝嫖赌之辈。

他虽然是他的老朋友,一礼拜以前还一同打牌,看戏,喝酒,跟女人,但自从他在《大中日报》上发表了《论中华国民皆有整理国史之义务》这一篇脍炙人口的名文,接着又得了贤良女学校的聘书之后,就觉得这黄三一无所长,总有些下等相了。

他的确改了名字了。然而黄三只会打牌,到现在还没有留心新学问,新艺术。他既不知道有一个俄国大文豪高尔基,又怎么说得通这改名的深远的意义呢? 所以他只是高傲地一笑。②

现代学堂的管理者也是这样的人:"迎接他的是花白胡子的教务长,大名鼎鼎的万瑶圃,别号'玉皇香案吏'的,新近正将他自己和女仙赠答的诗《仙坛酬唱集》陆续登在《大中日报》上。"

这样的现代教育的管理者,其知识确实奇异。万瑶圃以为:

---

① 鲁迅:《彷徨·高老夫子》,最初发表于 1925 年 5 月 11 日北京《语丝》周刊第 26 期。
② 同上。

"蕊珠仙子也不很赞成女学,以为淆乱两仪,非天曹所喜。"一方面又说:"兄弟以为振兴女学是顺应世界的潮流,但一不得当,即易流于偏,所以天曹不喜,也许不过是防微杜渐的意思。只要办理得人,不偏不倚,合乎中庸,一以国粹为归宿,那是决无流弊的。"①

他们拥有的知识是混杂的,价值观是混乱的,这也正是变革时期中国的知识状态。

"这位就是高老师,高尔础高老师,是有名的学者,那一篇有名的《论中华国民皆有整理国史之义务》,是谁都知道的。《大中日报》上还说过,高老师是:骤慕俄国文豪高君尔基之为人,因改字尔础,以示景仰之意,斯人之出,诚吾中华文坛之幸也!现在经何校长再三敦请,竟惠然肯来,到这里来教历史了……"②

这样的人一方面教着女学堂,一方面却看不惯女学堂的兴办。

"女学堂真不知道要闹到什么样子,自己又何苦去和她们为伍呢?犯不上的。"

"我没有再教下去的意思。女学堂真不知道要闹成什么样子。我辈正经人,确乎犯不上酱在一起……"

他们四人便入座了。

万籁无声。只有打出来的骨牌拍在紫檀桌面上的声音,在初夜的寂静中清彻地作响。③

---

① 鲁迅:《彷徨·高老夫子》。
② 同上。
③ 同上。

第三章 知识的茫然与彷徨中的知识分子

鲁迅所表现的正是这个转折时期知识分子的形形色色的样态。他们处在一个变动的时期，不同的价值观念，传统的以及外来的都在这里发生了碰撞。这些知识分子是矛盾体，他们在传统与现代之间选择，也因为这种不同的选择更加显示了从传统走向现代的复杂性。当时的知识形态仍然是不稳定的，它所构成的价值关系也是不稳定的，在这种情况下，知识分子对不同领域的知识选择的差异也就在所难免。这些矛盾在文学作品中表现出来，便显出了它的滑稽性与严肃性。我们很难以保守或者进步对其进行判断，对不同知识的选择恰好印证了变革时期知识分子对文化前景选择的艰难。

正如鲁迅描绘的四铭那样，对新学堂的见解也是处在动摇之中：

"现在的学生是。其实，在光绪年间，我就是最提倡开学堂的，可万料不到学堂的流弊竟至于如此之大：什么解放咧，自由咧，没有实学，只会胡闹。"①

知识的变革处在交错的状态，一方面是新知识以及知识机构正在发展，另一方面则是传统的知识观念仍然拥有相当大的力量，并且有一定的社会影响力。

四铭的言论便代表了当时的另一种观点：

"秀儿她们也不必进什么学堂了。'女孩子，念什么书？'九公公先前这样说，反对女学的时候，我还攻击他呢；可是现在看起来，究竟是老年人的话对。你想，女人一阵一阵的在街上走，已经很不雅观的了，她们却还要剪头发。我最恨的就是那些剪了头发的女学生，我简直说，军人土匪倒还情有可原，搅乱天下的就是她

---

① 鲁迅：《彷徨·肥皂》。

们，应该很严的办一办……"①

"他们还嚷什么'新文化新文化'，'化'到这样了，还不够？"他两眼钉着屋梁，尽自说下去。"学生也没有道德，社会上也没有道德，再不想点法子来挽救，中国这才真个要亡了——你想，那多么可叹？……"②

社会正处在这样的矛盾认识状态，它直接地落实在日常生活之中，选择什么样的姿态，选择什么样的人生方式，都在社会的日常生活中表现出来，这就是20世纪初中国文化转折时期的重要一环。

3. 新兴的学校与学生

在鲁迅的小说描写中可以看到当时的学校是如何进行教学的，其教学内容确实显示了变化时代所出现的种种知识的困扰与选择。

鲁迅接受过不同的知识教育，他在当时的教育中进行了不同的选择，有些选择是被迫的，正如他在《呐喊》自序中提到的，"因为那时读书应试是正路，所谓学洋务，社会上便以为是一种走投无路的人，只得将灵魂卖给鬼子，要加倍的奚落而且排斥的"。

走科举道路的知识分子可以名正言顺地获得功名，完成传统知识所赋予的价值。要么是做幕僚，他们不通过科举，却与中国的官僚体制有一定的联系，也算是知识分子的一种成就类型。之后就是经商和当兵，那便被认为是脱离了知识分子的成就目标，成为另一种类型的人。

青年鲁迅对自己的悲哀就是被迫脱离了曾经被中国传统知识分子最为看重的价值体系，同样也是脱离了他的祖辈曾经光宗耀祖的轨道，到南京进入军事学堂，江南水师学堂，也就是说，他去当兵了。这在当地被认为是走投无路的人家才这样做的。所以他一度不甘心，同时也生出了自卑，对社会产生了强烈的不满。他接受了新

---

① 鲁迅：《彷徨·肥皂》。

② 同上。

第三章　知识的茫然与彷徨中的知识分子

的事物、新的知识以后，他以新的知识为标准，对传统的知识进行了参照批判，这种比较性的批判是刻骨铭心的，因为他在这里受到过非常强烈的刺激，也因此产生过非常强烈的自卑和自责的心理。

无须学费的学校在南京，自然只好往南京去。第一个进去的学校，目下不知道称为什么了，光复以后，似乎有一时称为雷电学堂，很象《封神榜》上"太极阵"、"混元阵"一类的名目。总之，一进仪凤门，便可以看见它那二十丈高的桅杆和不知多高的烟通。功课也简单，一星期中，几乎四整天是英文："It is a cat。""Is it a rat?"一整天是读汉文："君子曰，颍考叔可谓纯孝也已矣，爱其母，施及庄公。"一整天是做汉文：《知己知彼百战百胜论》，《颍考叔论》，《云从龙风从虎论》，《咬得菜根则百事可做论》。①

这便是新旧知识交合时代的教育，既有新知识的介入，同时又有传统角度的认识。鲁迅最终还是在新的学堂中学到了新的知识，也让他感觉到很惊讶，因此奠定了他对新知识的兴趣。

原来世界上竟还有一个赫胥黎坐在书房里那么想，而且想得那么新鲜？一口气读下去，"物竞""天择"也出来了，苏格拉第、柏拉图也出来了，斯多葛也出来了。学堂里又设立了一个阅报处，《时务报》不待言，还有《译学汇编》，那书面上的张廉卿一流的四个字，就蓝得很可爱。②

在当时，接受了新知识的知识分子也同样遭遇了种种困境。因为个人的或者社会的原因，他们在这个社会中并不能够顺利地谋生，甚至悲剧性地终其一生。这是个人的悲剧，也是社会的悲剧，

---

① 鲁迅：《朝花夕拾·琐记》。
② 同上。

是新知识的悲剧。传统知识与现代知识处在复杂的交错状态，他们的结局和命运也是悲剧性的。在小说《孤独者》中，他描写了这样一个现代知识者的命运。

  我和魏连殳相识一场，回想起来倒也别致，竟是以送殓始，以送殓终。
  那时我在S城，就时时听到人们提起他的名字，都说他很有些古怪：所学的是动物学，却到中学堂去做历史教员；对人总是爱理不理的，却常喜欢管别人的闲事；常说家庭应该破坏，一领薪水却一定立即寄给他的祖母，一日也不拖延。此外还有许多零碎的话柄；总之，在S城里也算是一个给人当作谈助的人。①
  中国的兴学虽说已经二十年了，寒石山却连小学也没有。全山村中，只有连殳是出外游学的学生，所以从村人看来，他确是一个异类；但也很妒羡，说他挣得许多钱。②
  山阳的教育事业的状况很不佳。我到校两月，得不到一文薪水，只得连烟卷也节省起来。但是学校里的人们，虽是月薪十五六元的小职员，也没有一个不是乐天知命的，仗着逐渐打熬成功的铜筋铁骨，面黄肌瘦地从早办公一直到夜，其间看见名位较高的人物，还得恭恭敬敬地站起。③

这是一个现代知识者的葬礼，悲壮、凄凉，一个知识者的生命及其悲凉的命运在历史转折时期默默地消失。

  一条土黄的军裤穿上了，嵌着很宽的红条，其次穿上去的是军衣，金闪闪的肩章，也不知道是什么品级，那里来的品级。到入

---

① 鲁迅：《彷徨·孤独者》。
② 同上。
③ 同上。

棺,是连段很不妥帖地躺着,脚边放一双黄皮鞋,腰边放一柄纸糊的指挥刀,骨瘦如柴的灰黑的脸旁,是一顶金边的军帽。①

在这样的转变时期,中国知识分子面临着选择,他们在传统走向现代的过程中处在彷徨的阶段。中国社会以质疑的眼光看待他们的转变。尽管科举考试已经废除,但是传统知识的观念仍然存在。中国传统的知识系统已经形成了一整套价值观,20 世纪初的变革并没有能够把原有知识的价值观整体地推翻,它只是缓慢的改良的过程。一些年轻知识分子希望能够迅速地推翻原有的知识,建立起新的知识,这在当时也是不现实的。

那时读书应试是正路,所谓学洋务,社会上便以为是一种走投无路的人,只得将灵魂卖给鬼子,要加倍的奚落而且排斥的。②

尽管这样,新知识仍然在不断地输入,在社会上推广,并不断地置换旧的知识。知识的变革势在必行,在学校这样的生产知识的机构里,变革是显而易见的。

在这学堂里,我才知道世上还有所谓格致,算学,地理,历史,绘图和体操。生理学并不教,但我们却看到些木版的《全体新论》和《化学卫生论》之类了。③

鲁迅以文学的形式记录了中国知识生产的变革过程,而且活灵活现,他将自己的观察体验和人格融汇在一起,形成了独特的记录方式,他的描绘也是现代知识生产方式的记录。

---

① 鲁迅:《彷徨·孤独者》。
② 鲁迅:《呐喊·自序》。
③ 同上。

二　早期留学生形象

清末民初，中国开埠，对外派出了大量的留学生。这些学生恰好是从传统走向现代的转化过程中的学生，他们对不同国度的文化知识有敏感的比较，他们的知识基础是中国的传统文化，同时又接触西方的文化知识，形成了文化知识的反差效应。

中国现代的知识生产得益于中国留学生的大力推进，或者说中国留学生就是中国现代知识生产的主要力量，是他们接触到西方的文化知识，有了深刻的体会，将之引入中国，改造中国的文化。

1903年，中国第一批幼童留学生走向世界，接受西方的文化知识。他们后来成为中国知识改革的重要力量。

1905年，科举取消，中国知识分子在传统学业方面失去了发展的机会，同时，清政府也鼓励年轻人到国外留学，并颁布了一系列支持的政策，大量的年轻学生以不同的方式到欧美以及日本留学，其中到日本留学的学生占了很大一部分。这是一个相当庞大的知识分子群体，这些人在学习过程中了解国外的知识，甚至成为某些知识的拥戴者。这些知识被他们传播到国内，引起了中国社会的巨大改变。

在20世纪上半叶的文学创作中，留学生的形象是一个重要的形象群体。这些文学作品描绘留学生的生活，挖掘了他们的精神世界。有些作品是自传式的，描写的是他们的亲身经历和感受，因此显得真实贴切。有些作品显示出由于文化知识上的反差而形成的精神危机，这种危机既是个人的，也是民族和国家的文化心理危机。这个民族和国家在走向世界时，是带着复杂的心态走出去的，其中自卑的心理相当强烈。鲁迅和郁达夫等人的作品表现了这方面的感受。

1. 郁达夫《沉沦》中的沉沦者

郁达夫的小说《沉沦》是反映留学生精神状态的重要小说。这篇小说发表之后引起了年轻一代的巨大共鸣，它所表现的留学生的

第三章　知识的茫然与彷徨中的知识分子

精神正是当时的年轻人所遭遇到的现实问题和精神问题。小说所表现的精神形态既是个人的，也是群体的，是这个民族和国家的一代人所面临的重要问题。

郁达夫（1896—1945），浙江富阳人，代表作有《沉沦》《故都的秋》《春风沉醉的晚上》《过去》《迟桂花》等。郁达夫出生于浙江富阳。三岁丧父，家庭窘迫。1913年9月随长兄郁曼陀去日本留学。1914年7月考入日本东京第一高等学校医科部。1916年改读法学部政治学科。1917年7月毕业，进入东京帝国大学经济学部学习。1921年6月，郁达夫和郭沫若、成仿吾等人组织成立创造社，担任《创造季刊》《创造月刊》《洪水》半月刊编辑，同年10月，出版短篇小说集《沉沦》。

郁达夫是一个敏感的人，从小形成的自卑性格使他对自身以及社会环境的感受非常的独特。在日本留学期间，他把个人的感受上升到民族的和国家的感受，并因此遭受了非常大的精神折磨。他的小说充分地表现了这种充满自卑特征的情感，这也是一个留学生在当时的深刻感受。1921年发表的小说《沉沦》[①]是他表现这方面精神的重要作品，引起了读者的关注甚至争论。

这是他在小说《沉沦》中对当时留学生活的描述和对自己情感的表现。

他的忧郁症愈闹愈甚了。

他觉得学校里的教科书，味同嚼蜡，毫无半点生趣。

有时候到学校里去，他每觉得众人都在那里凝视他的样子。他避来避去想避他的同学，然而无论到了什么地方，他的同学的眼光，总好像怀了恶意，射在他的背脊上面。

上课的时候，他虽然坐在全班学生的中间，然而总觉得孤独得

[①] 《沉沦》定稿于1921年5月9日，同年10月短篇小说集《沉沦》于上海泰东书局出版。

很；在稠人广众之中，感得的这种孤独，倒比一个人在冷清的地方，感得的那种孤独，还更难受。

这种异国的感受呈现了年轻知识分子在自己的处境和前程中茫然不知所措的状态。他们失去了根基，失去了传统文化的支撑，也失去了民族和国家力量的支撑，他们的内心充满了恐惧不安。

这里就是你的避难所。世间的一般庸人都在那里妒忌你，轻笑你，愚弄你。

在这样的恐惧不安中，他们找不到自己的位置，也找不到出路，他们在精神上的困窘正是一个时代民族精神的困窘。便是在这样的环境中，他患上了非常强烈的忧郁症，这也是民族的忧郁症。在压抑的氛围中，这个国家正处在危机的状态。

到日本来倒也罢了，我何苦又要进这该死的高等学校。他们留了五个月学回去的人，岂不在那里享荣华安乐么？这五六年的岁月，教我怎么能挨得过去。受尽了千辛万苦，积了十数年的学识，我回国去，难道定能比他们来胡闹的留学生更强么？

这篇小说是自传式的，郁达夫以自己的经历陈述一个留学生的人生经历。"他的故乡，是富春江上的一个小市，去杭州水程不过八九十里。""他才跟了他的哥哥到日本来留学。"（郁达夫：《沉沦》）他的经历也是这一代留学生的经历。

他三岁的时候就丧了父亲，那时候他家里困苦得不堪。好容易他长兄在日本 W 大学卒了业，回到北京，考了一个进士，分发在法部当差，不上两年，武昌的革命起来了。

他十七岁的时候，他就进了大学的预科。这大学是在杭州城

第三章 知识的茫然与彷徨中的知识分子

外,本来是美国长老会捐钱创办的,所以学校里浸润了一种专制的弊风,学生的自由,几乎被压缩得同针眼儿一般的小。礼拜三的晚上有什么祈祷会,礼拜日非但不准出去游玩,并且在家里看别的书也不准的,除了唱赞美诗祈祷之外,只许看新旧约书。每天早晨从九点钟到九点二十分,定要去做礼拜,不去做礼拜,就要扣分数记过。

许多留学回国的,又是上个月因为在国内找不到适当的环境而遭遇了种种问题,他的长兄也在北京被人排斥了。原来他的长兄为人正直得很,在部里办事,铁面无私,并且比一般部内的人物又多了一些学识,所以部内上下,都忌惮他。

郁达夫在生活中感受到了不同的眼光,他对这方面的敏感远远超过了一般的人。但是这种情绪在许多人心中都是存在的,他的小说写出来以后,迅速地引起了人们的共鸣。

原来日本人轻视中国人,同我们轻视猪狗一样。日本人都叫中国人作"支那人",这"支那人"三字,在日本,比我们骂人的"贱贼"还更难听,如今在一个如花的少女前头,他不得不自认说:"我是支那人"了。

中国呀中国,你怎么不强大起来!

小说的主人公由于不能够摆脱这种忧郁的压抑症状自杀了。这种悲剧式的结局也是当时的社会环境所造成的。

异国的生活,生理的和心理的变化,难以把握的社会和人生,他们在这个社会的转折过程中产生了种种困惑,也出现了心理危机。他们在挣扎也在探索,希望能够突破心理的屏障,能够活出意义。这是一群极端苦闷的留学生。

郁达夫小说的意义在于,他表现了中国现代文化转折时期知识分子所遭遇的种种问题,尤其是精神上的问题。他们遭遇了由个人和民族以及文化在转化过程中所应面对的问题。

这是一群年轻的知识者，他们从传统走向现代，他们自身还没有更多可以依靠的文化知识，人生选择的困惑在他们身上便难以避免。郁达夫的小说非常细致地表达了这方面的困惑，因此在当时很容易引起人们的共鸣。

敏感的作家对文化转换的感受超过一般人，感受到自己心灵和民族精神的年轻知识分子的表达更具有了某种特定的意义。

2. 鲁迅的留学生形象

社会转折时期年轻知识分子所遭遇的种种困惑，在鲁迅的笔下，也有淋漓尽致的表现，从国内教育到国外的留学生活，他的记录是非常珍贵的。

鲁迅本身就遭遇到这种困惑，他相当清晰地记录了这个过程的种种惶恐不安，对这种状况以非常沉重的笔调表现出来，因此给中国文学史以及中国文化史留下了非常重要的记录。

留学的事，官僚也许可了，派定五名到日本去。其中的一个因为祖母哭得死去活来，不去了，只剩了四个。①

他的留学动机既有个人的需求，也还带有了社会的需求。

因为这些幼稚的知识，后来便使我的学籍列在日本一个乡间的医学专门学校里了。我的梦很美满，预备卒业回来，救治象我父亲似的被误的病人的疾苦，战争时候便去当军医，一面又促进了国人对于维新的信仰。②

后来便更加具有了民族主义的动机。

---

① 鲁迅：《朝花夕拾·琐记》。
② 鲁迅：《呐喊·自序》。

第三章 知识的茫然与彷徨中的知识分子

中国是弱国，所以中国人当然是低能儿，分数在六十分以上，便不是自己的能力了：也无怪他们疑惑。但我接着便有参观枪毙中国人的命运了。第二年添教霉菌学，细菌的形状是全用电影来显示的，一段落已完而还没有到下课的时候，便影几片时事的片子，自然都是日本战胜俄国的情形。但偏有中国人夹在里边：给俄国人做侦探，被日本军捕获，要枪毙了，围着看的也是一群中国人；在讲堂里的还有一个我。①

这一学年没有完毕，我已经到了东京了，因为从那一回以后，我便觉得医学并非一件紧要事，凡是愚弱的国民，即使体格如何健全，如何茁壮，也只能做毫无意义的示众的材料和看客，病死多少是不必以为不幸的。所以我们的第一要著，是在改变他们的精神，而善于改变精神的是，我那时以为当然要推文艺，于是想提倡文艺运动了。②

对中国国民性的批判主要是到日本的留学生所发起，并激烈地展开。日本民族的崛起让他们看到了中日国民素质的反差，国民的劣根性便成了讨论的重要问题。

鲁迅作品的一系列描述，便有现实记录的意义。留学的生活形态是多种多样的，鲁迅的民族自尊心又是极强的，他对有些刺激了自尊心的行为非常的敏感和气愤。

虽然是七八年前的事。那时是子英来约我的，说到横滨去接新来留学的同乡。汽船一到，看见一大堆，大概一共有十多人，一上岸便将行李放到税关上去候查检，关吏在衣箱中翻来翻去，忽然翻出一双绣花的弓鞋来，便放下公事，拿着仔细地看。我很不满，心

---

① 鲁迅：《朝花夕拾·藤野先生》。
② 鲁迅：《呐喊·自序》。

里想,这些鸟男人,怎么带这东西来呢。①

鲁迅对日本教师有好的印象,尤其是他们认真敬业的精神。在鲁迅以后的文章中,时时提到日本民族的认真。他是这样描写藤野先生的:

但不知怎地,我总还时时记起他,在我所认为我师的之中,他是最使我感激,给我鼓励的一个。有时我常常想:他的对于我的热心的希望,不倦的教诲,小而言之,是为中国,就是希望中国有新的医学;大而言之,是为学术,就是希望新的医学传到中国去。他的性格,在我的眼里和心里是伟大的,虽然他的姓名并不为许多人所知道。②

留学生回到国内的结局并不是那么地理想,因为观念的变异,便与中国传统的文化和社会关系有了许多的冲突,就像范爱农最终的结局一样:

爱农的学监也被孔教会会长的校长设法去掉了。他又成了革命前的爱农。
不久,忽然从同乡那里得到一个消息,说他已经掉在水里,淹死了。
我疑心他是自杀。因为他是浮水的好手,不容易淹死的。③

这些关于留学生的描述,可以看作是真实的记录,从中可以看到社会转折时期,一代年轻知识分子在国外学习知识时,也经历了

---

① 鲁迅:《朝花夕拾·范爱农》。
② 鲁迅:《朝花夕拾·藤野先生》。
③ 鲁迅:《朝花夕拾·范爱农》。

精神的困顿，正在发育的人格心智也在这复杂的社会中不断地经受考验。中国现代知识便是在变革中不断地积累起来。

3. 张资平笔下的留学生

张资平（1893—1959）是20世纪30年代初红极一时的作家之一。策划筹建了文学社团"创造社"。他是"创造社"中最多产的作家。

张资平的作品反映"五四"时期青年男女对恋爱自由、婚姻自主的热烈追求以及封建伦理道德和金钱势力对他们的束缚。他的平实的写作，清新流畅的笔调，甜熟柔婉的情致，使他的作品很快风行。张资平的恋爱小说拥有众多的青年读者。

张资平也描写了众多的留学生形象，通过他的描写可以了解到日本的留学生的生活的细节：

欧洲大战没有发生之前，在日本的留学生大都比日本学生多钱，很能满足下宿旅馆主人的欲望，所以中国学生想找地方住也比较容易。现在的现象和从前相反了，住馆子的留学生十个有九个欠馆帐，都比日本学生还要吝啬了。日本人见钱眼开，对留学生既无所贪，自然不愿收容中国人了。并且留学生也有许多不能叫外国人喜欢的恶习惯，更把收容中国人的容积缩小了。中国人随地吐痰吐口水的恶习惯差不多全世界的人都晓得了。①

这个时期，一些知识分子对中国国民性有更多的关注和批判，在张资平那里也许没有太多的批判性，但却是真实的描绘，是真实的场景，读者可以感觉到了这其中的问题。这些人带着中国的习性出国留学，国民的劣根性是贯穿在日常生活中的。中国人的种种陋习在他的作品中出现，而且是以嘲讽的形象出现。

---

① 张资平：《木马》，1922年5月15日于东京巢鸭，初发表于1922年《创造》季刊第1卷第2号。

20世纪中国知识分子与现代知识生产

去年我在上野公园看樱花，见三四位同胞在一株樱花树下的石椅上坐着休息。有一个像患伤风症，用根手指在鼻梁上一按，咕噜的一声，两根半青不黄的鼻涕登时由鼻孔里垂下来，在空气中像振子一样的摆来摆去，摆了一会嗒的一声掉在地上。还有一位也像感染了伤风症，把鼻梁夹在拇指和食指之间，呼的一响，顺手一抖，他的两根手指满涂了鼻涕，他不用纸也不用手巾拭干净，只在樱花树上一抹，樱树的运气倒好，得了些意外的肥料。

我还在一家专收容中国人的馆子里看了一件怪现象。我到那边是探访一位同学。那时候同学正在食堂里吃饭，我便跑到食堂里去。食堂中摆着几张大台，每张台上面正中放一个大饭桶，每个饭桶里面有两个饭挑子。有几位吝啬的先生们盛了饭之后，见饭挑子上还满涂着许多饭，便把饭挑子望口里送。①

还有许多不情愿洗澡不情愿换衣服的学生，脏得敌不住的时候，便用洗脸盆向厨房要了约一千升的开水拿回自己房里，闭着门，由头到胸，由胸到腹，由腹到脚，把一身的泥垢都擦下来。他们的洗脸帕像饱和着脂肪质粘液，他们的洗脸盆边满贮了黑泥浆，随后他们便把这盆黑泥浆从楼上窗口一泼！坐在楼下窗前用功的日本学生吓了一跳，他的书上和脸上溅了几点黑水，气恼不过跑去叫馆主人上楼来干涉。

有了这许多怪现象，所以日本学生不情愿和留学生同馆子住。很爱清洁的留学生也受了这班没有自治能力的败类的累，到处受人排斥，不分好歹。②

尽管有种种陋习，但是在总体上，留学生在国外获得了相关的知识，并对中国现代知识的改变产生了影响。现代知识的变化就是

---

① 张资平：《木马》，1922年5月15日于东京巢鸭，初发表于1922年《创造》季刊第1卷第2号。

② 同上。

在不断的积累中形成。

这是形形色色的留学生群体，在 20 世纪上半叶，曾经成为中国知识建构的重要的力量。在这个群体中，有不同层次不同方面的人员，他们学习了不同的知识，然后借助中国社会转变的机会，把自己的知识转化为现代知识的一种。正因为知识的丰富性给中国现代社会带来了多层次的状态。

这些留学生也遭遇了精神上的冲击。毕竟是年轻人，在生理及精神方面也处在变化的时期，精神人格发育过程中所遭遇的种种困惑使他们出现了各种精神危机。这在他们所创作的文学作品中都有充分的表现。通过这些文学作品，可以了解当时中国留学生的精神状态。这些作品对中国文学产生了影响，其中的困惑悲观引起了正处于彷徨中的年轻知识分子的共鸣。

现实的处境与敏感的情感融合在一起，产生思想形成了文化潮流，在年轻知识分子中流行。在这样的氛围和语境下所构成的关于人生的知识以及民族的知识也在一定范围内建立起来。

这个时期，中国一直陷于战争的混乱之中，尤其是抗日战争，是国家和民族矛盾最为复杂尖锐的时期，这一代知识分子只能在混乱的社会中发挥自己的知识。他们被卷入国内战争和民族战争中。在动乱年代寻找自己的生活，给自己进行定位，在知识建构方面出现了种种困惑和困境。

三　寻求生活意义的知识分子

20 世纪 30 年代的中国社会处于动荡的时期。清王朝被推翻以后，新的社会秩序还没有建立并稳固下来，军阀混战，分而治之，社会主要还是处在地区性的政治管理之中。

旧的知识系统被瓦解，新的知识系统没有能够迅速地建立起来，新的知识权威没有建立起来，这就使得中国知识分子失去了明确的发展坐标。

这个时期，中国社会陷入了战争的混乱中，各地军阀试图以武力夺取政权，许多知识分子投笔从戎，投入以武力建立话语权的运作之中。与此同时也出现了相关的革命知识。一些知识分子投身于革命知识的建构，同时他们也对这些知识进行实践。这个过程相当血腥和复杂，一些人不断地走下去，而另外一些人在中途退出。关于革命的知识也在不断地制造生产，革命的严酷性和复杂性导致了知识分子的茫然。在这种时势下，中国知识分子面临着不同的选择。在政治上和生活上都有可能产生巨大的变动。他们的生活方式往往取决于各自的生存条件和社会关系。

一批作家通过文学作品表现了与自己的生活密切相关的社会形态，可以从中看到这个时期中国知识分子所面临的社会问题。

1. 困惑与选择：巴金、茅盾的知识分子形象

巴金是这个时期描写中国知识分子的重要的作家之一。他笔下的知识分子体现了这个群体在复杂的社会环境中，尤其是在信念茫然的精神形态中所遭遇的迷茫和选择。

这些知识分子接受了外来的知识观念，但他们的根基仍然是中国传统的知识观念。不同的生活观念和生活方式使他们产生了精神上的矛盾冲突。有些人在这些精神矛盾中走了出来，有些人却在矛盾中沦陷。

巴金笔下的知识分子是年轻的知识者，有别于中国传统的知识分子。他们经历过20世纪初外来文化的洗礼，接受了外来的文化观念，他们拥有自己的追求，希望能够在生活中实现自己的理想，但是在当时的社会条件下，他们的理想往往因为现实的冲突而失败和幻灭。他们是中国社会从传统走向现代的年轻人，社会的矛盾旋涡把他们卷进去，使他们陷入了难以把握的困境。

巴金小说中的年轻知识分子形象多种多样，他的系列小说《家》《春》《秋》中出现了不同类型的知识分子。

在爱情三部曲《雾》《雨》《电》中，他所塑造的年轻一代的形象显出了知识分子迷茫的人生选择。

《雾》的主人公周如水从日本留学归来，他认为建设乡村比城

第三章　知识的茫然与彷徨中的知识分子

市生活重要。在旅馆巧遇从前仰慕过的女子张若兰,一个美丽温柔的"小资产阶级女性"。双方互有好感,但周如水却没有勇气表白。

周如水在家乡有个没有爱情的妻子,是他17岁时父母为他娶的,为此他拒绝了几次可能的幸福。陈真告诉张若兰真相,鼓励她主动向周表白并帮助他摆脱家庭束缚。周如水此时接到父亲来信,说其母病想见他,并要求他回去当官,软弱的周如水拒绝了张若兰的爱情,但也没有勇气回家。

一年后,周如水又回到这个旅馆,此时他才接到家信得知家中妻子早于两年前病死,但张若兰早已离去,只剩下他在海边独自悔恨。周如水的名字便似这"如水"的性格,在生活面前失去了自己的主张,陷入了人生的痛苦之中。

接受过现代知识的教育,却还摆脱不了传统观念的束缚,这便是转型时期年轻知识分子的特征。

小说《雨》是写两年后的上海,吴仁民的妻子病死,陈真被汽车撞死了。此时的张若兰已经嫁给大学教授,周如水又爱上了另一个被称为小资产阶级女性的李佩珠。吴仁民对周冷嘲热讽,但自己也坠入情网,恋上他从前帮助过的女学生熊智君。吴仁民发现熊智君的好友就是自己从前的恋人玉雯,她因为爱慕荣华富贵而抛弃过他,现在又因为孤独想与他重续旧好,吴仁民痛苦地拒绝了她。

李佩珠决心做一个革命女性,拒绝爱情。周如水在绝望中投水自杀。吴仁民得到玉雯自杀的消息,熊智君为了保护他抱病嫁给了玉雯的丈夫,一个军阀,并留信鼓励他追求事业。吴仁民在悲愤中终于振作了起来,投身到革命活动中。

小说《电》写的是三年后的福建,李佩珠和她的朋友们在这里组成一个革命团体,吴仁民也来到这里,此时他已经成为一个成熟的革命者,他与李佩珠之间产生了爱情。但革命事业遭到沉重打击,不断有成员被捕杀,他们中的一员敏无法忍受失去同志的悲愤,走上了暗杀的道路,也遇难死去。李佩珠父亲在上海突然失踪,她委托吴仁民回上海寻找,自己留下来继续朋友未完成的事业。

巴金笔下的知识分子大多是日常生活的情感中挣扎的年轻知识者。他们在知识的选择中遭遇了种种困惑。他们追求朦胧的理想，却又在现实中遭遇了打击，由此而显示了复杂的社会与知识选择的冲突。

茅盾的小说三部曲《蚀》也是在这个层面上描写年轻知识分子的困顿。同样是三部系列中篇小说：《幻灭》《动摇》《追求》。整个三部曲都是以大革命前后某些知识青年的思想动态和生活经历为题材。

《幻灭》写的是革命前夕的上海和革命高潮中的武汉。女主人公章静情感脆弱而富于幻想。她缺乏斗争的勇气，意志软弱，对生活容易燃起希望，也容易感到失望。章静讨厌上海的喧嚣和"拜金主义化"，在读书和爱情两方面都感到了幻灭。为革命形势所鼓舞，她到了革命中心的武汉，换了三次工作，但是每次都"只增加些幻灭的悲哀"。章静抱着这种感情和幻想寻求个人的寄托和安慰，结果是一次又一次地感到幻灭，这正是当时某些知识分子的特点和命运。

《动摇》写的是大革命时期武汉附近一个小县城的故事。作为革命联盟的国民党县党部负责人方罗兰，在革命形势急剧变化的时候，动摇妥协，当革命遇到挫折的时候，他束手无策，为了个人的安全而决定离开革命。胡国光利用种种卑污手段混进革命阵营，用革命面具掩盖自己的投机行为。革命者李克不屈不挠，当革命遭受失败，他把革命的武装力量转移到南乡去准备继续战斗。

小说《追求》便是"暴露一九二八年春初的知识分子的病态和迷惘"。其中所写的人物在革命高潮时兴奋，在革命处于低潮、白色恐怖时迷茫。他们不肯与反动势力同流合污，但又认不清自己的道路，各自有所追求，最终都失败。张曼青的"教育救国"和王仲昭的"新闻救国"的道路没有走通；章秋柳在官能享受的自我麻醉中毁灭自己，也毁灭别人；史循由怀疑颓废以致求死不得。"理想与事实不相应合",这些人在追求后纷纷走向失败。

这些都是当时年轻知识分子遭遇的种种问题,关于革命的知识,不仅仅是理论的推演,更是实践的激烈行为,没有现成的答案,只有艰苦残酷的探求。许多人在探索的道路上退出,但精神的折磨却没有停止,一个时代的写照便在小说中定格下来。

2. 革命+恋爱的知识分子

在20世纪上半叶的动荡社会,革命的知识衍生出来革命成为一种人生的选择,革命刺激着年轻人的神经,成为既血腥又时尚的行动。

在20世纪初推翻清王朝的过程中,革命是激发热血青年人走向壮烈人生道路的仪式。革命既有民族主义的内涵,也有对国家变革的责任和义务。它从负面的叛逆行为转向了正面的社会革新行为,在社会的发展中逐渐地具有了正价值的倾向。

辛亥革命成功以后,革命的话语及其知识迅速地转化为中国社会具有正面价值的话语系统。这个时期,社会陷入了混乱的战争状态,不同政治集团之间的角逐使社会的发展陷入了混乱,各种具有暴力取向的知识成为主流。

也正是这个时候,许多年轻人陷入了盲目的激情之中,既要革命,又找不到方向,同时也脱离不了个人生活的种种关系。革命与个人生活之间构成了难以解决的矛盾。革命需要激情,需要献身;恋爱也需要激情,需要献身,而且往往只能选择一种。在两难的抉择中,革命成为男性青年成就事业的标杆而受到肯定。革命被认为是追求自由,为崇高事业而奋斗,这种事业属于大多数人,因此,为了大多数人的利益牺牲个人的利益,便被认为具有了某种道德的崇高性。

革命加恋爱的小说也因此出现,它表现了这个时期年轻一代的矛盾和选择。

洪灵菲的《流亡》,蒋光慈的《咆哮的土地》《少年漂泊者》《野祭》,胡也频的《到莫斯科去》,巴金的《灭亡》《雨》,丁玲的《韦护》等是革命+恋爱的代表作品。

洪灵菲《流亡》中的沈之菲，蒋光慈《少年漂泊者》中的汪中、《兄弟夜话》中的江霞、《咆哮的土地》中的李杰，巴金《灭亡》中的杜大心等人都在爱情上与其家庭发生了矛盾冲突。他们中不少人在家长的包办下与并不相爱的人结婚生育，自由恋爱受到了严重破坏。

蒋光慈《咆哮的土地》中的李杰与兰姑早年相恋，遭到了李杰父亲的强烈反对，导致兰姑自杀身亡。于是李杰离家出走，参加了革命。

蒋光慈《鸭绿江上》的李孟汉与金云姑自幼青梅竹马，相互爱恋，日本侵占朝鲜，毁了其家园，他们为了爱情也为了解放国土而投身革命。

洪灵菲《流亡》中的沈之菲，与恋人黄曼曼逃亡避难于一间古屋，沈之菲对恋人黄曼曼说："让这里的臭味，做我们点缀着结婚的各种芬馥的花香；让这藏棺材的古屋，做我们结婚的礼拜堂；让这楼上的鼠声，做我们结婚的神父的祈祷；让这屋外的狗吠声，做我们结婚的来宾的汽车声；让这满城的屠杀，做我们结婚的牲品；让这满城戒严的军警，做我们结婚时用以夸耀子民的卫队吧！"

革命与恋爱到底会不会冲突？沈之菲回答道："那一定是不会冲突的。人之必需恋爱，正如必需吃饭一样。因为恋爱和吃饭这两件大事，都被资本制度弄坏了，使得大家不能安心恋爱和安心吃饭，所以需要革命。"

他认为革命和恋爱都是生命之火的燃烧材料。把生命为革命、为恋爱而牺牲是有意义的。要革命就会做出牺牲，对年轻人而言，这种牺牲的代价往往是爱情，这是人性的冲突，为了革命和为了爱情而牺牲便具有了壮烈的崇高感。

革命+恋爱的作品大量出现，是社会发展到某个阶段所出现的现象，也因此酝酿出相关的思考，这些思考以文学作品的方式表现，便具有更加动人的效果。这些小说的主人公往往是这个变动时期的年轻知识分子，他们面对社会的挑战，也面对心灵的巨大矛盾冲突，他们试图解决矛盾，但是相当困难。这个时期的革命意义以及个人感情自由的意义让面对矛盾冲突的年轻一代伤透脑筋。

革命+恋爱的线索并不是简单化的小说形式，它把这个时期复杂的社会矛盾以及个人情感聚焦在这样的主题上，不管是为了情感的革命，还是为了革命的情感，都表现了这一代年轻人所遭遇的人生难题和精神困惑。

革命+恋爱的故事内容反映了当时的青年人在生活选择中所面临的种种问题，它不是生活的简单呈现，而是反映了时代的价值观念以及知识矛盾。文学作品表现社会的生活，也表达个人的情感，这个时期的矛盾焦点在文学作品中显示出来，也反映了一代年轻人的困惑以及他们迫切需要获得解脱的愿望。

正是这样的人生和社会让他们生产了关于革命的知识。这些知识激动了一批年轻人，并投入革命运动中。这些知识分子有独特的革命经验，同时又能够进行总结，形成文字，关于革命的知识不断地积累，对社会产生了影响。

一些投身革命的知识分子在经历过革命活动之后，也一度游离出来，从旁观察革命。他们以写作的方式将这种经历和心态记录下来，反映了当时知识分子的基本情况。革命与恋爱以及与社会的种种关系，都在小说中得到充分的反映，也表现了当时年轻知识分子在人生道路上的艰难选择。

如果仅仅简单地称之为社会生活方面的失败也许并不恰当，文学作品能够有效地表现这种内容，也不失为生活的表达，更不失为一个时代的知识印记。

3. 现代市民社会的知识者

随着现代市民社会的形成，乡镇知识分子也在不断地转化之中，他们一方面接受了来自西方的现代知识，另一方面也与传统知识有着千丝万缕的联系。这种转变在一些小说中有非常真切的表现。再加上处在动荡的社会之中，他们的人生都有着独特的状态。

叶圣陶的小说《潘先生在难中》①便真实地表现了这类知识分子的生活形态。

潘先生是小镇上的教员，他的灵魂是灰色的。他在动荡社会的夹缝中生活，是个逆来顺受的市民社会的知识分子。

战争要来时，潘先生带领儿女逃离小镇。在军阀混战中，潘先生只能考虑个人的得失和自家的安危。当他所住的让里地区受到战争威胁时，他张皇失措，带着一家人仓皇逃到上海租界，在租界的旅馆里，他不顾刺鼻的油腥味和阵阵的尿臭，自我陶醉地喝酒吟诗。潘先生小市民式的知识分子心态被真实地表现了出来。

到上海的第二天早上，潘先生想到自己不辞而别，若是上司追究起来，就会丢掉学校里的职位。他不顾夫人的劝阻，独自回到小镇。为了获得上司的赏识，他积极筹办开学之事。发出开学通知书之时，战火再起，铁路不通，学生们也大多随家长避难。为了保家活命，他到红十字会办事处申请入会，还给全家领了红十字会徽章。战事停止后，潘先生为欢迎杜统帅而写颂辞。军阀混战给人民带来了灾难，自己心中不满，但又不得不鼓吹军阀的功德。潘先生胆小怕事、苟且偷安的心理被作家描绘得淋漓尽致。

"我们这里正筹备欢迎杜统帅凯旋的事务。车站的两头要搭起四个彩牌坊，让杜统帅的花车在中间通过。现在要写的就是牌坊上的几个字。"

……

潘先生觉得这当儿很有点意味，接了笔便在墨盆里蘸墨汁。凝想一下，提起笔来在蜡笺上一并排写"功高岳牧"四个大字。第二张写的是"威镇东南"。又写第三张，是"德隆恩溥"。——他写到"溥"字，仿佛看见许多影片，拉夫，开炮，焚烧房屋，奸淫妇

---

① 该作品最初发表于1925年1月《小说月报》第16卷第1号，后收入《线下》和《叶圣陶文集》。

第三章 知识的茫然与彷徨中的知识分子

人，菜色的男女，腐烂的死尸，在眼前一闪。

这便是动荡年代乡镇知识分子的生存环境，为了求生，委曲求全，至于什么"正义"都只能围绕着这基本的生存而展开。环境的压迫难以抗拒，以他们的能力，也很难在这种环境中获得更多的生存空间。

张资平是描写市民社会知识分子的重要作家。通过张资平的小说可以了解当时年轻的知识分子，包括女性知识者的学习生活状况。

他的小说《苔莉》风行一时，就是因为主人公苔莉的人生能够引起许多人的共鸣。苔莉是当时的知识女性，追求过新思想，为了爱情，为了生理与生活的需求，历尽了种种命运的坎坷，最终与男主人公克欧投海殉情。

苔莉早就告诉过克欧，她的父母的家计不很好，她有姊妹三人，没有兄弟，她居长，在女子中学读了两年就退了学。第二个名叫苔兰。由高等小学出来就不再升学了，在一个女裁缝家里习裁缝。只有第三的苔芸现在进了女子师范第一年级。①

这是当时女性接受学校教育的状况。她们有了知识，而且受到文学的启发，寻求幸福的生活，也投入文学的写作之中，成为文学的知识制造者。她们是文学的新女性，也是这样的作者和读者制造了关于现代文学的知识，并推动了文学的发展。

男主人公克欧：

他和几个友人共同组织了一个研究纯文艺的紫苏社，每月发行月刊一次，发表他们的创作。本来就喜欢读小说的苔莉每次接到克

---

① 张资平：《苔莉》，新华出版社2014年版，第17页。

欧寄给她的《紫苏》就不忍释手的爱读。读了之后也曾提起笔来创作过，自她第一次的短篇《褴褛》经克欧略加以改削在《紫苏》发表之后，她对创作更感着一种兴趣了，除了看引霞儿之外的时间都是消磨于创作了。第二篇创作《喂乳之后》可以算是很成熟的作品，是描写一个弃妇和丈夫离婚之后带着一个小儿子辗转漂流，到后来她发现了她的第二个情人，这个情人向她要求结婚时，她为这件事苦闷了两三个月，到后来她终拒绝了她的情人的要求，望着衔着乳嘴睡在自己怀中的小儿子拒绝了情人的要求。这篇创作发表后，得了社会上多数人的喝彩。①

当时的文学与生活便是如此融合在一起。

另外还有另一种知识分子，他们从传统中走过来，但又兴办新学，也在形势的发展中成为新学的推动者。例如：

刘老先生是 N 县中等商业学校的校长。他是个老秀才，没有什么商学的知识。因为他做这个学校的校长有七八年了，在县里的声望也还好，以后进的商科专门毕业生又都是他的门下生，所以得保持他的校长的位置。克欧在 N 县的社会上本有点虚名，听说明年就可在商科大学毕业，刘老先生很想克欧毕业后回县里去帮他办学，做甲种商业学校的教务长。②

张资平的新进知识分子形象对当时的年轻人有很大的影响力，他们在矛盾的社会中追求爱情，追求自由，面对自己也摆脱不了的观念束缚，在精神的困惑中与命运抗争。

20 世纪 30—40 年代，女性作家都擅长于描写自己的生活。这是年轻知识分子的生活和感觉，她们把自己面对生活的种种困境，

---

① 张资平：《苔莉》，新华出版社 2014 年版，第 30 页。
② 同上书，第 71 页。

第三章　知识的茫然与彷徨中的知识分子

心里的矛盾冲突表现出来，由此而透射出一代年轻知识分子人生选择的艰难。这是动荡的社会，是价值目标尚未明确的社会，是正在探索和挣扎的社会。许多人都在探索，社会也在探索前行，年轻一代的知识分子更处在这种价值确立的矛盾之中。正是这样的探索使中国现代知识不断地建设积累起来。

在知识的演变中，传统道德不断受到挑战。"五四"时期对传统道德的批判使一些年轻知识分子得到启发，但是他们又不能够完整地接受西方的知识，他们的精神矛盾是显而易见的。

苏青是描写年轻女性知识分子的重要作家，从她的作品可以了解到当时大学生，特别是女大学生所遭遇的种种生活困惑。

C大的女生宿舍共有四所楼房，以东南西北为名，我住在南楼，窗子正对着大门。大门进来，便是会客室了，每晚饭后，我凭窗眺望，只见一个个西装革履的翩翩少年从宿舍大门进来，走进会客室，一会儿门房进来喊了："某小姐，有客！"于是那个叫做某小姐的应了一声，赶紧扑粉，换衣服，许久许久之后，才打从我窗下姗姗走过，翩然跨进会客室去了。我们的一室中连我共有五个女生，她们四个都是吃了晚饭会客去的。[①]

这便是她朦胧感受到的关于爱情的观念和知识。

由不同的知识装备起来的学生有着不同的特质，这是知识的标签，也是他们对外来知识的理解。通过她的相关描写可以看到，这个时期的青年学生把自己塑造成什么样的人。这里有外部文化的参照，也有中国传统文化的参照，因此除了表面上的装束，还有内心灵魂的塑造，中国年轻知识分子在这个时期经历了重要的转变。

法学院男生，是穿得顶讲究的，西装毕挺，神气活现，只是我

[①] 苏青：《结婚十年》，漓江出版社1987年版，第24页。

嫌他们有些俗。而音乐系，美术系的男生呢？又头发太长，神情太懒，服装也太奇特而不整齐了，也未免刺眼。其他教育系男生带寒酸，中国文学系男生带冬烘气，体育系的又吃不消，若说外表看得入眼，还是与我读同系的——西洋文学系的男同学吧。他们的服装相当整洁，却又穿得相当自然；态度潇洒，却不像浮滑；礼貌周到而不迂；体格强壮而不粗蛮如牛；这是顶合适的了。①

苏青的独特之处就是大胆地剖析自己的内心，特别是对知识学习以及实践方面的矛盾做了大胆的披露。这是一个呐喊的时代，年轻人有许多的不满，对现实和传统文化不满，激发了他们对传统文化的极大的反抗。作为年轻的知识女性，在这方面的感受更为丰富，而且她能够以自己的语言表达出来，公之于众，这些都很容易引起社会的震撼。因此，她的作品在当时的年轻人中引起了相当大的震撼。

当时的年轻知识分子有着种种不同的选择，在国内或者到国外去都意味着对不同知识了解的程度差异，在当时的知识信息交流还不够发达的情况下，到国外学习可以对另一种知识有最直接的感触和接受。他们有自己的生活理想，也面临着艰难的选择。

苏青《歧途佳人》中的主人公蒋眉英，用母亲千辛万苦节省下来的钱读书，只能十分用功，以获得好的前程，还有机会出国留学，但是，动荡的社会、虚弱的身体，摧毁了一个年轻知识女性的梦。

不同的知识带来了更多的参照，原有的单一的生活显出了种种不足，从传统走向现代的过程中，新知识的不断出现激发起年轻人对传统知识的不满，一些年轻的知识分子还因为知识而产生烦恼，导致了对自身认识的困惑。

---

① 苏青：《结婚十年》，漓江出版社1987年版，第25页。

4. 新感觉派笔下的都市知识分子

在一些年轻人正在为革命和恋爱痛苦不堪的时候，另外一种游弋于大都市之中的年轻知识分子正在以他们自身的感受去体验现代都市的生活，他们将都市的感觉以文学作品的方式表现出来，获得了那些在都市中寻求出路的知识者的关注。他们的创作被称为新感觉派。这个流派的作家依据来自日本的新感觉派的启发创作，呈现了都市知识分子的独特生活，这也许不失为一种社会生活的展现以及另外一种关于都市知识的开发。

他们似乎脱离了轰轰烈烈的大革命的气息，表现得更多的是当时市民知识分子的生活习性。当时的都市社会在他们的笔下表现出来，使人看到了这个知识领域的另一种独特的知识生产方式。

新感觉派在中国的代表作家有刘呐鸥、施蛰存、穆时英等人，以下是刘呐鸥所描绘的艺术生产场景及其艺术观念。

广大的客厅里，处处都露着一个趣味丰富的艺术家的痕迹。壁上，柱上除了这些大大小小的裸体画，风景画之外还有梅花仙鹿的角，野蛮人的弓箭，番刀，和这好像很宝贵的波斯地毯的破片。沙发近旁蹲着的是一只扁平了的老虎。那面的柱边，利用着半只破旧的长统靴和大钟的发条，和其他不知道出所的错杂的物品齐整地装置在一个柜上的，下面贴着一张白条子，写着"世界之心"，大概是什么表现派的作品吧。[①]

他们在这里谈艺术，谈种种与日常生活相关的内容，他们没有太多的关于政治和大革命话题的讨论，而是在艺术和细腻的生活中流连忘返。

这是一个当年的画家工作场景的描写：

---

① 刘呐鸥：《礼仪和卫生》，《都市风景线》，中国文联出版社2004年版，第118页。

启明一进去，就在这些无秩序地乱放着的缘额，画架，石膏像和许多未完成的作品的混乱中，看见两三个人头向着对面近窗边的坛上挺立着的一个全裸的雪白的女人像。这无疑是白然了。①

在这里，他们更崇尚艺术的感觉以及独特的艺术生产方式。为了感觉而艺术，为了艺术而艺术，会使得艺术更加纯粹。尽管这种态度被后来的革命知识分子非常严厉地批判，但它却是一种存在，一种艺术生产方式的存在。它是在独特的语境中的艺术生产方式。

启明是个律师，对艺术不甚了解，却也被艺术激起了美的感觉。

女性的裸像不用说启明是拜赏过的。但是为看裸像而看裸像，这却是头一次。他拿着触角似的视线在裸像的处处游玩起来了。他好像亲踏入了大自然的怀里，观着山，玩着水一般地，碰到风景特别秀丽的地方便停着又停着，止步去仔细鉴赏。②

这种关于艺术的感受和舆论确实令人耳目一新。这是艺术感觉的独特之处，也因为这样，这一类型的知识分子给中国现代文学艺术建构提供了另一种资源。

这是来自大都市的艺术，主要在上海这样的大城市中流行和传播，它需要有特定的都市情景才能更多地理解，这也构成了大都市市民社会的知识。

小说中的法国人普吕业对东西方艺术发表了一通议论，代表了当时的比较艺术理论的水平。

---

① 刘呐鸥：《礼仪和卫生》，《都市风景线》，中国文联出版社2004年版，第118页。

② 同上。

第三章 知识的茫然与彷徨中的知识分子

他们都说东方的艺术大都游离着现实，所以没有生命的感动，我说不然。譬如说中国画不用透视法，所以无论风景人物，在一幅画里的距离，位置的关系都不准确。这是事实，但我想这对于画本身所生的效力毫无关系。事实我们观西洋画时那准确的曲直线和角度实在会有生动的现实感，然而东方的画何尝不是一样。线，形虽然不准，但由这不准的线和形中我们不是可以追想吗？这追想的想象之力是会唤起现实性来的，好像影子讲明着身子的实在性一般地。这现实感或许不是西画中的现实感，可是至少是美丽的，自由的，诗的，不含半点真的现实的污秽的欲情。所以我对于那唐朝画里的由西画家看起来好像太离奇了的人物的描写总是感到十分的欢悦的。①

法国人普吕业这样下了一个结论：

西洋女人的体格多半是实感的多。这当然是牛油的作用。然而一方面也是应着西洋的积极生活和男性的要求使其然的。从事实说，她们实是近似动物。眼圈是要画得像洞穴，唇是要滴着血液，衣服是要袒露肉体，强调曲线用的。她们动不动便要拿雌的螳螂的本性来把异性当作食用。美丽简直用不着的。她们只是欲的对象。但是东方的女士却不是这样。越仔细看越觉得秀丽，毫不唤起半点欲念。耳朵是像深海里搜出来的贝壳一般地可爱。黛的瞳子里像是隐藏着东洋的秘密。②

通过这段描写是可以看到，20世纪上半叶，现代主义已经直接影响到中国作家的创作，形成能够让中国作家扩大感受的领域。

---

① 刘呐鸥：《礼仪和卫生》，《都市风景线》，中国文联出版社2004年版，第122—123页。

② 同上书，第126—127页。

中国的新感觉派作家已经相当自如地运用这些思想艺术方式面对社会，表达社会，形成了关于都市的感受和知识。

新感觉派在艺术上做了多种尝试，他们独特的生活感觉和艺术感觉为现代艺术生产提供了新的样式，为艺术领域提供了新的体验。

新感觉派作家有另外的知识背景，有对生活和对艺术的独特感觉，可以运用某种感受描绘世界，因此在他们的笔下出现了一系列新奇的世界。

他们用自己独特的触角去感受社会，感受生活，感受都市，他们是一群敏感的都市的精灵，他们在这个都市中有效地建立起一种独特的艺术。

这种感受知识的方式在当时的都市是相当流行的，但是，在血与火的战争中，它并不能够全面地展开。

这些知识在1949年以后迅速地消失，因为它不适合于以乡村文化为主体的革命知识体系的要求。20世纪50年代以后，由于严格的政治意识形态对个人感受的控制，也导致了新感觉派的写作方式难以在中国发展起来，一直到20世纪末，新感觉派的创作才在中国大陆被人们所关注。

对个人感觉和印象的重视，也意味着对人的创作权利的尊重。这在20世纪的知识生产中是特殊的经历，尽管个人的创作是一种权利，也是使知识更加丰富的方式，然而在特定的环境中，它要经过不断的过滤确认才能够成立。21世纪以后，个体化的创作权利才逐渐被人们所重视。

动荡的年代，知识分子面临着不同的选择：知识、人生、现实、未来，许多都是未知的。人们在探索，追求，迷惘，社会的复杂关系让人不知所措，知识的建设也处在多元无序的状态，这是一个时期的真实的写照。

第四章　知识分子与知识的重组

20世纪50年代以后，中国共产党成为执政党，它需要重新建立起支持新政权合法性的知识体系，以获得民众的承认和认同。同时还要重建新的知识秩序，建立新的知识生产机制。在这其中，知识分子是知识建构的操作者，同时又必须是这种知识运作的拥护者和执行者。

新政权的执政者主要是一批接受了马克思主义的知识分子，他们被马克思主义所描绘的共产主义社会所吸引，试图将马克思主义在中国进行实践，在中国实现这样的社会形态。

依据来自欧洲的社会主义理论，中国吸取了它的基本的设计思想，在主要的建设方面进行补充和调整。关于社会主义，虽然有苏联的样板可以模仿，但中国是一个人口众多的农业大国，其社会结构和社会关系有很大的差别，所以在中国进行社会主义建设就必须做出另外的探索。

20世纪50年代，执政党需要重新建立新的国家运作机制，也就是社会主义机制，因此需要大规模地生产和建设关于社会主义的知识。建立起国家的文化生产机器，围绕着执政党所需要的意识形态生产相关的知识，这是20世纪下半叶中国知识生产的重要走向。

它表现为国家拥有绝对的管理权，以保障其知识生产按照特定的轨道运行，并保证这些知识能够推广实施，有效地指导和整合中国的发展。这是新政府进行知识生产的特征。

一　知识生产条件和生产制度的建设

1949年以前，中国社会经历了战争的动乱，尤其是日本的侵略，带来了非常复杂的社会价值观念，包括知识分子在内，对共产党执政的承认和认同仍然处在复杂的状态。为了巩固新政权，迅速地建立起能够维持现行社会运作的知识体系是非常重要和迫切的。而新的知识形态的建立又必须是以推翻旧的知识系统为前提，因为新的执政党所奉行的国家体系是从西方引进的理论体系，也就是马克思主义以及苏联的社会主义体系。

这个社会体系在中国社会是前所未有的。在一个有着悠久历史传统的国度引进这样的体系，其适应性和难度还很难预测，但是，凭着对这种社会体系的美好的预期和激情，新政权的实践者试图不顾一切地投入对这一社会体系的建设之中。

执政党在1954年的宪法中规定："中华人民共和国是工人阶级领导的、以工农联盟为基础的人民民主国家。"这就意味着工人阶级是国家政权的主体，国家要按照无产阶级的利益建立相关的知识，其所要建立的知识就是证明代表无产阶级的政党在执政方面的合法性，并建立起巩固政权的理论的合法性。

这种建设的任务非常繁重，它要从基础建设开始。新政权在刚刚结束的战争之后仍然拥有非常强大的军队的支持，因此，它的文化建设的力量是非常强大的。

1. 扫盲运动，平民化的知识普及

1950年，中国的文盲率高达80%，社会整体的文化水平不高，这对一个需要进行大规模社会建设的国家来说，其条件是相当欠缺的。在知识生产方面，过高的文盲率意味着知识传播存在着巨大的障碍，尤其是需要建立新的知识体系，更需要民众普遍拥有能够掌握知识的基本工具，也就是文字，扫除文盲成为当务之急。

在新政权建立之初，扫盲运动在全国迅速展开。1950年，召开了全国工农教育会议，确定开展扫盲教育。扫盲运动主要面向社

会下层的群众展开。扫盲班遍布工厂、农村、部队、街道，这是新知识建构的前提。

1952年5月24日，全国开展大规模的扫盲运动，扫盲运动持续到20世纪50年代末。

农村扫盲要求符合农业生产实际和农民生活的需要。为了配合农业合作化运动，政府扫盲工作制定了学习文化要为合作化服务的方针。政府制定出扫盲规划，把扫盲放在合作化的规程之中。各级地方政权统一安排生产、学习、开会的时间。有些地方规定，评分记工在地头做完，不占学习时间。农民识字课本，比较流行的是"识字记工课本"，农民从自己的姓名学起，学习土地的名称，各种农活、农具和牲畜的名称以及记账格式。两三个月时间就可以使农民初步掌握记账、记工的本领。各地还成立了扫盲协会。

"以民教民"的方法解决了扫盲运动的师资问题。当时的业余教师队伍中，有七八百万人是通过扫盲运动已经识字的农民，进入农业生产的中学生也成为扫盲教师，此外还有农村小学教师。识字的人都加入扫盲教师队伍。

扫盲的主要对象是青年，同时对农村妇女进行扫盲。妇女占到农村人口的一半，提高农村妇女的文化水平，对提高妇女的社会地位有意义。

2001年3月28日，中国国家统计局公布的2000年第五次全国人口普查主要数据显示：中国大陆31个省、自治区、直辖市和现役军人人口中，文盲人口（15岁及15岁以上不识字和识字很少的人）是8507万人，与1990年第四次全国人口普查相比，文盲比率由15.88%下降为6.72%。青壮年文盲的比率已下降到了5%以下，文盲比率由1949年的80%以上下降至2000年的6.72%，这是20世纪中国教育史的成就，意味着中国人口的文化素质有了明显的提高。

扫盲运动的展开以及所取得的成效，对后来的文化知识的普及起到了重要的作用。中国是一个人口大国，当时最主要的传播工具是文字，对文字的认识成为最重要的知识介绍的途径，这是印刷时代重要的传播手段。

扫盲运动对中国社会文化知识的传播和传承起到了重要的作用，它也意味着民众对知识接受权利的获得。1949年以前，由于战争动乱以及社会条件的限制，大多数处于社会底层的民众在知识学习方面有很大的限制。1950年以后，国家整体推动的文字普及对国民文化素质的提升有很大的帮助。

从文字这样的工具和媒介入手，对知识生产以及知识传播进行大规模的改造，在一个人口众多的大国是相当有效的。这也为后来的红色知识的生产传播提供了坚实的基础。由于有扫盲运动的铺垫，使后来关于红色知识的大规模建构和传播成为可能。

2. 简化字，知识符号的变革

与此同时，汉字简化工作也迅速展开。

汉字简化是秉承"五四"时期关于汉字改革的基本思想进行的。简化汉字能够让民众尽快地进入实质性的知识学习，民众有更多的时间直接学习科学知识以及各种社会知识，而不是把学习的时间浪费在对繁体字的认识上。

汉字是凝聚中国文化知识的最为重要的媒介和工具，同时也是国家和民族统一的重要媒介。

"书同文"是知识统一的重要手段，也是文化整合的重要手段，甚至是国家安全的重要保障，它可以使运用同一文字的民众产生相应的文化认同感。

汉字是世界上历史最悠久的文字之一。汉字经历了多次演变，由甲骨文、大篆、小篆、隶书到楷书，总的趋势是沿着字形逐步简化、表音成分逐渐增加的方向发展。

汉字的字数有六万多个，通用的七八千个，常用的有三四千个。汉字笔画繁多，教育部1952年公布了2000个常用字，平均每字有十一二笔，其中17笔以上的有221个，有的字多达三十几笔；汉字结构复杂、字形相似、一字多音。汉字存在难认、难读、难记、难写的特点。繁难的汉字是知识学习的高门槛。繁体字给学习和使用汉字的人造成了困难,也成为现代知识传播的障碍。尽管汉字简化会导致汉字原有的文化信息流失,但在当时的情况下,对汉字承载现代信息的要求似乎更为迫切。

汉字改革内容包括减省汉字笔画、减少汉字字数。把正体、俗体、异体等不同写法的字简化,确定一个为正体,其余均废除。

现代汉字简化工作是从20世纪初开始的,钱玄同、陆基、黎锦熙等人做了很多工作。

1949年10月10日,中国文字改革协会成立。1950年8月9日,教育部社会教育司举行简体字的研究选定工作座谈会,商定了选定简体字的四条原则:整理选定已经通行的简体字,必要时根据已有简体字的简化规律加以适当的补充;所选定、补充的简体字,以楷体为主,间或采取行书、草书,但必须注意容易书写和便于印刷;简体字的选定和补充,以最常用的汉字为限,不必为每一繁难的汉字制作简体;简体字选定后,由中央教育部报请中央人民政府政务院公布实行。

中央教育部于1951年拟出《第一批简体字表》(初稿)。1952年2月5日,在中央教育部的筹划下,由中国文字改革协会改组合并其他机构组成中国文字改革研究委员会。1952年3月25日,中国文字改革研究委员会成立汉字整理组,重新确定了编制简化字方案的原则:已有通行简体的字,以述而不作、不另造简体字为原则。

1956年1月28日,国务院在第23次会议上通过"关于汉字简化方案的决议"。《汉字简化方案》将544个繁体字简化为515个简化字。经过几年的试用和推广,到1964年,简化汉字增加到2238个。

1956年1月31日《人民日报》全文发表国务院《关于公布〈汉字简化方案〉的决议》和《汉字简化方案》。1964年5月中国文字改革委员会出版了《简化字总表》。1986年10月10日重新发表《简化字总表》，共收入 2235 个简化字。

简化字的运作过程实际上也是知识符号的演变过程，它对现代知识生产有很大作用，至少它能够让大多数人尽快学会汉字，缩短学习汉字的时间。

尽管汉字简化会对传统文字所负载的文化信息有所损耗，但是总体来说，它对现代知识的传播有积极的作用，也使得 20 世纪中期以后文化知识的普及更加容易，尤其对占人口绝大多数的农民迅速掌握文化知识有很大的帮助。

3. 知识生产机构的建立

为了使新政权的知识生产获得绝对的保证，新政权迅速地建立起知识生产的体制，并且制定了知识生产的方针和政策。

它首先必须以自己的政治标准重新甄别和整合全国文化系统的各种资源，并明确提出知识建构的纲领。

1949 年 6 月 30 日至 7 月 19 日，"中华全国文学艺术工作者代表大会"在北平召开，简称"第一次文代会"。毛泽东到会讲话，郭沫若做报告总结。大会通过了《中华全国文学艺术联合会章程》；成立了全国文学艺术界联合会；选举郭沫若为主席。大会把毛泽东的文艺思想作为文艺的基本方针。

在这次会议上，周扬提出，"毛主席的《在延安文艺座谈会上的讲话》规定了新中国的文艺的方向，解放区文艺工作者自觉地坚决地实践了这个方向，并以自己的全部经验证明了这个方向的完全正确"。

周扬还提出，"除了思想领导之外，还必须加强对文艺工作的组织领导"，要成立"专管文化艺术部门"的组织机构。

第一次文代会成立的全国性的文艺界组织是"中华全国文学艺术界联合会"，它是国家和执政党对作家、艺术家进行组织领导的机构。全国文联下属的各协会也先后成立。全国文联和中国作协的刊物《文艺报》和《人民文学》创刊，对文艺界进行思想领导。

1949 年 10 月 19 日，新政府成立中国科学院。郭沫若任院长，陈伯达、李四光、陶孟和、竺可桢任副院长。中科院下设人文科学和自然科学等十多个研究所。

新的研究机构和管理机构的建立，显示了新知识建构规范的实施，并对知识生产进行有效的组织和监督，也形成规模化的知识生产机制。

20世纪50年代初，新政权展开了教育体制的重建，其主要措施是：接管和改造旧学校，将所有接受外国津贴的学校和教会学校以及私立学校改为公立学校；改革旧学制，颁布新学制，实行全日制学校、干部学校和业余学校并举，扩大工农和工农干部受教育的机会；清理教师队伍，对教师进行思想改造；对高等学校进行院系调整，以适应经济建设的需要。

1952年6—9月，大学重新调整，政府大规模调整全国高等学校的院系设置，把民国时期的高等院校系统改造成苏联模式的教育体系。这场教育体制改革涉及全国四分之三的高校，形成了20世纪后半叶中国高等教育系统的基本格局。

调整后，全国许多高等学校被分拆为独立建制的工科院校，工科、农林、师范、医药院校的数量从108所增加到149所；高校数量由1952年之前的211所下降到1953年后的183所，综合性院校减少。人文社会科学由于它的"资产阶级性质"遭到否定，社会学、政治学等人文社科类专业被停止和取消，私立教育退出历史舞台。

全国高等学校学习苏联，制定统一的教学计划，使用苏联教材，国家确定俄文为第一外语，全国高校学习俄文。

私立大学全部被裁撤。金陵、圣约翰、震旦、沪江等由教会创办的高校被裁撤，分别并入南京大学、复旦大学、交通大学、同济大学、华东师范大学等。

与欧美大学的通才教育模式相对，苏联的高等教育模式被称为专才教育，其基本特点是对教育实行高度统一集中的计划管理；教育的重心与经济建设直接相关，加强工程和科学技术教育；教育计划与国民经济建设计划紧密相连，按产业部门设立学院、系科和专业，确定招生和学生分配；国家对高等教育全面管理，学生全部免费入读。这与计划经济体制高度契合。

这是从教育方面对知识生产的统一建构，对后来中国的高等教育以及知识生产形成了根本性的影响。

二 以阶级斗争为纲的知识统一建构

新中国成立以后，迅速地确立了符合新政权需要的知识生产的理论支撑点，这就是马克思主义。

马克思主义被认为是放之四海而皆准的真理，是社会发展的理论基础和知识生产的基础。这是新政权知识生产的源头，因此，它作为国家发展的指导性的理论基础，迅速地融入知识生产的各个环节，在国家机器的保障下推行实施。马克思主义也因此在20世纪下半叶的中国获得了最为强大的话语权。

毛泽东提出："领导我们事业的核心力量是中国共产党，指导我们思想的理论基础是马克思列宁主义。"[1] 马克思主义成为中国现代知识生产的核心的知识来源。

马克思主义作为知识的核心，在中国的政治环境中获得了极大的扩展。中国的知识生产围绕着这个核心不断地推进，新知识在理论建构和实践运作中都试图获得对这一核心理论的最为接近的阐释。

1. 共产主义知识的普及

这个时期，世界性的社会主义阵营，尤其是以苏联为首的社会主义国家都在试图建构和示范关于社会主义和共产主义的知识体系，并力图获得对马克思主义的最高阐释权。

共产主义（Communism）是一种政治信仰或对社会状态的描

---

[1] 《中华人民共和国第一届全国人民代表大会第一次会议开幕词》，《人民日报》1954年9月16日。

述，也被认为是马克思、恩格斯的基本思想。共产主义主张消灭生产资料私有制，设想未来的所有阶级社会将最终过渡成为共产主义的无阶级社会。共产主义思想的实行需要每个人都具有高度发达的集体主义思想。

根据恩格斯的《共产主义原理》对共产主义的解释是"关于无产阶级解放条件的学说"。共产主义是通过发展生产力，以高度发达的集体主义思想主导社会，把全人类从阶级矛盾中解放出来，建立没有阶级制度、没有生产资料私有制、没有政府，进行集体生产的社会。

根据中国理解的马克思主义理论，实现共产主义要经过数个阶段。第一个阶段就是无产阶级专政，列宁把这个阶段称为社会主义，把人类社会从资本主义过渡到共产主义，并阻止资本主义的复辟。在这段时期，商品生产和货币经济仍然存在。

当社会主义建设完成后，政府、商品生产和货币经济完全消失，最后，人类社会就进入共产主义的阶段。这个时候，社会公共机构高度发达，城乡差异、人与人的待遇差异和社会分工完全消失，人人都能得到科学完善的教育与医疗，为共同的理想目标奋斗在不同的适合自己的岗位上，科学地工作和休息。人民能够以低工作量去满足优质的生活所需，所有的财产归全体人民所有，生活资料各取所需。

20世纪50年代，中国将苏联作为社会主义知识体系的核心来源和建设榜样进行学习和模仿，因此，许多关于社会主义的知识主要是从苏联接受过来的。在当时的宣传中，中国民众认同了今天的苏联就是明天的中国。这种知识的示范具有非常强大的社会号召力，鼓励着中国民众对社会主义知识的接受以及模仿创造。

20世纪50年代中期，急不可待的中国人，包括知识分子，以狂热的想象力迅速地创造了共产主义的理想世界，并沉浸在自己建构起来的共产主义的知识领域之中。

中国迅速地展开了从互助组到合作社、人民公社的建设活动。

在人民公社阶段，一切生产资料，包括土地、生产工具收归集体所有。人们集体劳动，共同消费，其中包括兴办公共食堂，按照共同的分配制度进行生活资料的配给等。这种社会运作方式在很大程度上实践了想象中的共产主义。

这是 20 世纪中国社会大规模普及和实践共产主义知识的时期。在这之前，中国社会也出现过诸如无政府主义所设计和实践的共产主义，尽管其在实践中遭遇了重重困难和挫折，但其思想仍然在中国社会保留下来。

20 世纪下半叶，关于共产主义社会的建设成为国家推动的建设目标，其宗旨也成为指导和建构中国社会的主要的知识来源，并成为国家和社会运作的轴心价值。中国社会以此为目标组织社会的运作，以国家机器的强大力量保障和推动这一运动的发展。

2. 历史知识的重组

新政权执政以后，除了面对现实的社会问题，还要迅速地建立起符合自身需求的历史知识系统，重新组织历史和叙述历史，使自身的执政合法化。

通过历史证明自身的合法化是任何政权都需要做的事情。

在 1949 年以前，中国共产党是以实现新民主主义社会为目标。这个目标是在当时特定的条件下，为了获得更多的民众和党派的支持而提出的，它也因此取得了相应的社会效果。

1949 年以后，中国共产党执政，新民主主义的社会关系需要调整，使之更适合新政权所需要达到的社会纲领，因此必须重新建立起关于社会主义理论的知识系统，以逐渐地取代新民主主义理论。

1954 年 9 月 20 日颁布的《中华人民共和国宪法》序言对中国历史进行了基本的定位："中国人民经过一百多年的英勇奋斗，终于在中国共产党领导下，在 1949 年取得了反对帝国主义、封建主义和官僚资本主义的人民革命的伟大胜利，因而结束了长时期被压迫、被奴役的历史，建立了人民民主专政的中华人民共和国。"

第四章　知识分子与知识的重组

这个基本的定位给未来的知识建构奠定了基调。知识分子要以马克思主义的相关理论为基础，参考苏联社会主义的建设经验进行中国社会主义知识的建构。

在基础理论建设方面，这个时期开始系统地组织翻译马克思、恩格斯全集，1953年1月29日，成立中共中央马克思恩格斯列宁斯大林著作编译局，有计划地翻译出版《马克思恩格斯全集》《列宁全集》和《斯大林全集》。

1956—1983年，中文版《马克思恩格斯全集》50卷53册全部出版，约3200万字。1958年完成《斯大林全集》的翻译出版，共13卷，约300万字。1959年完成《列宁全集》38卷翻译出版，约1600万字。

新政权对哲学、历史学、文学艺术、美学等学科都展开了知识建构。

在哲学方面，就是要建构起以马克思主义哲学为基础的中国哲学。马克思主义哲学被认为是关于自然、社会和思维发展一般规律的科学，是唯物论和辩证法的统一、唯物论自然观和历史观的统一，是放之四海而皆准的真理。国家必须以马克思主义哲学为主体建构中国的哲学，参考苏联哲学，建立起中国的哲学体系。

在历史知识的建构方面，强调以马克思主义的历史哲学为基础，重新组织整合中国的历史。以阶级和阶级斗争的学说对中国历史进行阐释和叙述。任何脱离阶级和阶级斗争的历史阐释都被认为是有悖于历史发展的本质和规律的。

历史唯物主义被认为是关于人类社会发展普遍规律的科学，是无产阶级的历史观。它认为，社会历史的发展有其自身固有的客观规律，物质生活的生产方式决定社会生活、政治生活和精神生活的一般过程；社会存在决定社会意识，社会意识又反作用于社会存在；生产力和生产关系之间的矛盾、经济基础与上层建筑之间的矛盾，是推动社会发展的基本矛盾；在阶级社会中，社会基本矛盾表现为阶级斗争，阶级斗争是阶级社会发展的直接动力；阶级斗争的最高形式是进行社会革命，夺取国家政权；社会发展的历史是人民群众的实践活动的历史，人民群众是历史的创造者，但人民群众创造历史的活动和作用总是受到一定历史阶段的经济、政治和思想文化条件的制约。

这个历史观点的表述逻辑完全符合执政党的发展过程，因此，这一历史逻辑被认为符合社会发展的规律。

历史的唯物史观还认为：社会生产力的发展水平决定人类社会的进程。与生产力发展相适应的生产关系，构成一定的社会形态和经济结构的现实基础，它规定着社会形态的主要特征。

社会形态是经济基础和上层建筑的统一，经济基础的性质决定上层建筑的变更。上层建筑又积极服务和反作用于经济基础。

人类社会的一般总规律是从原始社会到奴隶社会、封建社会、资本主义社会再到社会主义和共产主义社会。这是自然的历史发展过程，社会生产力是推动社会历史前进的根本动力。

这一理论的建设者认为：人类社会历史是不以研究者的主观意识为转移的客观发展过程，具有一定的规律性。人们研究历史，探索社会规律，必须要从客观存在的历史事实出发，详细占有材料，分析它的各种发展形态，揭示其内在联系，得出相应的结果。

人类社会是有规律运动的，由低级向高级发展的，构成历史过程的各种社会现象是运动与发展的。要用发展的眼光看待历史的一切，用辩证法的观点把握对象的本质联系与内部矛盾。

这一历史哲学的知识也必须贯彻到文学艺术史中。对文学史的解读，对不同时期的文学作品的分析都必须贯穿这一历史观念，即阶级斗争的观念，并从中发现阶级斗争的证据，以证明这种历史解读方式的正确性。

这个时期组织编写了一系列的文学史教材和文学理论教材。

第四章　知识分子与知识的重组

1949年之前，影响较大的文学史著作有王国维的《宋元戏曲史》①，谢无量的《中国大文学史》（1918年初版），刘师培的《中古文学史》②，鲁迅的《中国小说史略》③，胡适的《白话文学史》（1928年初版），郑振铎的《插图本中国文学史》（1932年初版），刘大杰的《中国文学发展史》④ 等。

这些著作都被认为缺乏历史唯物主义的基本观点，因此，不能够成为20世纪50年代以后所需要的文学史教科书。

1949年以后出版的文学史著作有王瑶的《中国新文学史稿》（1951年初版），中国社会科学院文学研究所中国文学史编写组编写的《中国文学史》（1962年初版），游国恩等主编的《中国文学史》（1964年初版），袁行霈主编的《中国文学史》⑤ 等。

在中国古代文学史教材的编写方面，游国恩等人主编的《中国文学史》被作为以阶级和阶级斗争为基础编写的文学史的范本，在高等院校中成为主要教材。

对中国现代文学史的编写是较为复杂的工程。20世纪初至40年代的文学被称为新文学，也出现了相应的新文学史教程，比如刘授松的《中国新文学史》。50年代以后，文学史内容需要进行政治甄别，重新编写。不同政治集团和不同阶级的作家作品以及文学团体和运动都要重新选择取舍，以组织新的文学史。

文学史的写作也因此逐步地以阶级斗争作为主线进行结构、组织和解释。

在文学理论方面，主要是组织翻译介绍马克思主义的文艺理论，其中包括大量的俄国和苏联时期的文艺理论，并以之作为基础

---

① 原名《宋元戏曲考》，1915年初版。
② 书名亦作《中国中古文学史讲义》，1920年初版。
③ 1923年上卷初版，1924年下卷初版。
④ 1941年上卷初版，1949年下卷初版。
⑤ 高等教育出版社1999年初版。

建立适合中国政治需要的文艺理论。在这其中，毛泽东在 1942 年所做的《在延安文艺座谈会上的讲话》的基本宗旨成为文艺理论建构的核心。

在美学方面，1956 年展开了全国性的美学大讨论，这次讨论强调了美学必须遵循马克思主义的基本思想进行相关建设，以唯物主义的立场对美学的本质问题进行基本的定性。

在心理学以及文艺心理学方面，则试图以唯物主义的立场进行阐释。因为心理学的对象是指向人的心灵和精神，其主观意识的成分很大，在这方面的研究很容易被认为陷入唯心主义的领域，因此，这方面的知识建构具有相当大的政治风险。借助列宁主义的认识论，以客观反映论对心理学进行分析，可以做出相关的解释。同时引进苏联的心理学研究成果，主要是巴甫洛夫的心理学理论，即刺激—反应理论，证明人的认识以及心理状态都是直接从客观现实反映获得，这被认为是符合唯物主义认识论的观点。因此，心理学还在一定程度上能够作为学科保留到 20 世纪 60 年代中期。

这个时期的学科建设基本上是以马克思主义的哲学理论为基础，以唯物主义和历史唯物主义作为阐释任何对象的理论依据，形成以马克思主义为主体的社会历史知识的结构体系。

具体到历史的阐释，就是以阶级和阶级斗争的理论对历史对象进行政治化的分类，提取其中的政治元素，以此作为历史叙事的基本规则，构成关于阶级和阶级斗争的叙事结构。这种叙事模式在 20 世纪下半叶的中国被严格规定为组织历史的原则，任何超出这个模式的叙事都被认为违背知识建构的正确原则。

现实的文学艺术也被贯穿了这样的叙事原则。现实社会是历史的延续，因此，文艺作品必须按照现实主义的思路进行创作。

这种思路后来被规定为创作原则，被认为是马克思主义的创作原则。其中所规定的典型性，就是强调文学创作必须按照规定的原则捕捉社会的本质规律，把阶级社会的主要矛盾反映出来。

具体表现为文艺作品所塑造的艺术形象必须是典型的，具有阶级的典型性，能够揭示阶级社会发展的本质和规律。这实际上是对作家和艺术家提出了严格的思想要求，他们的立场必须转移到马克思主义方面，以马克思主义指导创作。

在 20 世纪 50 年代的文学艺术创作中可以明显地看到，众多的作者也试图以这种立场进行写作，试图在社会生活中发现历史的本质规律，寻求关于阶级斗争的元素，以构成相关的叙事。

一些从传统走过来的作家，以他们的知识状态很难按照所规定的原则进行创作，因此，他们在这个时期写作的文学作品大多数受到批判。反而是一些来自乡村的年轻作家接受了这些观点，并且以自己的乡村生活经验以及创作热情，以文学的方式尝试关于阶级斗争理念的阐释和解读，而获得了主流意识形态的支持。

3. 文学知识的批判和建构

新中国成立之初，一些知识分子留在大陆，一些知识分子从国外回到祖国，他们对新政权充满了希望，那些处在解放感觉中的知识分子以极大的热情参与到新文化知识的建设之中，并且做出贡献。

这是政权交替的关键时刻的选择，知识分子的转变是相当艰难的，也是顺理成章的。他们的根就在中国大陆，也很难做出更多的选择。每个人的选择都是根据自己的基本条件做出的。

一批知识分子以极大的热情投入新政权所领导的知识建设之中，像老舍这样的平民知识分子从国外赶回国，真诚地投身新知识的建设，并在早期获得了非常高的荣誉，被授予"人民艺术家"的称号。

1949 年以前老舍的文学创作已经相当丰富，有了相当高的文学声誉，他还有游历欧洲的背景。这样的身份，在 1949 年后的身份定位就相当复杂。老舍以他的政治热情和实际行动很快弥补了他与新政权要求的差距。他积极地接受思想改造，在 50 年代初期写出了热烈歌颂"新时代"的作品。剧本《龙须沟》是歌颂新政府改造北京的一条臭水沟的故事。作家在剧本中表现出了很强的感激之情，并宣传了执政党为人民服务的事迹。这样的宣传显然是新政权十分需要的，同时它也为知识分子认同新政权作出了榜样。

积极响应执政党的要求，自觉进行思想改造，并快速地融入新政权正在建构的政治和文艺的体系中，为其做出贡献，这样的行动和精神自然受到新政权的欢迎。很快地，老舍也获得了新政权授予的人民艺术家的称号。获得这个称号的人是极少的，老舍自身也十分自豪于这一称号，并将之作为自己的生命支柱。

20世纪50年代出版的一批作品被认为是歌颂新政权的文学样板，也是新文学知识的样板，被收入文学史之中。其中小说主要有：柳青的《创业史》，赵树理的《三里湾》，杜鹏程的《保卫延安》，梁斌的《红旗谱》，吴强的《红日》，杨沫的《青春之歌》，周立波的《山乡巨变》，曲波的《林海雪原》，罗广斌、杨益言的《红岩》，欧阳山的《苦斗》，冯德英的《苦菜花》，周而复的《上海的早晨》，陈登科的《风雷》，浩然的《艳阳天》，王汶石的《风雪之夜》，马烽的《我的第一个上级》，峻青的《黎明的河边》，李准的《李双双小传》，王愿坚的《党费》，茹志鹃的《百合花》，胡万春的《谁是奇迹的创造者》。

诗歌有：郭小川的《致青年公民》，贺敬之的《雷锋之歌》，李季的《玉门诗抄》，闻捷的《天山牧歌》等。

散文有：杨朔的《东风第一枝》，刘白羽的《红玛瑙集》，秦牧的《花城》，魏巍的《谁是最可爱的人》。

话剧有：老舍的《龙须沟》《茶馆》，曹禺的《明朗的天》，郭沫若的《蔡文姬》，田汉的《关汉卿》，胡可的《战斗里成长》，陈其通的《万水千山》，沈西蒙的《霓虹灯下的哨兵》，丛深的《千万不要忘记》等。

这些作品的内容主要是对党在战争年代的斗争史实进行文学的重构，其中包括党从产生到发展所经历的种种历程，还有执政后的业绩等。这些作品的思想感情也在社会传播，成为社会主要知识的认同点。

这是重新建构新政权叙事的时期，这些叙事的合理性得到坚决的维护和保障。在这期间出现的超出这种叙事规定的作品受到了批判。

尽管知识分子的思想经历了一段时期的洗礼，但是，这种变化是一个较长的过程。一些传统知识分子没有能够做出更大的转变，思想也没有完全融合到新政权所要求的社会知识的建设之中；一些作家试图从事创作活动，但是他们的创作总是不能够完全符合新政权的要求，甚至还被认为是走上了脱离社会现实，走在反对人民群众的道路上。无论是思想表现、人物形象的塑造以及题材的选择，还是写作技术的运用，都不能达到新政权知识建设的要求，因此也经常受到批评，甚至是来自最高领导人的批评。

1963年11月，毛泽东两次批评《戏剧报》和文化部，认为封建的、帝王将相的、才子佳人的东西很多，文化部不管。文化工作方面，特别是戏曲，大量的是封建落后的东西，社会主义的东西很少。文化部是管文化的，应当注意这方面的问题。

毛泽东把文艺的倾向提升到政治的高度，认为这种文艺已经走向了反面，是对新政权的反动。1963年末，毛泽东在对文化部的批示中，对文艺管理机构做出评估，"文联各协会15年来基本不执行党的文艺政策"，次年毛泽东又说"整个文化系统都不在我们手里"。

在这样的政治判断和指导之下，这一年先后展开了对电影《早春二月》《北国江南》《舞台姐妹》《红日》《林家铺子》《兵临城下》以及戏剧《李慧娘》《谢瑶环》，小说《三家巷》等的批判。

这些文艺作品显然在某些方面不符合新的知识建构的要求，受到批判也在所难免。批判是修正知识生产方向，对不符合要求的知识元素进行排除，这种批判也宣示了国家的知识权力。

这是相当完整的政治化的知识建构过程，它把相关知识建构的核心价值、逻辑关系、知识要素以及对建设者的要求融为一体，构成了知识生产的完整的系统。

20世纪50年代，在城市知识分子进行改造的时候，一批来自乡村的知识分子进入文学创作的平台，他们按照主流意识形态的思想规定，以极大的热情投入文学创作之中，并且形成了关于现代乡村的革命的知识系统。

这些乡村知识分子有朴素的感情，也有热情，他们的知识主要来源于中国传统乡村的生活经验。他们接受过乡村学校的初级教育，有些人，如赵树理还接受过传统乡村的私塾教育。他们生活在中国动荡的社会之中，在自己的生活范围体验过中国乡村社会的底层生活。他们经历过苦难，对社会充满了美好的向往。在50年代的理想主义的感召下，他们充满激情地投入对新理想的讴歌之中。

50年代的中国农村经历了巨大的变动，这是他们亲身感受到的。土地改革，合作化运动，人民公社运动，一系列的社会变革使这些乡村知识分子感受到了社会的巨大变化，对他们的精神产生了极大的震动，激发了他们对社会变革的极大的热情。

在20世纪50年代的文学写作中，这些乡村知识分子的作品成为社会的主流文学，他们所描述的乡村生活也在一定程度上表现了乡村发展的现实。土地改革、互助组、合作社、人民公社，中国乡村的变化过程在他们的笔下均有相当细致的表现。

这种表现基本上是按照主流意识形态所给出的知识模式进行描绘。这批乡村作家对规定性的知识模式的诠释是相当到位的。他们被认为是农民的代言人，他们以富有乡土特色的表达方式塑造了一系列农民的形象，关于阶级和阶级斗争的叙事模式在他们的作品中被相当娴熟地运用，而且形成了一个时期关于乡村阶级斗争的知识范本。

这种乡村写作也有着不同的发展阶段，50年初期，像赵树理这样的作家作品还没有明确的阶级斗争的倾向，50年代中期以后，阶级斗争的观念进一步渗透到乡村作家的意识之中，他们的写作也受到政治观念的直接指导，自觉地运用阶级斗争的结构方式表达农村的生活。马峰的小说《不能走那条路》就明确地运用了政治路线斗争的思路对农村生活进行组织表现，形成了一种组织农村生活的故事模式。

乡村作家在思想上不断地向主流意识形态所要求的政治创作原则靠拢，他们的创作也因此省去了对思想的探索以及对乡村生活现实的进一步的思考，而是直接地阐释主流意识形态的观点，并为这些观点提供来自乡村的论证资源。

60年代以后，浩然的长篇小说《艳阳天》和《金光大道》在建构关于中国农村阶级斗争的故事方面达到了相当周密完整的程度，其整个叙事已经非常符合主流意识形态的关于政治历史的阐释要求，因此，在随之而来的"文化大革命"中，这两部小说成为在这期间能够发行的为数不多的小说之一。

来自乡村的知识分子以他们朴实感性的表达手段，按照主流意识形态所规定的主题写作，完成了关于农村阶级斗争叙事的知识生产。

在这些小说中，一个关于农村是中国最严峻的阶级斗争领域的叙事被完整地呈现出来，并且印证了最高领导人曾经提出过的阶级斗争仍然是中国的主要矛盾的判断和预言。这种政治化的互文本呼应对当时中国的政治阐释是非常重要的。

中国乡村的叙事在这个知识系统中固定下来，成为中国读者认识中国农村的主要文本。这个文本在一段时期被作为乡村社会知识的教科书，在中国政治文化的知识系统中占据着重要的地位。

艺术来源于生活，这一观念成为这个时期文艺创作的最重要的指导方针。生活就是当时被称为三大革命运动的内容，即阶级斗争、生产斗争和科学实验，它具有与政治密切相关的社会内容。

这个时期，那些生活在城市的作家被要求改变写作立场，改造世界观，深入工厂和农村去了解和体验生活。对他们来说，许多人并没有真正地体会到中国工人和农民的生活，他们只是作为外来的观察者进入工厂或者农村，因此，他们的写作也只是为了诠释主流意识形态的政治观念，他们笔下的人物形象也主要是政治观念的表现符号。

三 知识生产者的定位

在这个文化建构中，首先要解决的就是对文化建构者，即知识分子的知识立场问题。对知识分子进行政治甄别和改造，就是要进行立场的转化和思想的改造，因此，当时的知识分子基本上以政治标准被划分为不同的层次和方面。其中包括被称为国统区的右翼知识分子，也就是倾向于原政权，并且为原政权服务或进行知识建构的知识分子；另外就是在国统区生活，但又不完全认同原政权的知识分子。这些人在一定程度上批判或者破坏旧政权的文化系统，他们被称为国统区的左翼知识分子。

还有从"解放区"走出来的知识分子，他们曾经在国民党统治区生活过，由于反对国民党政权的统治，或者对国民党政权极端不满，投奔西北延安"解放区"，那里是共产党的根据地。这些人在当时的"解放区"投入了当地的文化建设，并被锻炼为拥有马克思主义知识的革命者。

1. 知识者的阶级成分

新中国成立后，来自根据地的知识分子被理所当然地确定为社会的主要知识生产者。他们掌握了绝对强大的话语权，也对中国社会主义和共产主义的理论知识拥有绝对的解释权和建构权。

20世纪50年代初期对知识分子的定位是相当明确的，新政权在对社会阶级成分划分的同时，也对知识分子的成分进行了基本的界定。

1950年8月20日，政务院公布了《关于划分农村阶级成分的决定》，其中第八项提出了知识分子阶级成分划分的标准：

> 知识分子不应该看做一种阶级成分。知识分子的阶级出身，依其家庭成分决定，其本人的阶级成分，依本人取得主要生活来源的方法决定。

一切地主资产阶级出身的知识分子，在服从民主政府法令的条件下，应该充分使用他们为民主政府服务，同时教育他们克服其轻视劳动人民的错误思想。

知识分子在他们从事非剥削别人的工作，如当教员，当编辑员、当新闻记者、当事务员、当著作家、艺术家等的时候，是一种使用脑力的劳动者。此种脑力劳动者，应受到民主政府法律的保护。

政务院补充决定：

凡有专门技能或专门知识的知识分子，受雇于国家的、合作社的或私人的机关、企业、学校等，从事脑力劳动，取得高额工资以为生活之全部或主要来源的人，例如工程师、教授、专家等，称为高级职员，其阶级成分与一般职员同。但私人经济机关和企业中的资方代理人不得称为职员。

在当时的政治形势下，这个定位较为明确，知识分子是作为一个相对阶层存在于社会之中，其基本的工作职能也依据其专业进行相应的分工，后来由于政治的高度介入，知识分子的身份便加入了更多的政治因素。

2. 知识分子的知识变革

1950年以后，新政权所面临的重要问题是如何稳固政权，使民心同一，其中知识分子对新政权的认同是相当复杂的事情。

对于那些直接反对执政党的敌人，有强大的军事压力迫使他们投降，或者最终镇压，但是对知识分子则主要采取改造方式，让他们的政治思想立场转移到执政党方面来。

20世纪上半叶的社会环境形成了相当复杂的社会价值观念，各种不同的社会观念混合在一起，使中国知识分子依据的知识基础也相当复杂。

电影《武训传》便显示出这种思想基础的复杂性。新中国成立之初，以毛泽东为代表的政治意识形态展开了对电影《武训传》的批判（1950—1951年）。

电影《武训传》的编剧导演是孙瑜，该影片写清末山东堂邑县贫苦农民武训"行乞兴学"的故事。武训为了给穷人子弟有教育的机会，到处下跪乞讨，筹集资金办学校。该片1948年由中国制片厂开拍，其间中断，1949年年初由上海昆仑公司收购，重新拍摄。1950年年底公演。这个制作过程跨越两个不同时代的电影也正好承载了不同时代的思想文化观念，放映以后，一时间赞扬如潮。许多人认为武训的精神可嘉，武训的舍己精神是对旧时代的反叛。

可是毛泽东并不这样认为，他认为这种情形反映了思想文化界严重的思想混乱，于是，他参与修改、撰写了《应当重视电影〈武训传〉的讨论》的《人民日报》社论，对《武训传》所表现出来的思想展开了批判。①

在批判的后期，周扬撰写了总结性质的长篇文章《反人民、反历史的思想和反现实主义的艺术》。② 在这期间，还组织了武训历史调查团，到山东省武训出生和活动的地区进行调查，结果以《武训历史调查记》刊登于1950年8月23—28日《人民日报》。

这是毛泽东为《人民日报》写的社论的节录。

《武训传》所提出的问题带有根本的性质。像武训那样的人，处在清朝末年中国人民反对外国侵略者和反对国内的反动封建统治者的伟大斗争的时代，根本不去触动封建经济基础及其上层建筑的一根毫毛，反而狂热地宣传封建文化，并为了取得自己所没有的宣传封建文化的地位，就对反动的封建统治者竭尽奴颜婢膝的能事，这种丑恶的行为，难道是我们所应当歌颂的吗？向着人民群众歌颂这种丑恶的行为，甚至打出"为人民服务"的革命旗号来歌颂，甚

---

① 刊于1951年5月20日《人民日报》。
② 刊于1950年8月8日《人民日报》。

至用革命的农民斗争的失败作为反衬来歌颂，这难道是我们所能够容忍的吗？承认或者容忍这种歌颂，就是承认或者容忍污蔑农民革命斗争，污蔑中国历史，污蔑中国民族的反动宣传，就是把反动宣传认为正当的宣传。

电影《武训传》的出现，特别是对于武训和电影《武训传》的歌颂竟至如此之多，说明了我国文化界的思想混乱达到了何等的程度！

在许多作者看来，历史的发展不是以新事物代替旧事物，而是以种种努力去保持旧事物使它得免于死亡；不是以阶级斗争去推翻应当推翻的反动的封建统治者，而是像武训那样否定被压迫人民的阶级斗争，向反动的封建统治者投降。我们的作者们不去研究过去历史中压迫中国人民的敌人是些什么人，向这些敌人投降并为他们服务的人是否有值得称赞的地方。我们的作者们也不去研究自从一八四〇年鸦片战争以来的一百多年中，中国发生了一些什么向着旧的社会经济形态及其上层建筑（政治、文化等等）作斗争的新的社会经济形态，新的阶级力量，新的人物和新的思想，而去决定什么东西是应当称赞或歌颂的，什么东西是不应当称赞或歌颂的，什么东西是应当反对的。

特别值得注意的，是一些号称学得了马克思主义的共产党员。他们学得了社会发展史——历史唯物论，但是一遇到具体的历史事件，具体的历史人物（如像武训），具体的反历史的思想（如像电影《武训传》及其他关于武训的著作），就丧失了批判的能力，有些人则竟至向这种反动思想投降。资产阶级的反动思想侵入了战斗的共产党，这难道不是事实吗？一些共产党员自称已经学得的马克思主义，究竟跑到什么地方去了呢？

为了上述种种缘故，应当展开关于电影《武训传》及其他有关武训的著作和论文的讨论，求得彻底地澄清在这个问题上的混乱思想。①

---

① 毛泽东：《应当重视电影〈武训传〉的讨论》，《人民日报》1951年5月20日。

毛泽东是从反对旧思想，建立和维护新政权的思想知识的角度对影片进行批判。这种影片被认为不符合新政权知识建设的要求，其中对传统文化的奴颜婢膝是毛泽东所不能接受的，对被认为是落后的封建社会的文化知识，崇尚反叛和革命的毛泽东更不能容忍以卑躬屈膝的方式来面对它，而应该是以彻底决裂的革命的方式来对待。新政权的知识建设应该以思想方面的规范进行，要彻底地与旧的封建主义的知识决裂。

这是对知识建构方向的把握。作为新政权的领导者在文化知识的建设方面做出方向性的规定，这无可厚非。以政治的方式介入知识的建设，是新政权成立之初不得不做出的选择。这种规定确立了知识建构的政治方向，在后来的知识建设中起到了规定性的作用。

同样，对俞平伯《红楼梦研究》和胡适的批判（1954—1955年），也是对知识建设定位的斗争。

新政权必须主导未来的知识建设，其建设的基础必须按照新政权的意识形态进行，使之有利于巩固新政权所需要的思想文化。如果把这些文化事件放到当时的政治背景中就不难看到，执政党为了巩固政权，必须掌握知识建设的权力，必须由掌握马克思主义的知识分子作为主导，国家政治成为知识建设的主导也是必然的。有人以为这是对知识分子的改造，其实不然，更多的是知识建设权力的掌握。

对俞平伯及其关于《红楼梦》研究的批判，是对传统知识分子发出的信号，他们未必是知识建设的权威，新知识的建设必须由新政权掌握。

俞平伯是清末著名学者俞樾的孙子，得其祖父的熏陶，他在治学上也保持了传统的治学方式。同时俞平伯在"五四"时期接受了胡适的"新红学"的影响，以相当严密的考证方式论证了《红楼梦》是作者曹雪芹的自传。

1923年俞平伯出版的《红楼梦辨》，1952年他将这部著作进行修改，改名为《红楼梦研究》出版。该书仍然保留了原有的观点和

第四章 知识分子与知识的重组

方法,同时他还写了其他一些关于《红楼梦》评论的文章。

其时国家正号召知识分子统一到马列主义的理论中,用马列主义的观点进行学术研究,对传统学术进行马列主义的分析。

1954年俞平伯在《新建设》杂志上发表了一篇文章,认为《红楼梦》是作者自传。这篇文章在发表前曾交给主管宣传的胡乔木审批。胡乔木提了意见要求他重写,俞平伯没有修改便送给杂志发表了。显然,像俞平伯这样的传统知识分子还不愿意,也不会运用马列主义对传统文学进行研究。这种行为的严重性在于传统知识分子的立场和态度还没有变化,他们还未认同新政权的权威,还未被统一到新政权的意识形态范围中来。

此时,山东大学的两名学生,李希凡和蓝翎的一篇批驳俞平伯的文章在发表时屡受阻碍,最后发表于母校的刊物《文史哲》上。[①]

毛泽东知道这一情况后,立即给中央政治局成员写信。1954年10月16日,毛泽东写了《关于〈红楼梦〉研究问题的信》,并将《关于〈红楼梦简论〉及其他》和《评〈红楼梦〉研究》两篇文章一并附上,给中央政治局的主要领导以及文艺界的有关负责人传阅,提出要在文化领域掀起一场思想批判运动。

他首先抨击了对两名青年人的文章发表的阻挠,认为这是对马克思主义观点传播的阻挠。有人认为这是毛泽东叛逆性格使他支持了年轻人,其实不仅仅如此。毛泽东及其新政权当务之急就是要建立起适合于新政权的政治意识形态,包括在学术领域,而他所看到的是那些传统的知识权威阻碍了新意识形态的建设,成为绊脚石,这是不允许的。他立即对此进行反击,亲自撰文支持李希凡和蓝翎。他认为两个青年人的文章是"三十多年以来向所谓《红楼梦》研究权威作家的错误观点的第一次认真的开火"。毛泽东提出了要对政治、哲学、史学、教育学等领域进行批判,清除胡适等人的资

---

① 发表于1954年第9期。

产阶级权威观点，其目的就是要在意识形态领域清除障碍，以利建立新的意识形态。

这个新意识形态的基础就是马克思主义，更具体而言就是对毛泽东思想，对新政权的整体认同。关于《红楼梦》的评论只是一个契机，是突破口，关键是要对传统的知识权威进行整顿，让他们把立场和态度转移过来；同时通过批判向知识界以及全国人民传播马克思主义，建立新政权的思想权威。

此后，这样的学术、思想的政治化批判运动成为一次次知识建设的运动。

看样子，这个反对在古典文学领域毒害青年三十余年的胡适派资产阶级唯心论的斗争，也许可以开展起来了。事情是两个"小人物"做起来的，而"大人物"往往不注意，并往往加以拦阻，他们同资产阶级作家在唯心论方面讲统一战线，甘心作资产阶级的俘虏，这同影片《清宫秘史》和《武训传》放映时候的情形几乎是相同的。被人称为爱国主义影片而实际是卖国主义影片的《清宫秘史》，在全国放映之后，至今没有被批判。《武训传》虽然批判了，却至今没有引出教训，又出现了容忍俞平伯唯心论和阻拦"小人物"的很有生气的批判文章的奇怪事情，这是值得我们注意的。俞平伯这一类资产阶级知识分子，当然是应当对他们采取团结态度的，但应当批判他们的毒害青年的错误思想，不应当对他们投降。(一九五四年十月十六日。)①

李希凡和蓝翎的文章，在毛泽东的支持下，分别于 1954 年 10 月 10 日的《光明日报》和 1954 年 10 月 23 日的《人民日报》予以转载。《光明日报》编者按提道：

---

① 毛泽东《关于〈红楼梦〉研究问题的信》，当时未公开发表，1967 年 5 月 27 日，这封信公开发表于《人民日报》和《解放军报》。

目前，如何运用马克思主义科学去研究古典文学，这一极其重要的工作尚没有很好地进行，而且也急待展开。本文在试图从这方面提出一些问题和意见，是可供我们参考的。同时我们更希望能因此引起大家的注意和讨论。

此后大量的批判文章展开了对俞平伯及其研究的批判。在这场运动中，那些受过马克思主义教育的年轻知识分子有了用武之地，他们运用具有斗争性的马克思主义思想对"反动权威"进行批判，而且行之有效。

毛泽东支持向红学权威开火，就是以《红楼梦》问题为突破口，发动一场运动批判胡适资产阶级"唯心论"的影响。

胡适是"五四"时期现代知识建设的主要人物，在中国知识界享有很高的威望。他的学术思想主宰了1954年之前30年间的红学研究，在哲学、史学、文学、社会政治思想方面有广泛影响。但新中国需要在思想文化方面构建新的知识系统，需要发动学术思想的革命，以建立马克思主义在学术领域的指导地位，为此，对胡适的批判在全国展开。

1954年11月8日，郭沫若对《光明日报》记者谈话以及周扬《我们必须战斗》的文章，要求文化界、学术界投入"马克思列宁主义思想与资产阶级唯心论"的斗争中，批判胡适的思想。在这期间，报刊发表了大量的文章，1955年3月—1956年4月，生活·读书·新知三联书店出版了这次运动发表的论文集，《胡适思想批判》8辑，近二百万字。另外一些出版社也出版有类似的批判文集。

全国文联和中国作协主席团于1954年10月31日至1955年2月8日，召开了八次联席扩大会，就《红楼梦》研究中的"资产阶级唯心主义"和《文艺报》的错误展开批评讨论。中国科学院和中国作协召开联席会议，组织专题批判小组，撰写批判文章。在这样的形势下，那些在传统知识阵营中的知识分子不得不关注乃至学习马克思主义的思想和方法，用以置换原有的，被认为不符合新意识形态要求的思想意识。

在这期间还发生了胡风事件，这也是一次知识话语权确立的斗争。胡风曾经是文艺界左翼集团的重要人物，也曾经为新政权的胜利做出过贡献。1949年以后，他理所当然地认为新政权的文艺知识建构应该有他的意见，在当时，他也积极地提出了自己的意见。1954年3—7月，胡风写出了30万字的长文《关于解放以来的文艺实践情况的报告》（称"意见书"或"三十万言书"）。这份报告直接呈文到最高领导层。

然而，他关于文艺的意见与新中国所需要建设的知识体系不相吻合，而他却坚持自己的意见，这无疑对知识的统一建设有所妨碍。

胡风事件先以针对"小集团"的斗争展开，最后扩大为政治斗争。这是把文艺与政治联系在一起的典型个案，是文艺服从于政治的明确示范。它给文艺领域的政治标准定下了基本的调子，国家主义的政治批评成为中国文艺批评的基本形式。

对胡风集团的批判在1955年展开，毛泽东为《关于胡风反革命集团的材料》撰写了序言和大部分按语。

在新政权的知识建设发展中，毛泽东提出了核心的知识建构的主线，那就是必须以阶级斗争为纲组织新政权的知识系统。

1962年9月，毛泽东在中共八届十中全会上提出"千万不要忘记阶级斗争"。这是他力排众议推动的知识建构的纲领。

1963年开始，在哲学、史学、经济学、文学艺术等领域开展全面的批判运动。批判的主要对象有：杨献珍的"合二而一论"，翦伯赞的"让步政策论"，周谷城的"时代精神汇合论"，邵荃麟的"写'中间人物'论"，以及孙冶方在经济学、罗尔纲在历史学方面的观点，还涉及一批文艺作品。这些批判便是以阶级斗争作为逻辑起点，对那些反对或者调和阶级矛盾的观点和理论进行清理。新政权的知识必须以二元对立的方式来组织，而不是以合二而一，或者精神汇合，以及写中间人物等等一系列调和观点来组织。

20世纪中叶以后，认同主流身份成为知识分子人生选择的最重要的内容。

20世纪50年代，中国知识分子，尤其是人文知识分子的身份定位成了一个既复杂又简单的问题。它的复杂性在于各种原来不同身份、不同政治背景、不同意识形态以及不同心态的人，带着各自的眼光和目的走进了要求统一身份的世界，进行一次对他们的人生而言是相当复杂的身份置换和身份重组活动。原有的身份没有获得主流政治的承认，其中有些价值甚至与主流政治相对立。那种在权力斗争中要求统一的力量强制性地，而且有效地重铸了每一个人的人格和地位；而它的简单就是知识分子有了一道看上去相当明确的身份标准，那就是知识分子的阶级属性。在阶级权力所规定的领域中，他们自觉或不自觉地以阶级的属性来构建自己的身份。

这样的身份定位在大部分知识分子的实践过程中需要付出脱胎换骨的代价。正如杨绛的小说《洗澡》所描绘的那样，各种不同背景的人文知识分子都自觉或不自觉地向统一的身份系统靠拢。在不太长的时间里，许多人至少从表面上看都无条件地抛弃自己原有的身份依据，而皈依于一个由时代规定的身份标准。而对于少数不愿意或不自觉统一身份的知识分子，就会被列为异己分子排除出社会的运作体制。

对知识分子而言，这是一个相当有效的身份置换的年代，知识分子似乎省去了思考目标的环节，也省去了思考身份依据可靠性的过程。目标、理想及其身份置换的方法和操作都是规定的，他们的任务只在于接受和实践。在这样的环境熏陶和强化下，渐渐地，他们都虔诚地相信身份置换的必要性，并进入对自己原有身份的谴责和批判之中。他们甚至相信原有的身份是罪恶的。

张贤亮的小说《绿化树》和《男人的一半是女人》，所描写的就是这方面的内容。其中的男主人公已经自觉地承认自己的"罪恶"身份，并不停地忏悔，寻找解救的途径。强烈的原罪感构成了相当普遍的心态。的确，原有的身份已经难以在新的环境中存在，知识分子只有不断调整自己的角色，自觉地归属统一的现实政治要求的身份，才能存在下去。

第五章　现代知识建设的困惑

20世纪是中国知识变化极大的世纪，中国人用了一个世纪探索建设适应中国生存和发展的知识，其间的变化是跳跃式的，差异非常大。它几乎是从不同性质的知识系统跳跃到另一种知识系统，在尝试的过程中出现了种种不和谐的问题，甚至付出了灾难性的代价。在这样一个人口众多、幅员辽阔的大国建构一种能够具有统治性地位的知识系统是十分困难的，其所需要验证和实践的代价也是巨大的。

一　知识分子的定位及知识再造机制的建立

1976年"文化大革命"结束，中国在经历了十年高度统一的政治管理之后，开始出现了松动的迹象。实际上，这个时期人们除了厌倦"文化大革命"的政治气氛之外，也开始对"文化大革命"的知识产生了怀疑。这个曾经被认为是用颠扑不破的真理所构造的知识系统竟然受到怀疑，也表明了人们从自身的体会中感受到了这种知识的危机。

这种革命性的知识建构带来了极大的矛盾冲突，包括物质性的冲突和精神性的冲突，其冲突的核心就是不同利益集团的权力和资源的争夺。

一种知识如果能够使各个利益集团获得最大的利益协调，这种知识就将是有效的知识。

1. 知识分子，工人阶级的一部分

20世纪50年代以后，新政权试图运用马克思主义的社会主义和共产主义的知识重新整合经历了长期战争动乱的中国，使之成为一个全新的中国。这种在西方大工业社会背景下产生的社会主义理论被直接地移植到中国这样一个资本主义成分很少的国度，其实践的有效性是很难预见的。

马克思主义的知识是建立在资本主义高度发展的商品社会之中，而中国的乡村社会所占的比例达到了80%以上，这种社会结构能否有效地完成社会主义的理论实践，在中国将是一个艰难的探索课题。运用强大的国家机器进行推动和保障，这种知识实践的有效性才可能会出现。

在马克思主义的理论体系中，工人阶级是重要的阶级。19世纪，在资本主义的特定发展时期，马克思主义试图探讨社会发展的本质和规律。在当时的社会条件下，马克思主义认为资本主义社会只是社会发展中的一个历史阶段，这个历史阶段的主要力量是掌握在拥有社会经济资本的资产阶级手中，但是这个阶级及其社会运作，也就是商品社会的运作充满了各种矛盾，并最终会走向衰落和灭亡。

在资本主义的背景下，马克思和恩格斯发现了一个新兴阶级在兴起，那就是工人阶级。在经过一番考察和论证之后，马克思主义认为，工人阶级，即无产阶级可以取代资产阶级成为未来社会的主人，是他们最终推动社会进入共产主义。因此，马克思主义对工人阶级寄予厚望，并把社会的未来变革寄托在工人阶级身上。在马克思主义的理论中，以工人阶级为代表的无产阶级将成为走向未来社会的中坚力量。

无产阶级革命的目的，就是消灭无产阶级，使之成为有产阶级，也就是全民都拥有社会的资产，成为社会中的有产成员。

马克思主义传播到中国，得到了一部分知识分子的接受和传播。这些知识分子也试图以马克思主义改造中国，重新整合中国社会。马克思主义的知识迅速地在中国传播。但是，由于马克思主义所设计的社会是建立在传统社会的对立面上，因此，它在中国也必然地受到非常激烈的反对。

马克思主义不是在中国的土壤上生长出来的理论知识，它是作为一种理想性的知识进入中国，因此，这种在西方还没有经过实践论证的理论在中国试行的时候遭遇到种种意想不到的问题。

其实，在西方也有多种社会主义理论流行，20世纪初，当时引进中国的社会主义理论也有很多种，包括曾经流行一时的无政府主义，但是，马克思主义的理想主义成分吸引中国知识分子的关注，其中的共产主义的理想蓝图也与中国传统社会的求大同的理想相吻合，这就使得中国一部分知识分子对其产生了巨大的共鸣。这也许不是巧合，而是历史选择的必然性。20世纪，这种理想主义的信念和信仰曾经极大地感动过年轻的中国知识分子，并促使他们为实现这个目标奋斗和献身。

这种巨大的热情从知识分子群体辐射出去，覆盖和感染了社会的其他阶层，尤其是感染了广大的乡村农民，他们迅速地组织起来，投入共产主义的建设实践之中。

20世纪50年代被动员起来的中国农民对共产主义实践的热情高涨。这是亢奋的时期，全国民众都沉浸在自己所设计出来的理想世界之中，直到两年以后随之而来的严重的饥荒才把这种热情淹没下去。

中国的红色知识分子对马克思主义非常热衷，但它需要寻找到知识分子在这个理论体系中的合理地位，红色知识分子参照工人阶级的主体性设定了知识分子的地位。革命的、红色的知识分子成为组织工人阶级的核心成员，大部分知识分子则是工人阶级的一部分。他们必须为以工人阶级为主体的事业进行工作，使这个理想得以实现。同时知识分子也成为这个阶级的部分力量，成为工人阶级的一部分，为完成这一理想事业做出自己的贡献。

20世纪80年代以后，中国知识分子仍然不断寻找自己的位置，西方科技文化的引进使中国知识分子的地位日益提升，并且逐渐获得了部分知识生产的权力。

2. 高考启动，知识生产机制的再造

1977年，高等学校重新启动考试入学的制度，试图以此提高大学的质量。这个曾经中断了十年的招生方式在中国引起了很大震动。中国青年在经历了十年的"文化大革命"运动以后，重新有机会以高考招生的方式进入大学。对大量的社会青年而言，这是一种人生的出路，更重要的是社会的价值导向发生了变化。

"文化大革命"期间，红色政治对学院知识进行反对和破坏，在当时，大凡学院的知识都被定性为资产阶级知识或者反动知识，被进行非常激烈的政治性批判。大部分学院知识被排除在红色政治知识之外，学院的知识被置换为以毛泽东思想为主体的知识。

在红色知识分子所制造的知识系统中，学院知识分子的知识及地位是不高的。高考的重新启动意味着对"文化大革命"知识系统的重新认识。尽管在"文化大革命"期间尝试了大学的多种办学形式，但是还很难将之纳入正规大学的教学体系之中。原有的大学教学体制在人们的认识中仍然被认为是主要的知识系统。

大学的恢复考试招生不仅仅意味着在教育形式上的并轨，更重要的在于对知识地位的承认，对知识分子身份的承认。"文化大革命"对文化知识的改造被认为是失败的，重新恢复高考制度使人们重新回到原有的知识教育体系中。

高等学校的进一步的发展，学校的教育内容以及知识构成发生改变，它从传统的知识教育逐渐地走向具有现代意义的知识教育。教育理念出现了与世界接轨的态势，并在全球化发展的推动中出现了变化，形成了规模化和全球化的知识体系。现代知识的生产和发展具有了更为深厚的背景。

二　红色光环下的知识焦虑

对"文化大革命"的反思首先是从"文化大革命"的知识开

始的。那种以红色外壳包装起来的知识受到了人们的怀疑。"文化大革命"是以批判和推翻原有的文化知识为目的，它在无形中架空了文化建构的基础，使自身的知识成为空洞单一的架构。它的虚拟性在现实生活中遭到了怀疑。

对"文化大革命"知识的怀疑和焦虑迅速蔓延，成为这个时期中国民众的普遍心理。这种怀疑首先在文学中显露出来，并因此引起了巨大的共鸣。

对于刚刚经历过"文化大革命"的大多数人来说，他们所具备的知识还不足以对"文化大革命"进行理论上的反思，他们主要还是在切身的感受和体验中表达自己的思考，并运用在此期间储备起来的革命理想主义知识对"文化大革命"的极端知识进行批判。

1.《班主任》的忧虑

这个时期对前景的焦虑主要体现在对刚刚过去的历史的怀疑否定上，文学作品相当敏感地提出了这一问题，也表达了这样的焦虑感受。这是"文化大革命"之后必然出现的感受。知识分子也只能在当时的思想水平上进行批判。

刘心武的小说《班主任》在这个时期出现，确实代表了一些知识分子对当时中国的知识状态产生的忧虑以及评价水平。这是一篇对青少年的知识结构以及精神形态进行探讨的作品。

这篇小说有两类人物，一类是小流氓宋宝琦，其对人类文明的知识几乎是空白的；另一类是单纯的女学生谢惠敏，她的知识是被"文化大革命"的政治力量扭曲的。对谢惠敏的知识状态，作者表现得更为忧心。

"这本《牛虻》可不能说成是黄书……"

谢惠敏的两撇眉毛险些飞出脑门，她瞪圆了双眼望着张老师，激烈地质问说："怎么？不是黄书？！这号书不是黄书什么是黄书！"在谢惠敏的心目中，早已形成一种铁的逻辑，那就是凡不是书店出售的、图书馆外借的书，全是黑书、黄书。这实在也不能怪她。她开始接触图书的这些年,恰好是"四人帮"搞法西斯文化专制主义最凶的几年。可爱而又可怜的谢惠敏啊,她单纯地崇信一切用铅字新排印出来的东西,而在"四人帮"控制舆论工具的那几年里,她用虔诚的态度拜读的报纸刊物上,充塞着多少他们的"帮文",喷溅出了多少戕害青少年的毒汁啊!倘若在谢惠敏最亲近的人当中,有人及时向她点明:张春桥、姚文元那两篇号称"阐述无产阶级专政理论"的"重要文章"大可怀疑,而"梁效"、"唐晓文"之类的大块文章也绝非马列主义的"权威论著"……那该有多好啊!但是,由于种种主观和客观上的原因,没有人向她点明这一点。她的父母经常嘱咐谢惠敏及其弟妹,要听毛主席的话,要认真听广播、看报纸;要求他们遵守纪律、尊重老师;要求他们好好学功课……谢惠敏从这样的家庭教育中受益不浅,具备了强烈的无产阶级感情、劳动者后代的气质。①

知识的贫乏和扭曲是这一代知识分子最为焦虑的。他们感受到了一代人在经历过特殊的政治时期所产生出来的知识的恐慌。这种知识已经不足以支撑现实社会的发展,可是他们茫然不知,还认为自己的知识是最为正确的知识,并以此否定其他知识,排斥其他知识。这种状况导致了民族文化素质急剧地下降。他们在知识方面所表现出来的匮乏无知使民族的前景堪忧。

"文化大革命"时期,中国社会的知识被高度强大的政治压力压缩成单一的知识形态,而这种知识很难应对即将到来的社会变化,即便是基本的生存也难以适应,因此,它受到了一些知识分子的怀疑。这是对知识反思的开端,即便其反思的角度仍然是极端政治化的,却也表现了当时知识分子对知识的认识水平。

2. 青年知识分子的朦胧质疑

"文化大革命"刚刚过去,人们曾经为之激动和献身的信仰和

---

① 《人民文学》1977年第11期。

信念突然崩溃,而新的信仰和信念并没有建立起来,许多人,尤其是一些年轻的知识分子陷入了茫然的状态之中。他们在青少年时代被灌输过高度统一的政治信念,但是,这种信念还没有获得巩固就面临了瓦解的状态。因此,他们更多的是带着怀疑的眼光面对虚构出来的信念和信仰。这还是一种朦胧的怀疑,找不到怀疑的根源,也没有明确的答案,甚至这种怀疑还不能够以非常明确的语言直接表达,他们通过诗歌以曲折的方式表达了朦胧与惶惑的心情。这种朦胧的表达又很符合诗歌所具有的隐喻和象征的手段。人们可以通过朦胧的表达领悟其中的含义,并引起相关的感受和共鸣,这是当时的朦胧诗得以流行的条件。

朦胧诗最大的功能就在于它以朦胧的怀疑覆盖了红色政治知识的眩目而神圣的光环,使人们通过朦胧的薄雾张开眼睛观看其中的内情。

当时许多知识青年普遍怀有一种模糊而又强烈的情绪:不解、怀疑、愤怒、无奈、对抗等交织在一起,被抛弃的失落感以及对幻灭了的理想的沮丧和坚执,成了这一代人的主导情绪和情感基调。

当他们意识到自己少年时代的天真和单纯受到欺骗之后,不免有些失落和迷惘,由此,他们产生了悖逆的情绪乃至朦胧的思考。

他们怀疑自己和周围的一切:"告诉你吧,世界,/我—不—相—信!"(北岛《回答》)"一切都是命运/一切都是烟云"(北岛《一切》)这就是一代人在特定时期所产生的情绪。

他们在迷惘中寻求:"黑夜给了我黑色的眼睛/我却用它来寻求光明"(顾城《一代人》)。顾城笔下的形象是这一代青年的象征。在他们丰富而又复杂矛盾的内心世界中,既有置身于那个时代的惊悸、恐怖、苦闷、激愤,又有心灵的痛苦、迷茫、空虚、失落,也有在反思过程中所孕育的希望和理想。他们怀着这种情绪走近诗歌,与西方现代派艺术达成了某种程度的契合。他们大量采用象征、隐喻、反讽、变形、通感、暗示等艺术手法,使之呈现出隐约朦胧、含混的诗意氛围。

> 天是灰色的/路是灰色的/楼是灰色的/雨是灰色的/在一片死灰中/走过两个孩子/一个鲜红/一个淡绿。（顾城：《感觉》）

他们所看到的一切都是灰色的，没有明确的形态，包括历史、现实以及未来。灰色的意象构成了一代人朦胧的精神状态，这是轰轰烈烈的"文化大革命"运动的后遗症。

革命过后，轰轰烈烈的色彩逐渐地散去，他们发现这个曾经为之献身、为之狂热的时代呈现为虚无的状态。没有实体，没有人生的寄托点，年轻一代的知识者失去了思考的依托，也失去了思考的支点，他们只能以朦胧的眼光看待周围的一切，而这些给他们呈现出来的是一片片的虚幻感。

外界是朦胧的，内心也是朦胧的，原有的知识突然间失效，他们无法面对真实呈现在自己面前的世界，这个现实与他们的精神世界不吻合，尤其是面对人生，面对人性的时候，自己的精神和行为在人性的考量下现出了偏颇。这一代人处在茫然的状态，只能在茫然中寻找。

> 如果大地的每个角落都充满了光明/谁还需要星星，谁还会/在夜里凝望，寻找遥远的安慰。（江河：《星星变奏曲》）

这是对现实的质疑，是对历史的质疑，更是对未来的茫然和质疑，顺着这一条轨道走下去，它们将不知所终。这种质疑正是一代人的精神状态。寻找与探求，成为这一代年轻人的精神指向。

3. 矛盾的选择

经过红色革命的洗礼之后，一些曾经在运动中受到流放的知识分子在他们的小说中表现出了茫然和矛盾。如刘宾雁、张贤亮以及王蒙等人。

这些人在 20 世纪 50 年代曾经接受过红色知识的洗礼，并且成为红色信念的坚定支持者。他们的知识结构是在 20 世纪 40—50 年

第五章 现代知识建设的困惑

代形成，对红色信念具有虔诚的忠心，而且也做出为了信仰而献身的姿态。可是，在50年代，他们以文学作品表达对社会和信念的某种理解的时候，却遭到了主流意识形态的批判，并且将之转入另类。这对他们的打击很大，但是，他们又认为自己是忠诚的，而且是绝对的忠诚。他们委屈地认为自己的忠诚没有被领导阶层所接受，他们对社会的不满，他们所提出的意见无非就是要让社会变得更美好，要让领导层改变他们的作风，使社会更加完善。在他们受到批判的时候，他们感觉到了委屈，也感觉到了忠诚不被接受的失落和伤感。

这些知识分子有自己的特殊经历，对社会有一定的敏感性，也有一定的思考，因此他们在"文化大革命"之后复出便拥有独特的眼光，对社会有更多的关注和思考。他们从自己的人生经历反思社会。在20年间，他们所遭遇的规训是非常严格的，也因此形成了特定的性格以及知识模式。他们在忏悔，也在不断地学习马克思主义以重新认识自己，发现自己与中国政治要求的差距。他们把这个过程称为不断的自我改造，从肉体到灵魂做出最彻底的改造，这是深入骨髓的改造。张贤亮的小说《灵与肉》《男人的一半是女人》《绿化树》非常细致地描写了这种改造的过程。他们处在饥饿与性需求缺失的磨难之中，在人性的边缘上产生了灵与肉的激烈的冲突，也因此获得了自认为是大彻大悟的启示。

与此同时，一厢情愿的忏悔成为反思的情绪。20世纪80年代初，王蒙的若干小说描写了高级干部的忏悔。例如小说《蝴蝶》等。

这类小说的结构模式是，在战争时期曾经得到当地民众支持，甚至受伤时身上还流有老百姓的血的革命者，在1949年以后成为政权的高官，却忘记了曾经为之付出沉重代价的老百姓。在"文化大革命"中，这位高官受到了冲击，"文化大革命"过后，这位高官得到了解放，回到自己曾经战斗过的地方，看到当地的老百姓仍然过着食不果腹、衣不蔽体的生活，心里感到不安，感到了内疚，由此而忏悔，反省自己20年的思想行为。

小说一厢情愿地认为，经历过"文化大革命"以后，有一部分官员会反省自己身居高位以后脱离人民群众，没有一心一意为人民服务，做了许多对不起人民的事情，导致中国仍然处在贫困之中。当年曾经鼎力支持革命而付出沉重代价的中国农民，生活没有得到改善，仍然处在水深火热之中，因此，这些老干部值得忏悔。

这种类型的小说并没有得到太多的呼应，因为从生活经验上说，很少有人有过这样的经历，即使是作者本身，也没有这样的生活基础，他只是通过政治化的想象认为那些掌权的官员应该在"文化大革命"的劫难后好好反省自己，应该有所内疚。这是知识分子的一厢情愿的想象。

而这个时候，民众更愿意在切身的生活经验中倾诉自己的痛苦，此时的创作者绝大多数是在民间表达自己的感受。按照当时的创作形势，这些作者还或多或少地将自己的切身感受与国家所遭受的苦难联系在一起。国家的灾难导致了个人的灾难，个人的灾难也显示了国家的灾难。个人与国家融为一体，他们只能通过个人的悲惨遭遇来表达对"文化大革命"政治的不满。在这点上起到了以个别瓦解整体的作用。这种瓦解是相当有效的，它使读者不得不从个别的遭遇中反思整个国家的问题，由此而对他们曾经顶礼膜拜的政治信念提出质疑。

如果说"文化大革命"以后不久的文学作品在艺术上还不尽如人意，但它在内容和情感方面却能够深深地打动当时的人们，绝大多数人都在这个时期经历了相同的生活，遭遇了相同的命运，因此引起了极大的共鸣。这个共鸣的范围和程度是空前的，所以在当时很容易引起轰动效应。轰动效应的大小实际上就是文学作品所表现的思想内容能够在多大的人群范围引起共鸣。

谌容的中篇小说《人到中年》[①] 在当时的知识分子中引起了巨

[①] 载《收获》1980年第1期。

第五章　现代知识建设的困惑

大的共鸣。这篇小说所表达的情绪就是人到中年的悲哀。小说所提供给人们的思考是历史性的。经历过"文化大革命"的一代知识分子，在人到中年以后却发现自己的人生出现了种种问题，由此而感到了无可奈何的悲哀。

中年眼科医生陆文婷因超负荷运转而突发心肌梗塞，与此同时，陆文婷的同学姜亚芬离国出走。40多岁的陆文婷60年代从大学毕业后，分配到医院当住院医生，后与从事冶金研究的傅家杰结婚，育有一儿一女。小说展示了繁忙的家务、狭小的居住空间、紧张的工作和生活节奏对陆文婷的重压。但是，不管多么疲劳困难，只要面对病人的眼睛，陆文婷就忘记了一切。一天上午，她一连为焦副部长、张老汉、王小嫚做了三场手术，终于因为疲劳而病倒。在时而昏迷、时而清醒的过程中，各种幻想的朦胧的记忆从陆文婷的意识深处闪现出来：与母亲相依为命的孤苦童年，单调而忙碌的大学生活，甜蜜的爱情，丈夫和孩子，朋友姜亚芬的出国晚宴，焦副部长夫人，这个"马列主义老太太"秦波的令人难堪的不信任的目光。经过一个月的治疗，她终于从死神那里逃脱，在丈夫的搀扶下走出了医院。

小说展示了中国知识分子在50年代以后的命运历程。这些知识分子曾经以崇高的激情投入国家的建设中，但是，在30年的时间里，他们所投入的激情并没有得到相应的回报，甚至受到了来自国家名义的不信任以及种种压力，使得他们的人格不断地扭曲。

在这其中，最让他们感到难以忍受的是，他们的虔诚以及忠诚一直受到怀疑，他们的身份也没有得到认同，他们总是以政治异己分子的身份生活，得不到信任，也得不到应有的待遇。

在小说中，那个具有象征意义的"马列主义老太太"在不得不使用他们的技术的时候，仍然在不断地怀疑他们的政治立场，把它们作为政治异己分子不断地教训。

这些知识分子的生活是清苦的，男主人公身上有破洞的汗衫成为他们生活清苦的符号，这个符号在后来的电影改编中被以大特写

159

的镜头强烈地凸显出来。

这是关于中国知识分子人生历程的表达。中国知识分子在30年的时间里一直没有找到自己的身份位置，他们归属在工人阶级的光环之下，成为灰色的群体。他们必须不断地改造，改造世界观，改造思想中的"资产阶级"的罪恶思想。他们永远需要改造，他们所拥有的专门知识只能证明他们永远是必须被改造的对象。

尽管他们拥有专门的知识，但是，这并不能够成为独立的标志，因为这些知识往往都是从所谓的资产阶级那里接受过来的。即便是作为医生这样一种技术性较强的知识者也不可避免地成为被改造的对象。在1968年前后，大量的城市医生被下放到农村，到边远山区，成为重要的改造对象。

4. 知识的反思与寻根

知识界对"文化大革命"的反思逐渐延伸，他们把反思的触角往前推进了17年，1950—1966年的17年间。这种推论认为，"文化大革命"运动是因为有了这些年的政治铺垫才发生的。中国民众是在17年的发展中形成了盲目崇拜的心理。之后，他们又把这种政治原因推进到中国传统文化中，认为"文化大革命"是中国传统文化发展的必然产物，中国传统文化是"文化大革命"发生的根本原因，因此要深挖文化根源。这种反思的意义在于对中国传统知识所构成的社会系统进行了批判性的思考。

中国知识分子反思历史的目的就是对"文化大革命"发生的原因进行考察。"文化大革命"以反对传统文化为号召，但它的精神与中国传统的精神却极为相似。这两个知识系统的内在联系如此紧密，在特定的社会历史时期显示出极大的相似性。在它宣称与传统文化决裂的时候，尽管表面的符号不一样，但其内在的实质却是相似的。

这种对传统文化的反思被称为文化寻根。这有点像20世纪初关于中国文化的反思，把中国文化的衰败归结为中国文化的劣根性。寻根的思潮主要是在文学作品中表现出来。在当时的作品中，

第五章 现代知识建设的困惑

出现了一系列对中国传统文化进行思考的形象，尽管这些形象并不能够完全代表中国文化的根，但是它能够在一定程度上启发人们重视这方面的问题。

1987年，中国部分知识分子开始热衷于西方政制的介绍，尤其对西方三权制衡的政治制度情有独钟。此时的报刊和出版界陆续发表和出版了介绍和讨论西方政制的论著，并在中青年知识分子中引起反响。这无疑是对现行政治制度的质疑和挑战。

这个时期，一方面是对社会历史，对"文化大革命"进行反思，另一方面，由"文化大革命"所形成的文化形态以及知识话语仍然延续。红色批评话语的余风在此后数十年仍然可以找到影子。

每一个时代都有适合于这个时代需求的批评者，他们除了按照时代的要求进行批评，还推动了这个时代的知识形成。他们的批评不可能脱离他们的知识形态。

20世纪80年代，尽管中国提出了改革开放的政策，但是，大多数批评者长期形成的知识基础并没有改变，他们仍然用原有的理论知识对待文艺，对待社会，以思想捍卫者的姿态对几乎所有超越此规范的思想行为进行批判。80年代出现的文艺和文化领域的理论斗争则显得频繁和激烈。1982年"清除资产阶级精神污染"，1987年的"反对资产阶级自由化"以及1989年之后的反对"和平演变"的斗争，便是这种思想冲突的表现。

开放带来的直接后果是人们渐渐地接受了外来的思想观念，也增加了对现实问题的思考。原有的思想受到质疑，尽管举步维艰，但思想意识的开放已经成为趋势。越来越多的文艺现象让批评者应接不暇。

知识形态出现了分化，不同的知识发生了冲撞。这是中国知识在历史转化过程中必然出现的冲突，尤其是在高度政治化的国度里，不同的知识价值更显出了它的对立性，而且不同的知识也在抢占自己的话语权，这种冲突也就在所难免。

三 外来知识的介入

20世纪50年代到70年代，能够进入中国的西方思想文化是马克思主义，那些被称之为资本主义和资产阶级的思想文化受到严厉的抵制和批判。

1980年以后，中国的对外政策有所松动，西方文化也随之进入中国，并且显示出越来越强的趋势。

西方文化的进入打破了中国在30年间建构起来的相当稳固的政治防线，使它的知识结构发生了变化。外来的知识元素在原有的政治社会中不断地渗透，寻找自己存在的位置，并不断地解构中国原有的知识结构以及知识生产方式。不同形式的知识，从概念到思维方式让中国知识界感到惊讶。在此之前的政治知识所规定的目标非常明确，就是要有明确的政治目标及思想理论，任何超出这个目标的知识都被认为是反动的或修正主义的思想而受到批判。中国的知识建构必须围绕着严格的政治思想进行。这样的知识建构是将所要分析的对象分为两个对立的方面，对其矛盾关系进行分析，以形成关于阶级斗争的学说。

1. 流行文艺，世俗化的知识渗透

20世纪80年代，商业主义在中国大陆复苏，文艺作品也开始以商品的方式在市场上流行。大量的港台流行歌曲的录音磁带占领了中国大陆的文化市场，并呈现出巨大的消费势头。

80年代初期，港台流行歌曲在大陆风行，开始还遭到了大陆理论界的阻击。这些被判为资产阶级的靡靡之音在中国大陆已经绝迹了20余年。20余年严防死守，滴水不漏，而港台流行歌曲开始风靡全国，使听惯了"东风吹，战鼓擂，现在世界上到底谁怕谁"的火药味极浓烈的听觉，突然被卿卿我我、你情我爱的婉转歌声吸引住了。从耳朵开始"变质"，这的确让国家意识形态始料不及。

同时，港台电影、电视剧也在中国大陆流行，并吸引了观众。各种言情、武侠、财经小说进入民众的阅读范围。金庸的武侠小说

更是成为读者津津乐道的读物。这些小说的思想内容逐渐地解构了红色意识形态的知识，中国民众从高度政治化的生活回到日常的世俗生活，世俗的生活知识逐渐占据了主要的地位。民众的衣食住行的方式和观念发生了变化。

流行的文化知识像流水一样不断地渗透到红色知识体系之中，消解了原有知识的神圣光环，这是对红色知识的有效解构。在通俗文化的侵蚀下，以红色水泥建立起来的知识城池逐渐瓦解。这是一种软性的知识变化的场景，世俗的知识与民众的日常生活密切相关，也因此难以阻挡其进入民众的生活之中。

2. 现代主义知识的登陆

80年代初期，现代主义思潮重新进入中国，在中国知识界掀起了接受现代主义的浪潮。特别是面临迷惘的年轻一代知识分子，现代主义不失为一种新的精神食粮，现代主义的进入也使他们有了摆脱原有知识框架的重要参照。

现代主义是20世纪上半期欧美诸多具有反传统特征的文艺流派的总称。西方现代主义文学思潮中的文学观念、表现技巧、艺术形式对经历过"文化大革命"而陷入苦闷、彷徨、反思、困惑乃至绝望的年轻一代有极大的冲击力。

现代主义文学思潮主要包括：象征主义、意象派、表现主义、意识流、超现实、存在主义、荒诞派、新小说派、黑色幽默、魔幻现实、未来主义、达达主义、垮掉一代等等。

其中的意识流对中国文学的影响很大。意识流小说是20世纪20年代兴起于西方，以表现人的意识流动、展示迷离的心灵世界为主的小说。它认为文学应表现人物的意识流动，尤其是表现潜意识的活动。它以象征暗示、内心独白、自由联想等意识流的创作方法为主要特征。

它常打破时空限制，跳跃性大，以心理活动组织结构，淡化情节，语言变异，与传统小说注重典型，全知全能的写作原则有很大差别。意识流小说直接展示心理的原生态，注重表现人物的意识活动本身。其代表作品有爱尔兰乔伊斯的《都柏林人》，英国沃尔夫的《墙上的斑点》《到灯塔去》，法国普鲁斯特的《追忆似水年华》，美国福克纳《喧哗与骚动》等。

这类小说在 80 年代翻译到中国，并在年轻一代知识分子中引起了关注。中国当代作家也以此为样板进行模仿，对"文化大革命"时期的精神进行表达，展示了当时迷茫的思想意识。

超现实主义的引进也被认为是对当时中国现实主义创作原则的反叛。

超现实主义在 20 世纪 20 年代兴起于法国，由达达主义发展而来。他们认为文学不是再现现实，而是要表现"超现实"，即由梦幻与现实转化成的绝对现实，是现实与非现实两种要素的统一物。他们主张写人的潜意识、梦境，写事物的巧合，并提出"自动写作法"作为表现上述内容的创作方法。

存在主义对中国年轻知识分子影响很大，它尤其让当时正处于彷徨中的年轻知识分子感受到了自我认识的重要性。

存在主义滥觞于 20 世纪 30 年代的法国，"第二次世界大战"后达到发展的顶峰。它是现代主义中影响很大的思想潮流。它对人的存在本质和方式进行了探讨，认为人生是痛苦和荒谬的，可以通过自由选择寻找生存之路。它所表达的世界荒谬感和人生痛苦感使正处在苦闷、孤独、失望、恐惧的思想情绪的一代年轻人产生了巨大的共鸣。

兴起于法国，迅速风靡于欧美国家的荒诞戏剧流派也对当时的中国产生了影响，特别是对当时中国荒诞的语境具有非常相似的参照性。荒诞派认为世界是荒谬的，人生是毫无意义，荒诞不经的。在艺术上它打破传统的戏剧结构，用不合逻辑的情节、性格破碎的人物、前言不搭后语的语言凸显世界荒诞。法国尤奈斯库是荒诞派戏剧的奠基人，其独幕话剧《秃头歌女》标志着荒诞派戏剧的诞生。

这种荒诞感迅速在中国蔓延开来，这个时期反思"文化大革命"，便感觉到它的荒诞。"文化大革命"在现实中失去了它的真实存在的意义，人们在这里感受到的是荒诞。它所提供的信念显出了极大的荒诞性，它的行为方式也显出了荒诞性。中国民众在"文化大革命"期间的行为举止都显示出了极端的荒诞性。这是极端荒诞的年代，人们通过最直接的比较来感受"文化大革命"对人性的扭曲，对人的思想感情塑造的极端性。人们根本不用去虚构荒诞，可以在现实中感受荒诞，体验荒诞，参与荒诞。这种荒诞感对中国民众的冲击是非常强烈的。

现代主义之所以吸引了一大批年轻知识分子，主要在于它对个人主义的凸显。它以个人本体的艺术创造为前提，肯定个人认知世界的权利和表述世界的权利，与传统严格规定的创作原则相比较，是一个巨大的反差。

传统知识的原则规定，每个人对世界的认知和表达都必须按照统一的规则及其话语进行，不能够超出被集体统一规范的政治原则。每一个人都被强调必须改造世界观，将认知世界和表达世界的立场转移到规定的政治立场上。

这种高度统一的政治曾经有效地管理了社会许多年。高度统一的社会领域将个人的权利淹没在集体主义的海洋之中，而实际上，它却突出了少数个人的权力意志。这种权力意志被极端地神圣化，具有至高无上的地位，直接地垄断了社会每一个人的精神。

"文化大革命"刚刚过去，人们的个人的权利意识开始复苏，尤其是年轻一代，他们试图摆脱原有知识框架的束缚，现代主义的进入，恰好给他们提供了重要的知识资源和参照立场。

现代主义表现在哲学和文艺方面，就是强调了个人拥有对世界表达的权力。个人可以按照自己对世界的感受和理解表达世界。它可以是感性的，也可以是理性的。根据个人的需要，每个人对世界的认知是千差万别的，因此，他们所表达和描述的世界也应该是丰富多彩的。关键在于，他们应该拥有表达自己感受的权利。这种被批判为唯心主义的思潮在中国的政治意识形态领域显得相当突出。

然而，在现代主义的创作中，确实有许多文艺作品显示了高超的表现力，也显示了各种不同的创作理念。

这是一种弘扬人本主义的知识领域，人被放到了主体的位置，个人拥有了更高的地位和权利。

与此相关的是，在中国文艺领域出现了讨论人的主体性的命题。对人的主体性的强调成为这个时期拓展个人权利以及文艺创作权利的重要指向。与之相配套的是创作自由问题的讨论。这种探索性的讨论在中国大陆迅速地引起了知识界的共鸣，并且得到了极大的扩展。

在现代主义引进的过程中，传统现实主义的创作原则受到冲击。艺术创作并不意味着真实地还原世界，文艺是一种感性的形式，它也可以表达个人所感受到的和所理解的世界。这个世界在每个人的眼光中都会出现具有个性的甚至奇异性的结果，它未必按照固定的模式出现，它容许个人拥有感受世界的权利。

显然，这样的结果在当时的知识生产框架中是不容许出现的，可是，它却在现代主义的浪潮中大量地出现，这无疑是对当时高度统一的知识生产权威和制度的挑战，因此一度在社会政治领域引起了震动。尽管各种批判浪潮随之而至，但是，却不能阻挡现代主义思潮及其实践在年轻知识分子中的迅速蔓延。

这个时期大量的中国文学作品不断地模仿来自西方现代主义的文学作品，这些作品由于融进了中国现实的和历史的社会生活，并且运用现代主义的手段变异地表现出来，也因此达到了一定的艺术效果。其更大的意义还在于，它突破了传统现实主义的知识生产框架，而进入以个人感觉和认知为主体的艺术创作之中。

批评界曾经试图用先锋或者实验的概念对这种知识生产方式进行概括，并从中总结出若干生产的特点。这种以个人感觉为基础的知识生产方式也由于其极端的个人化，在经历了一段时期人们好奇的关注以后，很快地消失了。

在这之后，个人化的创作逐渐地获得了其合理性和合法性的地位。在文艺领域，人们寻找感觉，并把某些奇异的感受称为艺术才华。在奇异的想象力方面，创作者有了更为广阔的想象空间，他们可以不被现实束缚，也不被已成定论的社会历史观念所束缚，文艺成为拓展新的知识领域的工具，而在现代知识生产的历史上留下了印记。

3. 心理学及弗洛伊德的知识扩展

与此同时，心理学的进入和在中国的迅速兴起，也对原有的知识框架产生了冲击，并一度形成社会知识的兴奋点。

心理学曾经被视为唯心主义的知识领域。唯心主义的直接诉诸对象就是精神主体，它试图在精神领域寻求关于世界的知识。而人的精神的不确定性往往使这个领域的探讨陷入难以确定的状态，因此，这种不能确定的精神对象也很容易被认为是虚幻的，不切实际的，将之作为世界存在的依据，很容易被认为是荒谬的。

唯物主义认为物质是世界存在的基础，是决定精神存在的物质性条件，任何关于精神的知识都不能脱离这个条件，因此，任何过多地探讨精神领域问题的学科都有可能被划归到唯心主义的领域，受到严厉的批判。

在20世纪中期以后的中国，这种对世界进行二元划分的方式成为主要的理论方式。唯心主义被作为政治意识形态的对立面受到严厉的批判。心理学学科也因此在中国消失。

20世纪80年代初期心理学被引进中国，引起了思想界的关注。其中文艺心理学、审美心理学被介绍到中国，西方文艺心理学的各种流派的研究对象和所依据的理论视角使中国知识界大开眼界。其研究对象就是曾经被批判的唯心主义对象。它直指人的心理，对人的精神领域进行不同层次的分析，包括了哲学心理学以及技术心理学层面的分析探讨，这些都对中国知识界产生了影响。

中国人得以重新发现和挖掘人的精神领域，并对这个领域有新的认识，与心理学的进入和复兴有很大关系。这是直接在精神领域进行知识生产的重要环节。在此之前，官方意识形态强调要以唯物主义的方式进行知识的建设，任何被认为是唯心主义的思想方式都受到严厉的批判，那些与心灵相关的活动都被认为是唯心主义的。思想被认为是现实的反映，在认识领域的反映论被作为人类认知世界的唯一方式而受到过度的保护。

心理学这种与精神密切相关的学科发展受到制约，进入20世纪80年代，有关意识形态的管理略有松动，文艺心理学的进入相当有效地打破了知识领域的控制。

较早引进的关于艺术心理学是来自西方各种心理学流派的思想和方法。包括格式塔心理学、精神分析学等流派。其中弗洛伊德的精神分析学在中国思想界和艺术界引起了更大的关注。精神分析学是以性本能作为研究的对象，性本能被认为是人类行为的动力来源。另外，弗洛伊德发现了人类的潜意识世界，并认为潜意识是人类行为的重要动力。

这是一个另类的知识系统，从研究对象到研究方式都与中国传统知识有很大的差别，它因此也受到了相当强烈的抵制。尽管这种知识具有政治意识形态方面的禁忌，但还是引起了中国知识界的重视，并将之作为解答一些问题的理论资源。尤其是在文艺审美中，艺术心理学在阐释美感方面具有一定的效果，这些学科也开始被大量地引入文艺理论领域。

20世纪80年代中期以后，这种思潮受到了传统知识界的激烈抵制和批判，并将之判定为"资产阶级自由化"的表现，相当明确地将心理学学科划归到资产阶级自由化的知识系统。在当时，超出红色知识系统的知识都被认为是资产阶级自由化在精神上的表现，甚至被认为是帝国主义和平演变的结果。

这是知识建构上的博弈，不同的知识系统在这片刚刚复苏的土地上都试图抢占话语权。红色知识拥有强大的国家机器作为后盾；而另一方是来自国外以及民间的知识需求，是一种重新探索世界的渴望。

实际上，不同的知识在变动着的形势中也处在自协调和自平衡的状态，尽管在某个阶段出现了极端的博弈行为，但它始终都要趋向于相对的平衡，这样才能够使社会平衡地发展。

知识生产也是这样，极端的知识垄断往往不能持久，甚至会出现物极必反的状况。20 世纪以后，中国知识生产的高度统一局面也只是维持了一段时间便被打破，即便有非常强大的国家机器进行维持，在精神领域也难以做到绝对的统一。进入现代社会以后，全球化的知识以及高度发达的互联网技术非常有效地打破了知识生产的垄断性，并在新的条件下形成另一种知识生产的平衡。

第六章　寻求身份的惶惑

中国知识分子的身份思考可以追溯到 20 世纪初，这个时期，由于中国的文化传统对现实社会失去了基本的支撑力，使得中国传统知识分子在新的现实面前束手无策。20 世纪初废除科举制度以后，中国知识分子的身份定位更加模糊，它失去了传统知识的基本依据，也因此失去了最基本的身份参照。

20 世纪 50 年代以后，国家迅速地解构了传统知识分子的存在方式，并建立起一套以政治意识形态严格规定的知识体系，中国知识分子被放到红色政治的知识系统中进行严格的甄别和定位，其政治身份是相当模糊的。

20 世纪 80 年代以后，中国知识分子在政治上被定位为中国工人阶级的一部分，但是，由于岗位的特殊性，其身份边界也逐渐地显露出来。知识分子的定位仍然处在探索和确证的过程中。

一　人文知识分子的身份焦虑

1977 年以后，大量青年涌向学校，希望获得系统学习的机会，学校也因此成为知识的制高点，成为文化资本的聚集地。十年以后，许多从高校毕业的人员以知识分子的身份走上社会，进入社会的各个领域，进入国家行政领域以及在中国刚刚兴起的商业领域，并在这些领域获得了相应的利益。而这些权力和利益恰好又是现代社会的成就目标，并最终引导社会的价值走向。知识的权力从高等学校分化出去，迅速地成为社会运作的推动力，对社会的发展形成根本性的影响。

在这种趋势下，学院的人文知识分子感受到了知识权利的失落，并且由于这种权利的淡化而感受到了身份的模糊。他们也需要寻找相关的身份支持，寻找确立自身存在的身份资源。而这个资源最终被确立为对历史文化的确认，他们试图以历史文化作为身份合法性的重要支持。人文知识分子似乎是理所当然的历史文化的承传者，也是历史文化的最终阐释者，有了这样的历史合法性的确认，中国人文知识分子在身份上感受到了某种满足。

1. 人文精神，国学复兴与人文知识分子的定位

人文知识分子身份意识的大规模觉醒，是20世纪90年代初关于人文精神问题的讨论。这是20世纪末涉及面颇广的讨论，其中包含了对世纪末中国精神状态的关注，同时也包含了人文知识分子对身份定位的焦虑与寻求。

现代中国知识分子在经历了近一个世纪的颠沛流离之后，需要理性地寻找能够安身立命的位置。进入80年代以后，商品经济在中国形成了越来越大的浪潮，成为推动中国社会运作的主要力量。与此同时出现的是人的物质欲望和权力欲望随之膨胀，而那些曾经被中国传统确认的精神支柱——人文道德精神却似乎没有同步发展起来。尽管这样的精神在过去的几十年里也没有能够发展。这种不均衡的发展状况所带来的结果导致了人文知识分子心理的不平衡。过去对知识分子过多的政治关注转变为在公众的价值系统中的被忽略，人文知识分子似乎又滑入了现实"主流"价值的边缘。

人文精神问题提出来，立即引起了很大的反响与共鸣，由此可以看出这一问题切中了人文知识分子的切身利益，影响到知识分子在现实及未来社会结构中的地位。

这次讨论是从对现实的世俗价值的批判开始的，批判者表现出了对世俗价值的不以为然。世俗价值在日常生活中有广泛的表现，似无可厚非，但它同时也进入了文学领域，并有取代严肃文学而成为文学主流的可能。"新写实主义"的追求曾经把知识分子引入一个相当尴尬的境地，它摒弃了人文知识分子十分看重的"宏大"关怀，而把知识分子在现实中的"琐屑庸俗"凸显出来，这种倾向甚至为一些作家和批评家津津乐道。

应该说，这样的生活的确是现实中国知识分子真实生活的一部分，可是，这又是知识分子所不愿意看到却又无可奈何的生活样态。他们似乎不愿意把自己定位于这种被他们看来十分平庸的地位上。中国知识分子的清高和自尊与现实的矛盾使他们陷入了尴尬的境地。

同样，在逃避"崇高"被一些知识分子称赞的同时，也引起了另一些关注知识分子出路的同道们的警觉，他们担心对"崇高"的无条件的批判和瓦解，会误导人们对真正崇高的放弃，并最终放弃这个民族所应该具备的精神尊严。

也许这种担心不是多余的，现实社会对物质利益和世俗权力的疯狂追求使得不同的道德取向发生了冲突，直接的功利道德占了上风，那种间接的，较为形而上的道德精神被挤压到边缘，这似乎是不容乐观的社会精神状态。

这是矛盾的状态，据守于"纯文学"领域，进行严肃的精神思考的人文知识分子将被挤压到社会的边缘。这一问题从文学引发，却超越了文学的领域，进入对中国社会精神取向的进一步思考。

与此同时，针对中国人文知识分子的地位和存在意义的讨论也日益凸显出来。中国人文知识分子的立足点在哪里？中国人文知识分子能否在传统的精神领域寻找到安身立命之地，并且能够在现实社会发生影响。

在历史依据方面，讨论者大体承认人文知识分子是承传中国传统文化精神的当仁不让的重要角色，是传统学术薪火的当然传递者，他们具有对传统人文精神的理所当然的阐释权。这个具有悠久文化历史的社会如果还需要在精神上强大起来，就仍然需要他们来发扬和传布这种精神。这似乎是他们在现实存在的不可缺少的根据。

第六章 寻求身份的惶惑

向传统知识寻求自身的存在依据，在传统的身份系统中寻求安身立命的地位，是中国人文知识分子的本能取向，也是他们在特定的时期所需要开发的存在资源。

20世纪初，中国知识分子曾经非常激烈地反对中国传统文化，并且试图将支撑中国传统知识分子的文化系统全部推翻。20世纪末，中国知识分子为了自身的存在，又迫不及待地在传统知识系统中寻找自己的安身立命之地，这是一个相当明显的反差，他们试图借助这一资源论证现代人文知识分子的合法地位。

实际上，中国人文知识分子要全部摆脱传统文化的影响似乎并不可能，在他们的遗传基因中，民族文化的因素已经成为生命的一部分。中国人的崇古倾向有着宗法伦理的基础，历代人文知识分子打出崇古复古的旗号，大体都是为了当前的利益。借助"古"的天然权威和神秘力量开辟现实的天地，支撑知识分子的现实地位，是相当有效的方式。

在这样的条件下，中国人文知识分子往往有机会把自己确定为承传传统精神的代表。他们比一般的民众更有意识地抢占这一领地，掌握对传统知识的阐释权，并借助这一在民众心目中多少还具有神圣地位的背景来确立自己的意义，维持知识分子的神圣光环。

20世纪90年代兴起的回归传统，重兴国学，在客观上和在潜意识中都有一种身份确立的需求。

国学能否给20世纪末的人文知识分子提供立足之地，能在多大程度上有效地支持他们在现代社会的地位，还很难得出准确的答案，不过，相对于在西方的诸多思想中寻找中国知识分子的身份系统，心理上似乎更容易平衡和踏实。

中国人文知识分子似乎更喜欢在人文理想方面给自己定位。他们必须要找到某种人文理想与商业主义和政治权力相抗衡。他们设置了一系列的道德理想作为示范和楷模，这其中包括独立人格，自由思想，人文关怀，终极价值关怀，良知，社会批判、自我批判，新理想主义的建立，等等。

这是人文知识分子寻找到的精神出路，也是他们寻找到的立足之地。中国人文知识分子的定位，大体是以在精神文化领域寻求依据为主，它偏重于道德性的定位，并要做出道德的示范。它相对于政治、商品经济的两大领域而力图形成三足鼎立的格局。

人文精神是否能够与商品权力、政治权力形成势均力敌的力量和地位，人文知识分子能有多大的物质的和精神的力量来支撑自己的领地，其结果尚不得而知，至少还很难想象人文精神游离于现实的商品权力和政治权力之外会是怎样的一种景象。

实际上，现实利益的诱惑却在瓦解着人文知识分子的基础，从这一阵地上被"招降纳叛"的仍然占大多数，而从其他领地归化来的将是少而又少的。不过，也可以相信，在这个精神领域中，仍然会有那些普罗米修斯式的殉道者为了一点希望的火光而折磨自己。他们甚至崇尚鲁迅式的独战，但要自觉地考验自己，忍受孤独和寂寞，忍受冷落和清贫，没有坚强的意志是难以坚持的。

尽管人文精神的讨论对人文知识分子作了较为全面的定位，人文知识分子似乎也有了可以坚守的精神阵地，可是，现实利益的不平衡状态仍然存在，并对人文知识分子的现实存在产生巨大的冲击。

在一段时间里，人们相当热衷于把诸如陈寅恪、梁漱溟、张元济、马寅初等人提出来讨论，以证明知识分子人格独立的重要性；并以罗隆基、胡适诸人在"出山"实践中的"碰壁"来证明知识分子"出山"的尴尬。他们热衷于总结人文知识分子在20世纪的经验教训，总结他们在给自己定位时的失误，总结历史、现实和未来留给人文知识分子的可能的空间。

20世纪的中国人文知识分子大体是在世纪初和世纪末才较有意识地认识和寻求自己的位置，在大部分时间里，他们的命运主要是由外界力量安排和主宰，甚至还丧失过对自己命运思考的权力。

中国古代有"出世"和"入世"之说，传统的出世强调的是与尘世断绝关系，眼不见心不烦，寄情山水，自得其乐；而现代的

第六章 寻求身份的惶惑

"在山"则仍然要求他们关怀现世,关怀个人、民族、国家乃至人类的最终利益,或者称之为终极关怀。"在山"者的思想仍然与现实有着紧密的联系,仍然思考着现世的问题,保持着山中宰相的欲望。

"山",在20世纪末的中国成了人文知识分子据守的精神家园。这是幻想中属于自己的最后的精神领地,他们试图在这里维护人格的独立和思想的自由,不愿意看到它被"玷污"。这一理想中的"山"应该是清白的。所谓清白者,与混浊污浊相对,山外到处是卑劣,是钩心斗角,是充满世俗恐怖的世界。出山就有可能被污染,灵魂就会变质。

随着讨论的进一步发展,中国人文知识分子的身份定位逐渐地露出了一些轮廓。一些学者试图以庙堂、广场、民间这样的相对位置安置20世纪在精神上"流离失所"的人文知识分子,力图论证"民间"知识分子存在的重要性。

"民间"知识分子尽管缺乏实权,但他们可以通过精神的力量影响社会,可以承传中国的文化,并以这个无所不在的力量制约庙堂的仪式和权力。"民间"知识分子可以在这个空间保持独立和自由,以民间作为可进可退的阵地。于是,民间便有可能成为令人向往的乌托邦,吸引着知识分子涌向那里。

这是一个内涵丰富的民间,似乎是可以让人文知识分子休养生息、独善其身、寄寓理想、安慰灵魂的地方。可是,在中国的传统价值中,民间大体是知识分子顾及不了的空间,学而优则仕才是中国传统知识分子的主流价值取向。20世纪的中国民间,即使借助了西方的思想支持,民间的知识分子能在多大程度,多大范围上发挥作用,仍然是一个未知数。

实际上,民间知识分子作用的有限性已经为一些人所感觉到。一般地说,人文知识分子也只能在自己的岗位上,诸如在学术或教育的岗位上工作,这些工作有较强的专业性和不可替代性;或者,他们还可以在思想的层面上发生影响,这种情况在中国历史上有许多成功的例子。远的如孔子、孟子，近的如鲁迅等人，以立德、立言而影响社会，其影响力既是有限的、也是无限的。人文知识分子岗位的功能范围便具有了较大的伸缩性。它的实用功利性也许不如其他行业那样直接，但它的效果是无形的，难以量化却影响深远。

20世纪末关于自由主义及自由知识分子的讨论，为知识分子的出路提供了一种思路。自由知识分子可以不归属于某种体制，然而却可以以思想、主义发出声音，甚至可以建构新的价值系统。经济自由秩序的构成将使知识分子的生存空间扩大，它将为中国自由主义知识分子的产生和发展提供土壤。

营造一个能够显示人文知识分子特征或特权的语境范围，并利用这种特定的话语，如学术话语和批评话语构筑能够起到自我保护作用的长城，成为一些知识分子有意无意经营的工作。这样的话语及其语境在一定程度上可以拒绝非学术的权力话语的介入，以保持学术和思想的独立性，从而确立自身的独立性。这样给自己划定的安身立命之地在一定范围和一定程度上是有效的，可是，它也意味着缩小甚至锁闭了与一些领域，诸如现实政治意识形态领域的交流渠道，缩小了它在这方面的开放性。中国人文知识分子似乎在寻求一种既为个人认同，又为社会尤其是主流社会所承认的价值。

人文知识分子的身份处境是由中国的现实所决定的，它在这个处境中提出的问题也许更容易贴近人文知识分子的切身感受，更容易引起共鸣。

与此同时，一些中国学者已经有意识地从世界文化格局论证人文知识分子在中国的位置。冷战结束以后，人们从关注政治意识形态的对抗逐渐地转向对文化关系的关注。不同国家、不同地区的文化状态，尤其是东西方的文化关系被提到了重要的地位。

这就意味着，作为中国文化代表的人文知识分子的特征将会被凸显出来，从而加强了人文知识分子现实的身份意义。这种自我增值意识的加强，应该说是中国人文知识分子在20世纪艰难曲折的历程中感悟出来的生存意识。借助中国传统文化与世界文化的关系

第六章 寻求身份的惶惑

建立人文知识分子的身份条件,是一些知识分子有意无意营造的环境条件。

在一段时期里,试图以本土文化的建设加强自身的价值条件,以提高人文知识分子的身份价值,是人文知识分子的潜在要求,借助世界文化关系的力量加强这一目标的实现,不失为有效的方式。

不过,中国人文知识分子也同样面临相悖的处境:他们一方面以极大的热情接受来自西方的思想成果和文化成果,在内心也认同这些成果的优势;另一方面,在他们所接受的思想成果中又出现了提醒他们警惕"文化殖民"和"文化霸权"的呼声,这使得他们同时陷入了两难的尴尬之中。

中国人文知识分子的身份条件在一定境况下得到加强的同时,在另一种境况中,也就是在东西方文化的比较中,其意义又被减弱甚至消解。于是,中国人文知识分子在文化民族主义的感召下不得不做出一定程度的抵抗,在意识中保留了对西方文化的选择态度。

这种迹象十分明显地表现为对中国传统问题和现实问题的进一步关注。把理论坐实于中国的实际问题,不失为有效的方式,至少,它可以使人文知识分子在民族文化中找到自己的存在依据,而不至于由于脱离了民族文化的根基而成为无根的群体。

亚洲一些国家的成功,使亚洲的价值观,尤其是儒家价值观获得重新肯定,日本、新加坡、中国台湾、中国香港等国家和地区的发展,似乎论证了儒家价值体系在现代社会的有效性和合理性。这可以使中国人文知识分子在世界格局中获得凸显自身位置的机会。整合民族文化成了一部分知识分子较为热衷的事情。把传统文化与现代文化相融合,一度成为文化整合的目标。

也许,仅仅依靠人文知识分子整合民族文化的力量是不够的,以各种力量从各个方面对民族文化进行重整,是较为可行的方式,于是,关于国家主义在中国的意义曾经为一些中国知识分子所关注。

中国人文知识分子的发展趋向如何,他们在未来的发展中如何给自己定位，仍然是一个沉重而又颇有意义的话题。

在社会局势相对稳定的时代，人文知识分子的岗位确认应该是较为明确的。不过，在中国传统中，人文知识分子也许不会仅仅满足于实体性的岗位，他们仍然希望为自己和为民族建立起精神的大厦，这种热情确实可敬可贵。

在多元化的现代社会里是否能够再寻求到那种统一的精神理想，寻求到支撑知识分子存在的核心依据，这是饶有兴味的问题。他们也许能够远离多灾多难的世界，寻找到美好的生存家园。

在人文精神讨论之后，"国学重建"浮出了水面，成为人文知识分子进行社会定位的重要基础。

在历史变动的时期，知识分子阶层产生了分化，一部分人进入国家机构；另一部分人进入了当时蓬勃兴起的商业海洋之中；剩下的一部分人，主要是学院知识分子突然感到了极大的失落。社会资源分配迅速地分化，走进国家机构的知识分子获得相关的权力，并拥有了明确的利益资源，而且，他们的走向也符合中国传统的"学而优则仕"的成就目标，也因此在精神上获得了满足。走进商海中的知识分子凭借知识迅速地转化为具有一定优势的商人，并且获得了相当优厚的利益。而仍然留守在学院的知识分子，在获取社会利益方面失去了优势，甚至安身立命的条件也发生了动摇。他们必须要寻找到能够支撑自己存在的合法性的知识系统，以支撑自认为岌岌可危的地位。寻找历史文化作为人文知识分子的存在依据，也许不失为有效的支持。

国学的强调给人文知识分子带来了重要的安身立命的基础，传统文化是中国社会的精神基础，不断地强调可以赋予它更多的文化权力，掌握文化权力必须有合理的文化渠道，把国学的权力放大，甚至将之提升到治国安邦的主要地位，人文知识分子就可以给自己建筑获得话语权的高地。

尽管这种虚拟的文化领地并不能够与政治、经济的高地相比较，但它至少能够让人文知识分子在精神上获得满足，成为进入社会文化建设的切入口，他们能够借助传统文化对现实社会发出声音，并建构起中国传统文化的神话力量，以此作为自身存在的保障。

20世纪90年代中期以后，学院知识分子迅速建构起一个关于国学的知识系统，也就是把中国传统的儒释道的内容融汇在一起，这是足够庞大的知识系统，同时在民间社会借助种种与之相关的经济活动，比如说旅游景观的建造，地方经济与文化结合点的打造，由此建立关于中国传统文化的神圣感，与经济利益直接挂钩，获得知识最大化的权利效应。

这种具有普及效应的中国传统文化知识的打造模式确实在大众文化发展中达到了一定的效果，与此同时，现代传媒将披着国学外衣的传统文化以通俗的、大众化的方式进行传播，一些学院知识分子非常聪明地运用大众传媒将传统经典进行大众化的阐释，也因此引起了世俗层面的轰动效应。

2. 知识产权，一个重要的知识概念

20世纪80年代以前，中国几乎没有知识产权的概念，直到之后屡屡在国际上发生关于知识产权的纠纷，才逐渐地认识知识产权的规则。

中国传统的个人知识权力意识不明确。普天之下，莫非王土，知识也是王权所属。秦始皇"焚书坑儒"，就是试图对知识垄断，对那些危害秦王朝的知识采取极端的禁止手段，知识只是王权的辐射或恩赐。在这之后，儒家知识成为中国知识的主流。汉代的"独尊儒术"就是因为儒家的知识符合统治者的需要，得到了国家机器的扶持和保障。

20世纪50年代以后，中国的知识由国家统一计划生产和管理，国家拥有对知识的绝对的生产权和支配权，国家及其国民也没有相关的知识产权的意识。至20世纪末，由于知识产权问题不断地引起国际纠纷，关于知识产权的观念才逐渐进入中国，并建立了相关的法律对其进行保障。

知识产权是指人们就其智力劳动成果所依法享有的专有权利，知识产权，也称为"知识财产权"，指权利人对其所创作的智力劳动成果所享有的财产权利。一般只在有限时间期内有效。各种智力创造比如发明、文学和艺术作品以及在商业中使用的标志、名称、图像和外观设计，都可被认为是某一个人或组织所拥有的知识产权。

知识产权是关于人类在社会实践中创造的智力劳动成果的专有权利。随着科技的发展，为了更好保护产权人的利益，知识产权制度应运而生并不断完善。

知识产权从本质上说是一种无形财产权，它的客体是智力成果或者知识产品，是一种无形财产或者一种没有形体的精神财富，是创造性的智力劳动所创造的劳动成果。它受到法律的保护，具有价值和使用价值。

知识产权包括著作权，著作权又称版权，是指自然人、法人或者其他组织对文学、艺术和科学作品依法享有的财产权利与精神权利的总称。主要包括著作权及与之有关的邻接权。自然科学、社会科学以及文学、音乐、戏剧、绘画、雕塑、摄影和电影摄影等方面的作品组成版权。

版权是法律上规定的某一单位或个人对某项著作享有印刷出版和销售的权利，任何人要复制、翻译、改编或演出等均需要得到版权所有人的许可，否则就是对他人权利的侵权行为。

知识产权的实质是把人类的智力成果作为财产来看待。著作权是文学、艺术、科学技术作品的原创作者，依法对其作品所享有的一种民事权利。

著作权要保障的是思想的表达形式，而不是保护思想本身，因为在保障著作财产权此类专属私人财产权利益的同时，尚须兼顾人类文明的累积与知识及资讯的传播。

1893年，根据《保护工业产权巴黎公约》成立的国际局与根据《保护文学艺术作品伯尔尼公约》成立的国际局联合起来，组成了国际知识产权保护联合局。1967年在斯德哥尔摩成立了世界知识产权组织，1974年成为联合国专门机构之一。它的宗旨是通过国际合作与其他国际组织进行协作，促进在全世界范围内保护知识产权以及保证各知识产权同盟间的行政合作。

中国直到1980年3月3日才参加世界知识产权组织，同年6月3日成为该组织的第90个成员国。由此才在国内逐渐形成知识产权的知识及观念。这是关于知识权力的观念，它打破了某种关于知识控制的界限，使知识具有了个人专利的属性。

1982年、1984年、1986年、1990年、1993年，中国商标法、专利法、民法通则、著作权法、反不正当竞争法先后颁布施行。知识产权的相关法律在中国逐步建立发展起来。

2015年4月16日，国务院新闻办公室举行新闻发布会，公布2014年中国共受理发明专利、实用新型和外观设计申请236.1万件，其中发明专利92.8万件，同比增长12.5%。

这也意味着，知识产权在中国开始有了较为规范的管理，国民也开始建立并强化了知识产权的意识。

二 体制化知识生产的加强

20世纪90年代末以后，政府加大了对学术领域的管理力度，并且相当有效地引导学术理论研究的方向。中国学术知识生产进入了体制化的机制。

这种管理和引导方式不是以对立的姿态出现，而是以经济投入的合作方式进行。在迅速发展起来的市场经济的背景下，纯粹的政治意识形态管理和引导已经失去了垄断的地位，在学术思想的管理上加入经济手段不失为有效的方式。

1. 学术规范与思想规范

1997年，学术界提出了一种所谓的学术规范，在当时提出的初衷是希望能够保证所研究的命题是真命题，而不是伪命题。后来的学术规范逐渐地演变为学术论文在引文格式上的规范，尤其是注释引文的规范,这种规范被称为是与国际接轨的。在这样的要求下,学术文章也以这样的学术规范进行衡量,形成了固定的学术模式。

规范化的知识生产体系迅速地在学院形成,成为学院知识分子的知识生产模式。学院知识分子按照预设的学术规范进行学术研究,并形成了规范化的学术生产模式。

学术规范的规则来自两个方面,即中国传统的学术方式和西方的学术方式。

中国传统的学术标准主要是以传统汉学的做法进行参照,以资料作为基础,分类归纳,述而不作,这种被称为扎实的学术运作方式成为当代国学的基本运作方式。

西方的学术规范则显得较为多样,由于受到知识产权的规定,这种规范强调必须以严格的要求引用他人的知识成果,以尊重他人的知识产权。

学术成果要获得同行的认同,就必须符合这样的规范。在以学术杂志发表论文作为学术成果标志的要求下,学术论文自觉地按照刊物所要求的标准制作,遵循刊物的标准规范成为知识分子从事学术研究的自觉的运作形式。

与此同时,政府逐年加大对学术项目的资助,给出了超出以往的经济待遇和名誉待遇,使学院知识分子迅速地向这个核心聚拢,形成相当明确的项目竞争机制。

关于学术的评价机制不仅仅针对个人,同时也针对学院,因此,学院也制定出相关的规则,要求学院知识分子必须按照指标完成任务,其中最重要的是项目经费以及获奖数量,以保证学院在社会评价机制中获得更高的地位。

这些指标被纳入学院对个人的评价机制中,直接地与个人的晋升以及社会地位挂钩,否则个人将被边缘化甚至被淘汰出局。

这种导向是明确的,就是对知识分子的思想以及学术的发展进行明确的规范。超出规范的知识生产不被学院机制接纳,不被国家主流意识形态所承认，也不能获得相关的支持。

学院知识生产在国家规定的运作机制中进行，形成了自身的价值关系。学院知识分子在相关的导向和利益的推动下也以认同的心态运行在这条轨道上。

在明确的生产规则和潜在的力量的推动下，学院知识生产被有效地整合，成为国家知识生产流水线的重要组成部分。

2. 评奖制度与项目资助制度

国家逐渐加大了对"科研项目"以及"成果奖项"的投入，人文社科方面的项目获得了较大的资金投入。政府开始在各个层次加强对知识分子的学术评价，并将这种评价纳入体制，各种评奖活动广泛推行。学院也以获得政府资助项目或奖项作为衡量学院知识分子科研水平和学术水平的主要指标。

奖项和资助项目作为学院知识分子显示自身科研能力和水平的标志，获得政府奖励和项目资助标志着个人的研究水平。这样的利益鼓励十分成功，绝大多数知识分子投入获取奖项和项目资助的行动之中。

政府设置了各个领域的项目研究指南，并对这些指南项目加大投入。项目指南由一些知识分子提出，再经过政府组织的严格筛选。符合项目指南规定的就可以获取相应的经费，也取得巨大的荣誉。

政府设定的项目指南规定了知识分子课题选择的范围，同时也规定了知识分子的学术和思想的范围。政府十分有效地将知识分子纳入相关的运作体制，思想和学术成果由体制进行指导完成。

例如《国家社科基金项目2016年度课题指南》规定：

> 申报国家社科基金项目的指导思想是，全面贯彻落实党的十八大和十八届三中、四中、五中全会精神，高举中国特色社会主义伟大旗帜，以邓小平理论、"三个代表"重要思想、科学发展观为指导，深入贯彻习近平总书记系列重要讲话精神，坚持解放思想、实

事求是、与时俱进、求真务实，坚持以重大现实问题为主攻方向，坚持基础研究和应用研究并重，构建哲学社会科学创新体系，发挥国家社科基金示范引导作用，推动哲学社会科学为党和国家工作大局服务、为社会主义文化大发展大繁荣服务。

　　学术研究的对象和思想方法需要经过"守门人"的审定才能够展开研究。"守门人"所掌握的标准相当明确，获得资助或获奖的项目必须经过严格的甄别，项目执行者必须严格按照规定的条款进行研究，不符合标准和条款的研究，在结项时将不会被通过，或被撤销项目。

　　由政治和经济利益所推动的学术研究项目必然要求其进行规范性的知识生产操作，这种被规定的知识生产方式在政府越来越大的经费投入中稳固下来，形成规模化的知识生产模式，在学术研究中成为主流。

　　项目资助制度使学术研究在体制的轨道上平稳地运作。这种运作不用承担思想的风险。思想和学术价值可以由国家提供保障。

　　由于巨大的利益吸引以及生存的需要，绝大多数知识分子投入相应的知识生产流程之中，按照设计好的图纸进行操作，在流水线上生产出符合学术规范的产品。

　　与此同时，大学、社会科学院以及各类学术研究机构都以项目资助和奖项作为评价指标。大学的声誉与此密切相关。社会上出现了以这些指标评价大学排行榜的机构。大学为了进入排行榜前列，也以这种标准衡量学院知识分子的个人成就。

　　知识分子的价值纳入体制中，被体制规则衡量和规定。体制指标的权重进一步放大，并十分有效地管理知识分子的学术发展方向。有了相应的学术指标，知识分子才能够在体制中安身立命，个人的声誉也因此得到提高。为了获得项目和奖项，各种运作在学术界充分展开，也因此形成了中国大学的学术景观。

3. 学院知识分子的评定体系

以量化方式对学院知识分子的学术成果进行严格的考核，已经成为现代中国大学水平的最为重要的评定方式。在人文学科和社会学科方面也借助了非常严格细致的理工科的模式对其进行评价管理。在这样的评价模式中，人文学科的论文所表现出来的思想内容并没有显出重要的分量，而更被看重的是文章的数量和所刊载刊物的级别，这种级别是由行政管理部门制定的。

在这样的机制鼓励下，人文学科的研究也以量化的绩效为目的，人文学科的研究失去了自发的动力，而是在外界的压力之下进行。它缺乏自发的创造性，缺乏自发的兴趣或激动人心的创新冲动。研究者只是为了完成学院的工作而从事学术，他们对研究对象本身或者对学术失去兴趣，而对绩效的考评方式更感兴趣。他们把大量的精力用在考评上。

绝大部分学院知识分子把进入体制评价体系作为自身发展的目标。借助体制评价可以获得极大的利益，同样也获得社会效益和经济效益。项目资助、获奖奖金、各种荣誉以及各种实际的利益都是非常现实的利益。体制的利益引导相当明确，学院知识分子越来越看重它所能带来的名利，并以各种方式去争取。学院知识分子纷纷涌向利益设置的领域，并以这种目标设计自己的研究规划，实现自己的成就目标，同时也完成政府所规定的知识生产任务。学院知识分子已经自觉地以学院体制作为身份的归属。

学术刊物和出版机构成为支持知识分子身份等级的支柱。学术成果必须通过国家认证的出版机构正式出版。知识分子以认同国家规制为自己的身份归属。学院制度强化了这种权威的力量，超出国家权威认证的做法被认为不符合体制的规范。

学院潜规则将出版社分为相应的等级，有国家级出版社，省部级出版社和地市级出版社。港澳台地区及海外出版社一般不纳入评价体系，因为这些出版系统是另外的知识系统，不能作为权威认证机构。学院还一度将公费出版和自费出版作为出版物优劣的标准，这种计划经济的遗风仍然存在。

同样，在刊物方面，学院的评价体系将各种学术刊物分为不同等级，有权威刊物，核心刊物、统计源刊物以及其他不入流的刊物，即所谓的 A、B、C 等级的刊物。其中权威刊物和核心刊物确定着学院知识分子的核心身份，在其上发表的论文均能获得认可，成为职称评定、导师资格评定以及各种等级评定的主要依据。

刊物的等级成为学术身份等级确认的证明。刊物所承载的不仅仅是学术文字，更重要的是学院知识分子的生存保障及其生存的合法性。核心刊物，尤其是权威刊物披上了神圣的光环。

学院知识分子的学术也趋向于活动，也就是说，学院知识分子的生存能力还应该包括相应的社会活动能力。学院知识分子的道德人格受到其所赖以生存的学术利益的挑战。他们无法抗拒，不得不去做学术之外的活动。

知识和思想纳入体制的序列，在相对稳定的规范中运作，这对国家的管理更为有效。进入序列，学院知识分子的上升阻力相对减轻，在上升道路相对顺畅的时候，知识分子的批判式言论也相对减弱。

学院知识分子津津乐道于项目资助、奖项数量以及各种学术的身份，以此作为身份标签，把它作为考量学术水平高低的重要指标。学术的评判权主要由刊物或者非学术机构掌握。

学院建立起一系列的重要名衔：××学者、学科带头人、学术带头人、跨世纪人才、新世纪人才、首席专家、领军人物以及各种重要的名衔，以此作为学术水平的标志。

人文知识分子越来越需要依靠国家体制建构自身的合法性。政府设立各种资助项目和奖励项目，项目的资助金额逐年加大，其指标在学院和民间的评价体系中的权重越来越大，构成知识分子身份的不可或缺的地位标签。

部分知识分子成为体制知识制造的管理者，与政府共同制定和实施管理的政策和规则，这些知识分子的参与使政府对民间知识分子的管理具有了合法化的地位。这是一种管理策略，单纯以政治管理学术的方式已经滞后，以经济力量及知识分子自身的力量加入其中，管理效果显著提升。

4. 学院知识分子及其知识分类

19世纪以前，中国传统的知识领域相当明确地分为经、史、子、集的学科领域，其他杂家主要在民间流传。

20世纪初以后，随着外来文化的进入，现代学科概念在中国出现，学科分类逐渐细化，知识分子也被以学科进行分类。

人文学科以细分法进行分类。其分类标准主要是参照西方的学科谱系进行设置。如哲学、文学、历史学、政治学、美学等。一些新兴的人文学科在国人的传统分类眼光中被将信将疑地建立起来。

在现代知识的构成中，知识分类越来越细化，这似乎是现代学科的发展趋向。

这种分类受到西方科学主义的影响，它以自然学科的分类为基础，在技术层面上进行细致的划分。这种分类法在现代科学技术的生产中呈现出越来越专业化的特点。

知识分类的细化使专门研究更加深入，但同时，它也使得各个门类的知识出现明确的界限，其他知识很难渗透其中。

在这样的基础上，逐渐地形成了量化、技术化的知识标准和话语权力。在知识生产机构，高等院校以及科研机构，主要是以量化的方式和技术性的方式评价知识的效用，比如引用率、影响因子之类。这无可厚非，在一个需要物质支持的社会，技术性和物态化的知识还是成为社会需要的主流。

各种专门知识会形成各自领域的知识范式，其知识范式会对本领域的发展构成制约性的规则，还可以使本领域形成相应的知识霸权。

以科学主义为基础的知识分类同样渗透到人文知识生产之中，在现代的学院评价机制中，自然科学的分类法及其所形成的量化标准已经转化为人文学科知识的评价标准，并且以此强化人文知识分子的岗位功能。在这样的评价机制中,人文知识分子必须以形式量化的方式,而不是以思想评价自身的知识价值。

思想的意义在现代中国知识生产系统中显得并不重要,更重要的是技术性的,可以被量化的知识元素和模块。

在这个过程中,中国传统的知识生产方式被解构;与此同时,以科学为基础的知识权力也迅速地产生。社会通过功用性的量化确定知识的价值。哲学化和思想化的知识价值迅速地衰减,社会更为推崇功利主义的知识功能。

精神性的知识被边缘化或者不被社会市场所看重,甚至一度被排除在国家知识生产的支持范围之外。技术型知识被认为是知识的主流,人文知识被认为是没有社会效益的知识,甚至谈不上知识。这种情况,最明显的显示在文科和理工科的选择和支持力度上。

被量化考核的人文知识能在多大程度上推进思想学术的发展,现在尚不得而知,但它已经成为学院的主要考核方式,形成了一整套严密细化的规则,在国家机制的引导下成为社会文化知识水平的标准。

学院知识分子以学院的评价体系获得其身份的合法性,这其中主要包括:学术论文的发表、学术论著的出版以及获得体制的项目资助,获得政府颁发的奖项。

学科的细化成为一种趋势,因为研究对象的细化以及运用方法的细化,现代学科进入了分类界限更为明确的状态。

不过,同时也出现了学科综合的要求,也就是将不同学科的方法运用各个门类的研究领域之中。例如结构主义的思想方法在语言学发端以后,被文学、社会学、人类学等学科所运用,并且取得了成效。

萨义德在其《知识分子论》中谈到专门化对知识分子的分类压力,认为:"今天在教育体系中爬得愈高,愈受限于相当狭隘的知识领域。当然,没有人会反对专业能力,但如果它使人昧于个人直接领域——比方说,早期维多利亚时代的情诗——之外的任何事

第六章 寻求身份的惶惑

情,并为了一套权威和经典的观念而牺牲一个人广泛的文化时,那么那种能力就得不偿失。"①

专业化的细化可能会带来负面的效果,特别是在研究的独立性与自主性方面。萨义德认为:在文学研究时,专门化意味着越来越多技术上的形式主义以及越来越少的历史意识。只能以冷漠的理论和方法论来看待。"成为文学专家也将意味着把历史、音乐和政治排除在外。到头来,身为完全专门化的文学知识分子变得温驯,接受该领域的所谓领导人物所容许的任何事。专门化也戕害了兴奋感和发现感,而这两种感受都是知识分子性格中不可或缺的。总之我一向觉得,陷入专门化就是怠惰,到头来照别人的吩咐行事,因为听命于人终究成为你的专长。"②

萨义德认为:"如果专门化是各地所有教育体系中存在的一种广泛的工具性压力,那么专业知识和崇拜合格专家的做法则是战后中更特殊的压力。要成为专家就得有适当的权威证明为合格;这些权威指导你说正确的语音,引用正确的权威,局限于正确的领域,尤其在敏感、有利可图的知识领域受到威胁时更是如此。"③

在萨义德看来,可以用业余性来对抗这些压力。"而所谓的业余性就是不为利益或奖赏所动,只是为了喜爱和不可抹杀的兴趣,而这些喜爱与兴趣在于更远大的景象,越过界限和障碍达成联系,拒绝被某个专长所束缚,不顾一个行业的限制和喜好众多的观念和价值。"④

坚持自主性的态度和方式,不进入专门化规定的研究轨道,而是根据自己的研究目的,追求独立的研究兴趣,摆脱专门化的狭小

---

① 爱德华·W. 萨义德:《知识分子论》,单德兴译,生活·读书·新知三联书店 2002 年版,第 67 页。
② 同上。
③ 同上。
④ 同上。

圈子，运用多种方法，在多视野的立场上进行研究，这是现代理论和学术研究的另一种出路。

三　关于现代知识分子的讨论

关于知识分子，在中西方知识界有很多讨论。在当代社会所形成的知识工业中，一方面是知识分子制造和生产知识，另一方面知识分子也成为被研究的对象。知识生产者成为研究对象，这是一个当代的课题。

在当代的知识工业中要生产什么样的知识，这些知识生产出来以后有什么意义，它如何分类，如何成为知识，形成知识权力，对社会产生什么功能？

葛兰西描述过知识分子的形态。葛兰西在《狱中札记》中写道："我们可以说所有的人都是知识分子，但并非所有的人在社会中都具有知识分子的职能。"①

葛兰西认为在社会中履行知识分子作用的人可以分为两类：第一类是传统的知识分子，例如老师、教士、行政官吏，这类人代代从事相同的工作；第二类是有机的知识分子，这类人与阶级和企业直接相关，而这些阶级和企业运用知识分子来组织利益，赢得更多的权力，获取更多的控制。②

班达对知识分子有一个定义：知识分子是一小群才智出众、道德高超的哲学家—国王，他们构成人类的良心。③ 也就是说，知识分子应该是那种完全抽离的、超乎世俗的、象牙塔里的思想家，极为孤立并献身于深奥甚至可能是玄奥的题材。真正的知识分子在受

---

① ［意］安东尼奥·葛兰西：《狱中札记》，曹雷雨等译，中国社会科学出版社 2000 年版，第 9 页。

② 爱德华·W. 萨义德：《知识分子论》，单德兴译，生活·读书·新知三联书店 2002 年版，第 11 页。

③ 同上书，第 12 页。

到形而上的热情以及正义、真理的超然无私的原则感召时，叱责腐败；保卫弱者、反抗不完美的和压迫的权威，这才是他们的本色。①

知识分子究竟是为数众多的人群，或只是极少数的精英？知识分子是相对独立的群体，还是与大多数人融汇在一起的普遍的人？不管如何，知识分子作为特定的群体，都有它自身的知识界限。他们或者生产知识，或者破坏知识，而其基本的运作领域都与知识相关。

关于知识分子的讨论一度主要是在道德层面上进行。对知识分子讨论的核心问题是，知识分子的立场和目标是什么，他们应该具备什么样的素质，他们应该关注什么对象。这些讨论具有很强的道德性。

一般而言，知识分子被要求为他们应该关注人类具有普遍性的，或者普世价值的问题，能够站在人类的立场上对这些问题进行研究讨论，并做出基本的回答。这就要求知识分子应该具备普世性的价值观念，能够对人类文明的发展具有普世性的价值判断能力以及推动的能力。知识分子被认为应该代表人类的良心，代表社会的公知，他们必须具有符合人类文明发展要求的终极信仰，或者强大的信念。他们被要求应该具备面对困境的勇气，要对社会的丑恶现实发出批判的声音，并用他们的良知标准对社会进行裁判。他们被要求站在人类的立场上，站在社会大众的立场上对社会进行判断。他们不能只是某个集团的知识分子，也不能以维护和谋取个人的或者小集团的利益为目的。他们还应该具有同情心，对社会绝大多数人群的苦难表达关注。他们不能够回避现实，规避人类所面临的种种困境。他们要敢于提出问题，严肃思考和对待这些问题。他们不仅仅思考人类现实问题，还要思考人类未来的出路，甚至要为人类

---

① 爱德华·W. 萨义德：《知识分子论》，单德兴译，生活·读书·新知三联书店 2002 年版，第 13 页。

的未来设计出理想的世界。他们不只承担现实的责任,还要承担历史的和未来的责任。

这是一种理想化的知识分子形象,他们被塑造为不被政治和经济的权利所左右,不屈服于强权的压迫,能够对社会问题做出公平公正裁判的形象。

在现实中,这种理想化的知识分子是很难存在的。任何知识分子都不可能脱离现实孤立地存在。绝大部分知识分子不可能全然超脱于现实的条件而独立生存,或者完全凌驾于现实之上的,获得像上帝一样的裁判者的地位。正如葛兰西所说的:"并不存在任何独立的知识分子阶级,但每个社会集团都有他自己的知识分子阶层,或者往往会形成一个这样的阶层。"①

绝大多数知识分子在他们受教育的过程中都不同程度地接受了已有知识的规范,这些不同的知识系统都隐含了非常严格的知识判断标准。这些知识非常有效地规定和控制每一个人的精神领域以及生活行为。

作为个人,尤其是知识分子,当他完成传统知识学习时,就已经把前人已有的知识作为自己的知识进行储备和运用,这其中包含了对事物的认知方式和思维方式,规范和标准。他们借助已有的知识不断地生产出另外的知识,但是这些知识大都是类比化的生产,或者按照相同的标准对知识进行秩序化的组织,其模式基本上是相似的,是同一的。

在同样的知识范式中,绝大多数知识分子很难超越原有的知识规范,他们更多地还得依靠原有的知识规范谋取生存,并且把原有的知识规范补充得更为丰富细致。

某种新的知识出现,往往会受到原有的知识规范的衡量和批判,或者被用原有的知识规范对其进行论证。这种论证往往是批判

---

① [意]安东尼奥·葛兰西:《狱中札记》,中国社会科学出版社2000年版,第40页。

第六章 寻求身份的惶惑

性的，也就是试图从中找到它的问题。在一般情况下，如果新的知识遭遇到历史的、稳固和复杂的知识系统的衡量和检验，它就将会遭遇到更多的挑剔和批判。

知识分子所依据的诸多标准常常是由原有的知识系统衍生出来。比如说良心、信仰、信念等，这些基本要素往往是从原有的知识系统中概括总结出来，因此，知识分子并不是一个完全游离于原有的社会系统的独立神灵。

福柯曾经考察过这些知识如何形成权力及其对社会产生的效用。知识分子的话语权力并不是天生所具有的，它是借助原有的知识话语甚至某些道德强权进行建构和塑造。它也形成了巨大的权力，甚至对刚刚产生的事物具有评判甚至扼杀的力量。

在当代传播媒体发达的条件下，知识分子的话语权力更容易借助大众文化的公共领域迅速地建立起来。社会可以通过普及的网络技术，借助公众的舆论力量迅速地塑造出知识分子的形象，并为他们的话语权力添砖加瓦，使之成为社会意见的明星或者偶像。这种意见领袖并不是由个人独立完成，而是由社会的力量完成。它的话语权也不仅仅是由个人的意见所支撑，还会被其批判的对象所塑造形成。

现代知识分子不是个人，而是群体性的，是一种社会知识的形态。在不同的社会阶段，往往有一些知识分子会做出脱离国家体制的思考。这些思考对人类知识的发展是有益的，他们可以把国家体制作为直接的讨论对象或者研究对象，从中寻找具有规律性和普遍性的关系，由此而看到社会的发展走向。这是一种探索性的知识，也许脱离实际，但是，人类的发展确实也需要这样的眼光和探索。

在大多数情况下，知识分子的思考和探索会受到现实社会的阻力，这毫不奇怪，因为他们所思考的问题往往超越了现实的规范，有些甚至涉及现实统治阶层的弱点，因此，这些知识分子不太受到现实统治者的欢迎，甚至会受到限制。

这实际上是话语权的争夺，也是博弈性的争夺，超越现实利益的话语权当然很容易受到统治阶层的阻碍或者压制。这种制约通常是通过国家机器进行的，即便是在传媒相当发达的时代，控制和反控制的形态都会继续存在，并且逐渐达到相对的平衡。

这就需要社会形成一定的协调机制，使不同知识产生相互协调的功能。不同的知识系统会出现交集的状态，这是它们之间的契合点和联系点。当某种知识系统与另外一种知识系统形成矛盾时，它们之间会产生自协调的运作。如果社会的知识协调机制出现问题，不能有效地协调各种知识的利益关系，就会产生诸多的社会矛盾。如果社会对不同知识系统的协调功能完全失效，其最终也许会引发更为激烈的矛盾冲突。

在社会的演变过程中，社会的建设应该更多地考虑到对不同知识系统及其利益和地位进行有效的协调，建立起有效的协调机制，这种机制能够将不同的知识价值协调到相对平衡的状态。

这是考量社会或者国家机制及管理是否有效的重要指标。如果社会从物质条件到精神环境不能够有效地协调不同知识之间的矛盾，那么，这个社会就会遭遇到诸多的问题。

现代社会的建设主要还在于能够让社会形成自协调的机制，形成知识变动和发展的自协调功能，以适应在全球化背景中越来越快速的知识变化。

萨义德认为，知识分子"并不总是要成为政府政策的批评者，而是把知识分子的职责想成是时时维持着警觉状态，永远不让似是而非的事物或约定俗成的观念带着走"。[1]

社会并不是一成不变的固定的系统，它会不断地遭遇到各种知识的冲击和影响。如果社会能够具有缓冲矛盾的性能，使不同的知识在这个缓冲带上转化为社会改良的能量，这对社会的发展是有

---

[1] 爱德华·W. 萨义德：《知识分子论》，单德兴译，生活·读书·新知三联书店2002年版，第26页。

益的。

现代知识分子所提出的各种知识也许并不能够在社会现实中直接地实施，但是它可以成为标杆，成为知识的参照。它会形成权力，也会形成压力，对社会实施其基本的影响。

第七章　大众文化时代的知识分子与知识生产

20世纪80年代，随着中国社会经济的迅速发展，大众文化也迅速地在中国兴起，中国的社会结构以及社会状态都随之发生了重大的变化。这是中国社会文化发生重大变化的时期。同样，中国的知识生产也发生了巨大的变化，原有的社会知识生产机制以及社会知识的生产目标和走向，都出现了前所未有的改变。

一　知识分子的大众化与大众文化的知识化

在今天，社会整体的文化水平超过了历史上的任何一个时代。经过一个世纪的现代教育体系的变革，中国当代知识分子的知识结构与中国传统的知识分子有了很大的差别。知识分子的大众化是现代文化主体演变的趋势。大众化的知识分子成为现代知识生产的主体。

知识分子的身份定位通常是以其知识的存在方式为基础，它有历史的积淀，同时也有现实利益的需要。

历史的知识系统经过长期的运作，已经积累和建立了相应的知识权力。知识权力是知识分子的社会身份标签，也是支撑知识分子社会地位的重要基石。知识权力的建立是社会历史的综合条件所构成的，它在历史中不断积淀，形成了根深蒂固的权力基础。在这其中，既有国家机器的强力保障，同时还有民间社会的物质和观念的支持，更重要的是，由历史积淀下来的知识资源源源不断地补充到

第七章 大众文化时代的知识分子与知识生产

这个知识系统中，使得这个系统越来越稳固。

也正是在这样的条件下，知识分子的身份也越来越清晰，并在社会中获得相应的地位。传统知识分子只要按照这样的知识轨道行进，就可以得到相应的地位和权利。

20世纪末以后，大众文化迅速地在中国兴起和发展，并渗透社会的各个领域。大众文化对中国传统文化最大的影响，就是解构了传统知识系统的话语权力，并对以传统文化安身立命的知识分子构成了威胁。

传统知识分子往往在传统知识系统中获得其存在的合法性，由于传统知识的相对稳固，传统知识分子在这个基础上的身份地位也相当稳固，同时也获得相关的利益。因此，绝大多数知识分子轻易不愿意离开这个知识系统去寻求新的知识关系。已成定论的知识规范所构成的社会网络是支撑和维护知识分子身份的重要力量，也使知识分子在这样的社会中明确了自身存在的价值和意义。

在大众文化条件下，现代的知识生产与知识传播方式发生了巨大的改变，这也使得知识分子的身份条件受到影响。传统知识分子可以在报刊中获得自身的身份确认，并因此在社会中获得相应的地位。但随着现代大众传媒，特别是互联网的高度发展，报刊迅速萎缩，试图通过报刊维护身份合法性的方式遭遇了较大的困境。大量的读者主要是通过互联网和电视获得关于文化知识方面的信息，而且，其获得信息的方式也发生了改变。比如说，明星化的信息偶像在电视和互联网上大量出现，传统知识要以通俗化、大众化的方式进行传播，才能获得大众读者的接受。

大众文化时代，知识生产的主体逐渐地转化为大众知识分子群体。这个知识生产的主体具备了现代社会各个方面的知识素质，他们能够独立地生产相关方面的专门知识，也能够把一般的生活知识汇集在一起，形成社会共同享受的大众文化。这就意味着，现代大众文化具有很强的社会整合力。

大众文化的社会整合力正在不断地推动着中国社会知识的形

成，也在不断地改变原有的知识结构。几乎在社会各个知识领域，大众文化都会渗透其中，以其特定的需求形成相关的价值关系。在文学艺术领域，大众文化也非常有效地渗透其中，形成了独特的文学艺术景观。

大众文化一度被认为是审美趣味不高的文化，是文化水平较低的民众所倾向的文化。这种观念的前提是大众的文化知识水平不高，审美趣味不高，再加上商业主义的侵入，大众文化便因此具有了庸俗浅薄的含义。

这是相对于精英文化而对大众文化作出的基本界定，但是，这个界定在当代社会，包括在当代中国社会却不能够完全概括大众文化的真实状况。

随着社会经济水平的提高，当代社会的教育水平也在不断地提高，接受过高等教育的社会成员的比例越来越高，这就形成了中国社会前所未有的知识分子社会化和大众化的状态。

中国大学入学率在不断地提高，从1977年的5%提升到2013年的76%。20世纪90年代末期，大学本科和硕士研究生迅速扩招，更多的人有机会进入大学学习。2014年，应届大学毕业生近700万人。

全国1977—2014年参加高考人数和录取率

时间（年）	参加高考人数（万人）	录取人数（万人）	录取率（%）
1977	570	27	5%
1978	610	40.2	7%
1979	468	28	6%
1980	333	28	8%
1981	259	28	11%
1982	187	32	17%
1983	167	39	23%
1984	164	48	29%
1985	176	62	35%

第七章　大众文化时代的知识分子与知识生产

续表

时间（年）	参加高考人数（万人）	录取人数（万人）	录取率（%）
1986	191	57	30%
1987	228	62	27%
1988	272	67	25%
1989	266	60	23%
1990	283	61	22%
1991	296	62	21%
1992	303	75	25%
1993	286	98	34%
1994	251	90	36%
1995	253	93	37%
1996	241	97	40%
1997	278	100	36%
1998	320	108	34%
1999	288	160	56%
2000	375	221	59%
2001	454	268	59%
2002	510	320	63%
2003	613	382	62%
2004	729	447	61%
2005	877	504	57%
2006	950	546	57%
2007	1010	566	56%
2008	1050	599	57%
2009	1020	629	62%
2010	946	657	69%
2011	933	675	72%
2012	915	685	75%
2013	912	694	76%
2014	939	698	74.3%

来源：教育部网站。

这个数字的演变意味着大学教育已经从精英化教育进入大众化教育，接受大学教育不仅仅是少数人的特权，而是大众能够享受到的教育权利。大众化的教育已经使中国的知识生产态势发生了彻底的变化。尽管与发达国家相比较仍然有差距，但是对中国而言，这已经是一个不小的进步。

社会教育水平的提高极大地提升了国民整体的文化水平，越来越多的民众具有了高等教育的文化背景，他们不仅仅是知识的接受者，同时也是知识的生产者，而且他们所生产的知识已经成为现代知识的主要内容。

有人认为，现代中国大学的扩招会导致教学质量下降，也导致现代知识分子综合素质的下降，这种观点有很大的局限性。实际上，中国现代教育的水平在不断地提高，现代的大学教育不论从硬件和软件方面都远远超过了传统的大学水平。

在全球化背景以及现代技术的支持下，中国的教育资源也更加丰富，各种现代信息的交流和互动远远超出了传统的大学，并且形成了具有全球性特色的知识形态。

现代的教育工作者基本上是接受过现代教育的知识分子，它们的知识结构与传统知识分子有很大的差别，他们所掌握的知识具有了现代知识的元素。在全球化的背景下，他们的知识具有了国际性的多元参照，他们的知识视野也远远超出传统知识分子的知识范围。这是现代知识生产者的特征。

这些教育领域的知识分子在接受现代知识的同时，也在不断地传授相关的知识，更重要的是传授现代知识的思想观念。尽管各个国家在教育方面有差异，但是全球化的知识信息在不断地传播，现代的教育理念也在不断地交流，现代教育发展的趋势是现代知识生产运作的重要背景。

大学教育是现代社会每一个人都应该获得的权利，大众受到教育意味着知识垄断被削弱，全球化和大众化的教育趋势直接地影响了当代中国的知识生产。

第七章　大众文化时代的知识分子与知识生产

知识分子的大众化意味着社会整体文化水平在提高。这是一种广义的知识分子的界定，并不妨碍对狭义的知识分子的讨论。在大众文化的背景下，不可能将知识分子压缩在狭义的范围内进行讨论，而是应该看到，不同类型的知识分子，除了其专业性外，他们都有可能参与到社会知识的生产过程之中。许多人会自觉不自觉地投入对社会公共问题的讨论，他们会从不同的专业对公共问题提出意见，包括批判性的意见。这些专业性的角度能够更加有效地阐释和解决人类社会的生存问题。例如水利专家黄万里对黄河水系建设提出不同于决策者的意见，这里面就包含了对人类生态问题的更为宏观的思考，也包含了对政治和道德问题的思考。

知识分子的大众化对社会的知识生产具有更为广泛的意义。知识生产的主体下移；知识生产成为普及性的运作形式；知识生产不再是单向性的生产和单向性的传播。大众化的知识分子既是知识的生产者，同时又是知识的消费者。

知识分子的大众化是现代知识生产主体的一大特征。接受过现代教育的大量的知识分子融入社会的各个层面，成为社会各个环节知识建构的主要力量。他们把文化生产和文化消费融为一体，既是文化知识生产的群体，同时也是文化消费的群体。也是这样的群体所需要的大量的文化消费推动了现代知识大规模的生产。

现代教育吸收了现代科学技术及其观念，经过一个多世纪的磨合，西方文化与中国文化不断地融合，成为中国社会运作的知识动力和润滑剂。中国的知识越来越显示出世界性的特色，尽管中国传统的知识生产体制在不断地抵抗外来文化知识的进入，但是，现代知识的技术化已经有效地突破了已有知识系统的防线，互相渗透，构成了新的知识结构，并产生了新的知识功能。

在传统的观念中，那种本能的、感性的文化常常被道德权力排除在高雅的审美范围之外，或者被某种道德的面纱所遮盖。而大众文化却在某种程度上揭开了这层道德的面纱，使本能文化在更大范围呈现出来。

实际上，人的需要是多层次的，本能层次的需要更具有普遍性，它在道德上的被压抑和实际的扩张历来都成为文化知识生产的矛盾焦点。道德的限制以及本能文化的突破往往成为历史上文化知识生产的公案。

大众文化扩张了本能文化的领域，大众文化知识成为社会生活的主要知识。尽管大众文化的主要消费形式是感性的和本能的，但是，由于受过现代教育的大量的知识分子的直接参与，大众文化所包含的技术含量和知识内涵越来越丰富，并且成为现代时尚的特征。原有的社会道德体系不断受到挑战，其道德界限也在不断地扩展并且更加宽容。

随着社会文化水平不断提高，当代大众文化生产主体的知识化水平也在提高，大众文化具有了更为丰富的审美因素。这些因素融汇在日常生活的各个方面，从物质方面到精神方面都具有了更为广泛的美学因素。比如说，日常生活用品、生活方式、生活行为以及社会交往方式等，都可以提升为精神的体验和享受。

大众文化并不意味着趋向低层次的文化，它可以表现于更广阔的知识领域，成为社会的知识主体，因此，提升大众文化的整体品质也就成为社会文化知识建设的重要目标。

在这个意义上，大众文化反而在更大的程度和更广的领域为知识建设提供更为丰富的资源。

二　大众文化条件下的知识生产

21世纪以来，随着互联网技术的普及，现代知识生产还具有了大众化的趋势，大众拥有了充分的条件加入知识生产的行列，并且承担重要的角色。

1. 网络化的知识生产

互联网的普及为当代大众文化的知识生产提供了非常广阔的平台。在这个平台上，几乎每一个人都可以参与到现代知识生产之中。忽略这个平台的知识生产以及知识传播的运作体制，很难解释

第七章 大众文化时代的知识分子与知识生产

当代知识生产的特征。

计算机网络技术的特性在很大程度上决定了现代知识生产的方式。一般对计算机网络的描述是：网络是计算机技术与通信技术相结合，实现远程信息处理，达到资源共享的系统；它以相互共享资源的方式连接起来，又是各自具有独立功能的计算机系统的集合；它是用户自动管理资源的网络操作系统。整个网络是一个分布式系统。

支撑计算机网络技术的是计算机和通信技术。计算机具有强大的数据录入、处理、输出能力；通信技术使信息的远程即时交换和共享成为可能。

计算机网络采用拓扑学的方法，将网络中的设备定义为结点，把两个设备之间的连接线路定义为链路。计算机网络是由结点和链路组成的几何图形，是拓扑结构。

按信道类型分为点点线路通信子网和广播信道的通信子网。采用点点连线的通信子网的基本结构有星状、环状、树状和网状；广播信道通信子网有总线状、环状和无线状。

计算机网络结构是将层次结构模型和分层协议的集合定义为体系结构。

TCP/IP 协议将计算机网络分为应用层、传输层、互联层、主机网络层。

在对等网络中，计算机平台没有从属关系，也没有专用的服务器和客户机。网络中的资源分散在每台计算机上，每台计算机都有可能成为服务器，也可能成为客户机。对等网能够提供灵活的共享模式，组网简单、方便，但难于管理。它可满足一般数据传输的需要。

客户机/服务器模式（Client/Server）。这种类型的网络由较大计算机集中进行共享数据库的管理和存取，称为服务器，它将处理工作分散到网络其他计算机上，构成公布式的处理系统。

另外还有搜索引擎成为网络知识建构的重要手段。搜索引擎指收集网页并对网页中的关键词进行索引。有该关键词的网页都将被搜索出来。在经过复杂的算法排序后，这些结果按照与关键词的相关度高低依次排列。

互联网运行的原理对社会知识生产的方式起到决定性的作用。网络化的知识生产成为现代知识生产的重要平台。

互联网技术给人们提供了可以从不同时空进行知识生产的可能性。网络技术将不同时空的人联系在一起，他们可以在不同的时间和地点从事知识生产。参与互联网知识生产的人员拥有不同的知识背景以及文化价值观，他们可以有各自的兴趣以及专业知识，也可以根据不同的目的参与知识制造，这就使得每一个人都可以充分发挥自己的潜力和想象力。他们可以将不同的知识融汇在一起，也可以构成相对独立的知识元素。显然，这样的知识制造具有了更为充分的世界性和大众化的特征。

互联网平台的知识生产使知识的元素出现了多元化的形态。各种新的知识元素在这个平台上迅速产生，使得整个知识生产出现了难以统一的状态。

传统知识生产的组织方式在这个平台上常常失效。传统知识生产的动机、策划设计、目标以及生产流程上的各个环节的控制效力将减弱，严格的知识生产审查制度受到挑战。

与此相应的是，各种难以把握的知识元素以及知识生产方式在互联网上显示出非常活跃的状态。例如在文学艺术方面，互联网上所出现的各种艺术元素远远超出了传统文学艺术的范围，甚至突破了在此基础上形成的政治道德压力，使得原有的艺术生产规则捉襟见肘，难以有效地对其进行控制。

例如在网络小说的写作方面，就出现了不同类型的小说形式：奇幻小说、穿越小说、耽美小说、架空小说、修真小说等，这些小说的思想内容、构造方式，基本思路和所操作的语言技巧以及叙事方式，都远远地跳出了传统小说的运作方式。

互联网更为直观地呈现了各种艺术的元素，尤其是在视觉上对读者和观众的刺激更为强烈。它以直接的参与性和体验性凸显了现代艺术的特征，以个人化的感受强化了现代艺术的感染力。这些新的艺术元素反过来又刺激了新的艺术形式的大量产生。

传统的知识生产往往是由国家统一制造，20世纪50年代以后，中国的计划经济是其主要的生产方式以及管理方式，资源由政府统一分配，政府机构可以支配任何资源，政府拥有对知识和文化支配的绝对权力。

互联网重新组织了知识生产的结构，也使现代知识生产具有了更大的变动性，拥有更大的自由度。这是互联网时代与传统社会不同的重要特点。

2. 现代知识生产权力

不同层次的大众文化都在现代知识生产中具有了自己的位置。这是一种去中心化的知识生产方式，不同系统的知识可以在互联网上并行。在同一个社会中，那种试图以强权控制所有知识的方式很难行得通。

大众文化环境中的知识生产使得原有的知识生产的权威性降低，知识生产的权力重新分配，现代知识生产不再容易受到垄断，那些对知识生产进行垄断的权力机构不得不出让一部分知识生产的权力，或者说，原有的知识掌控权力将会被网络技术以及大众所消耗，并转移到大众手中。

在大众文化背景下，精英知识分子常常被消融在大众文化的浪潮之中。因为大多数知识生产者同样也接受过高等教育，社会整体文化水平在不断地提高，不同领域的知识生产都将被大众所参与，并且融入日常生活之中。

在这个基础上同样出现了关于人类生活的各种知识的生产。这是不同层次不同方面的知识生产的社会。在这样的条件下，现代知识生产就不仅仅是国家统一计划安排的生产，而是具有更为普遍性的大众化的文化生产。

在一般情况下，大众文化的知识文本常常被批评为没有深度的、感性的、通俗的甚至低俗的文本，这种批评的标准显然是以所谓的深度、理性、高雅作为参照，其中是否形成典型性更是成为文学艺术的主要标准。这种标准来自学院的话语权力，它是在过去的几十年里形成的追求事物的本质化和规律化的结果。

从知识文本中获取本质化和规律化是理性主义的主要目标，也是学院知识分子维护自身话语权和合法性的主要方式。而在互联网平台上，大众参与了知识的制造，却在很大程度上解构了传统学院知识的话语权。

大众文化知识生产的重要特色，就是知识生产的动力来源于人类本能的需求，其知识也为这些需求服务。大量的本能文化知识融汇在日常生活之中，成为社会生活的主流，甚至在很大程度上掩盖了所谓的精英知识，或者把精英知识挤到了所谓的边缘。这就很容易产生一种假象，认为大众文化时代失去了另外一个层次的知识生产，并导致社会精神的堕落。

精英知识在某个时段具有的神圣与辉煌在大众文化时代失去了光环，尤其在得不到国家力量的绝对保障之下，更加失去了中心的地位。

知识生产的大众化意味着知识生产权力的下移，知识生产的专制性和垄断性被打破。

在传统知识生产领域，知识生产被严格控制，国家机器有效地介入知识生产之中，知识生产有明确的政治性或者道德性，其核心结构非常稳固。在文化艺术生产方面，政治教化的目的非常明确，其相关知识也是围绕着这一目的运作，由此而形成了中国特有的政治教化的文艺形态。

大众文化发展在很大程度上解构了国家垄断的知识生产机制，同时也消解了国家的知识权力。大众文化生产的去中心化和去权威化使得民间的知识权力迅速地膨胀，成为相对独立的知识系统。这是现代知识生产的重要变化。这个消解的过程看上去是不明显的，但是，它又能够逐步地完成某种知识建构的形态。

第七章　大众文化时代的知识分子与知识生产

现代知识生产很容易受到大众情绪的左右，大众可以根据相同的情绪倾向制造出流行的知识。

现代社会的知识生产同样面临平衡和协调的问题，它要协调个人知识生产权力与社会组织原则之间的矛盾关系。这个矛盾关系在历史上同样非常突出。

个人在多大程度上拥有知识生产的权力和自由，这是考量社会政制文化的重要指标。现代社会往往把思想言论的自由作为考量其文明程度的重要指标，并将之纳入宪法之中。思想言论的自由度也就是个人和群体进行知识生产的自由度，它表明了知识生产权力的界限。

个人知识生产的自由度往往与国家的组织原则和方式相冲突。因此，一些国家是以法律的形式规定个人知识生产的权力界限，一方面保障个人的知识生产权力；另一方面也保证其生产的知识不会伤害到群体的或者他人的利益。

不同的国家对知识生产的规定是不同的。在高度集权的国家里，知识生产也会被高度垄断，只有少数人能够按照自己的意愿，以维护自身阶级的利益进行垄断性的知识生产。这种知识生产的规定性十分严格，它必须按照规定的要求生产出具有特定功能的知识及文化，以更有效地对社会进行管理。

但是，随着社会的发展，尤其是全球化文化的交融发展，那种试图以单一的思想观念进行知识生产垄断的方式和手段遭遇了阻力，受到了抵制和瓦解。

现代社会和政府能够具有较高的自协调的功能，将原有的社会组织原则进行适当的调整，对社会与个人之间在知识生产方面的矛盾关系进行有效的协调，才能够缓解现代文化知识生产的矛盾。

这首先要承认个人拥有知识生产的权力，这是对人的权力的基本尊重。人的存在本身就具有了承传知识和创造知识的能力和权力。在社会历史的不同阶段，这种能力往往不能够有效地发挥出来，其权力也被剥夺，这其中包括受教育的权力和知识创造的权力。这是社会在知识生产领域所要不断反思的问题，要建立起使每个社会成员能够最大限度发挥其知识创造能力的环境，是现代社会需要进一步探讨和解决的问题。

3. 本能文化及私人领域的拓展

人的生活是多层次和多方面的，尤其是在本能文化需求方面，无论何种层次的人群都会产生这方面的需求。

随着大众的知识分子化，不同层面的知识会更多地融入大众的日常生活之中，成为他们生活中不可缺少的部分。因此，大众文化的生产与现实、感性的生活密不可分。

大众文化的普及形成了非常广泛的文化网络，因此，在面对大众文化的知识生产时应该注意知识的多层次性和具体性。现代知识不仅仅是围绕着某种特定的意识形态运行，它也可以围绕着各种层次的需要而产生。不同层次的知识有时是独立的，有时互相之间也会产生交集，互相融汇，因此，在知识的层面上，它并不显示出非常明确的界限。在现代知识生产的平台，知识资源也更加丰富，知识传播和消费的市场越来越大，因此很难对其进行严格的控制。

在这里，还应该关注大众文化知识在全球化的背景下所形成的知识网络关系。这种关系有别于传统的文化关系，它是在现代技术支持下，由现代的知识元素以及价值建构起来的关系。

尽管大众文化生产是社会化的运作状态，但是实际上，大众文化却给个人提供了更为丰富的私人文化空间。在大众文化的屏蔽下，个人有了更多的独自享受文化的权利，人们可以在丰富的文化条件中选择能够让自己获得愉悦的文化元素，并且可以有意识地形成自己的文化环境。这是一个难得的机会，因为有了相对的自由度，私人的文化空间也有了存在的可能性。

在私人的文化空间中，个人能够享受到不同层次的文化快感，这其中包括本能文化的最直接的体验和享受；同时，也包括在更高思想精神层面上的享受。

大众文化的合法性有效地解构了身体享受是罪恶的观念。在传统文化中，尤其在儒家文化或墨家文化中，身体享受被看成低层次的享乐主义的罪恶，在道德上是受到谴责的。过度的享受，也就是奢侈，历来是被社会道德所谴责。但是，在大众文化的环境中，个人享受可以是相应的权利，个人在享受中获得快感和体验，也因此使得大众文化产生了审美的意义。

经典美学往往把身体快感的享受看成是浅层次的娱乐，很难上升到美感，这种有意识地把身体的快感与美学分隔开来的观念，长期成为社会分辨美丑的重要标准。

美感与感官的享受分不开，感官的直接享受是美感的基础，也是美感得以提升的重要动力。大众文化在很大程度上打破了这种界限，它不顾及经典美学的标准，而是在身体快感的基础上获得心灵的愉悦，并获得美感。

显然，美感不是纯粹抽象的概念，而是建立在具体的身体反应之上的感受。它融入个人的日常生活之中，与个人具体的生活行为和生活方式息息相关。

个人的文化环境往往是根据个人的文化条件以及经济条件等综合因素而建立。个人在其条件范围内体验到自身的快感，能够根据自己的条件建立起自身的意义系统，并在这种意义的联系中获得相关的知识及体验。

在大众文化发展时代，各种文化现象对不同的人都可以产生出不同的意义，或者不同的人也可以对各种物品或情景赋予其特殊的意义，并在此意义中感受到快乐，因此，那些强求一律的规则往往受到挑战。

在大众文化背景下，众多的快感选择是集体性的，集体性的文化知识，尤其是媒体娱乐的知识在无形中形成非常强大的话语权力，裹挟着个人卷入某个知识系统之中，个人很容易受到大众文化的直接推动而进行选择。这毫不奇怪，社会的从众性会潜移默化地让个人服从集体的需求。

大众文化的知识系统往往以流行的方式出现，某一种知识可能在短期内迅速地成为流行时尚，并引领社会的文化潮流。这些流行的知识未必强调永恒的意义，但总会对社会起到瞬间冲击的作用。

流行的知识有时很难捕捉到其存在的意义，这往往让理论界感到流行知识的意义缺乏稳定性，也因此缺乏深度。

流行知识的产生和存在为大众文化编织了现代的文化网络关系。这种网络是建立在本能文化的需求之上，因此它具有非常强大的力量，也能够有效地影响和控制社会文化的走向。在更多的时候，人们更看重主宰时代和社会的文化主流，而忽略流行文化的发展，这往往会导致对社会文化发展走势认识的不明确。

一些流行知识反复出现，就会沉淀下来，成为相对稳固的知识，并被社会固化下来。实际上，人类文化往往也是经过流行而固化的，并且成为经典。魏晋南北朝时期的流行文化经过一定时期的积淀以后成为历史的经典，成为影响历史的重要思潮。现代文化也主要是以感性的本能的方式流行，而且直接地影响当今社会的流行风气和时尚。经过社会不断的沉积固化以后，一些本能文化也将成为经典流传，成为历史发展存在的印记。

第八章 现代知识生产的商业化

在商业文化不断发展的今天，知识生产的商业化也不可避免。知识生产的商业化已经成为现代知识发展的重要方式，也是现代知识得以大规模生产和发展的重要条件。尽管商业化的知识生产被人们所诟病或者被批判，但它仍然以迅猛的趋势发展。

一 知识生产的商业化动力

商业化的目的就是追逐利润，以获取商品利益的最大化。知识作为商品，知识生产以追求商业利益为目的，这似乎降低了知识的另外的功能。这种感觉是存在的。传统意义上的知识往往不以商业为目的，例如儒家文化、道家文化和佛教文化，其目的是追寻世界的本原，协调人与人之间的社会关系，其政治道德教育功能是主要的。

现代知识生产却越来越趋向于商业化的发展，全球化的市场关系已经形成，社会的文化交流及知识传播主要是以商业化的方式进行。

文化的商业化、知识的商业化形成了发达国家最为重要的知识运作方式。知识商品成为商业贸易的主流。文化知识产品的出口往往是国家软实力的表现，是国家经济的重要支柱。美国对外出口的商品，除了科技产品以外，还有众多的文化产品，而且这些文化产品蕴含了大量的现代技术和文化信息。因此，不能把文化知识商品化仅仅看成纯粹的商业化，更重要的是其中包含的文化交流或者文化输出的功能。

随着现代技术的发展以及市场经济大规模的形成，大众文化知识的生产具备了良好的发展土壤，其发展领域越来越大，已经渗透到社会生活的各个方面。

大众文化生产包括了文化生产的目的、动力、知识元素、知识的组装生产过程以及大众文化知识的传播和接受方式，等等。

在当代的市场社会，知识生产直接地与商业生产联系在一起，或者说，知识生产本身就是商业生产。

许多知识生产就是为了商业的目的，也就是盈利的目的。知识成为商品进入市场，也因此具有了商品的属性。现代社会的知识具有了知识产权的属性，它以知识专利获取产权的合法性，这是知识商品化的特征。

商品的目的是为了盈利，利润是衡量商品价值的重要指标，知识商品也同样具备了这样的要素。现代的文化消费市场常常以某项知识产品的盈利额度衡量该产品的市场成功率。比如说图书的发行量，电影的票房收入，电视的收视率，网络文学作品的点击率等，这些指标都直接地把知识产品物态化或指标化，使之转化为可见的商业盈利形式。

大众文化的消费是市场的需求；同时，为了使知识产品赢得更大的市场份额，知识生产更加讲究创意，拓展新的知识领域，以刺激现代知识的消费。这是一个互动的过程，它并不意味着知识生产的商业化只是庸俗地迎合消费者的需要，它还会引导大众的文化消费。

随着社会整体文化水平的提高，文化消费在精神层次上的需求也在不断地提升，大众文化产品消费趋向于更为审美化的需求。

现代知识生产主要是社会化的生产。大工业社会以及信息化社会的知识生产具有更大的社会化生产的规模。大部分知识产品的形成需要有众多的生产者参与，这些个体的生产者未必有明确的知识生产目的，因为知识的各种要素已经被具体分解到生产的每一个环

第八章　现代知识生产的商业化

节，具体的生产者未必能够清楚地了解该知识的整体状态，但是，他们在生产过程中却能够按照商品生产的目的完成其工作，在知识的整体设计和生产中往往有具体的分工。

大众文化知识产品的生产过程已经融入了现代技术的生产方式。知识生产从传统的手工技术转化为机械技术以及现代的电脑生产技术，形成了从策划设计到生产消费的整个流程。在知识生产流水线上，具有专门知识的知识分子加入生产行列，他们负责流水线上的某个生产环节，各司其职，保证知识生产流水线的正常运作。

知识生产的商业化并没有导致知识萎缩，反而在很大程度上促进了知识的发展。正是因为有了社会的大量需求，并通过商品的形式获得推广传播，也因此刺激了知识的大量生产。

在更多的时候，知识并不因为粘上了商品的属性就变得不堪入目，相反，知识在商品市场的推动下会迅速地发展起来。知识的需求刺激了知识生产，知识通过商品的形式进入市场，获得最大容量的扩张，并且通过包装获得最为广泛的传播和接受。

正因为知识的市场消费急剧增加，知识商品所获取的利润也越来越大，这就不断地刺激知识生产以更大规模以及更快速度进行，在市场上形成更大的消费规模。这是循环的过程，生产与消费互动，使知识的再生产成为可能。知识的再生产会使知识规模和领域不断地扩展，包括知识的生产能力以及知识功能的扩展。

现代知识领域越来越细化，也更为专门化，其功能的针对性越来越强，指向的消费群体也越来越明确。这种专门化的市场消费在更大的程度上刺激了现代知识的生产，也使得知识的生产越来越专业化。

在现代技术的支持下，知识并不是抽象的概念，它可以直接地物态化为具体的知识产品，以实物或者符号的方式呈现出来，哪怕是在网络的虚拟空间中，也可以用直观的符号形式呈现出来。

作为商品形式，知识在消费市场上就更具有可操作性，其商品的符号性也更加明确，它所呈现的使用价值也更为直观。在这样的基础上，知识的商品属性更加明确，知识也因此可以在市场上获取更大的利益。这是知识生产的最大的商业性动力。

二 知识生产的资本化

知识商品在资本市场获得巨大的利益，刺激了大量的资本投入文化知识生产领域，极大地改变了当代知识生产的格局，也使得知识产品渗透了商业资本的种种成分。

1. 资本的大规模介入

在商业社会，知识成为具体的商品在市场上销售，被消费者所消费。知识具有了商品的属性，它能够作为盈利对象获得资本的青睐。知识生产领域成为重要的投资项目。商业化追求的知识是一种商品，经济资本对知识的投入也势在必行。资本对知识市场的大规模投入，使知识商品的盈利增加，知识商品所获得的利润越来越大。

随着中国经济的增长和资本市场的发展，中国的资本市场呈现出强劲的增长态势，投资中国知识市场的高回报率使中国成为全球资本关注的地区。

中国社会是新兴的知识生产场所以及知识消费的市场，中国众多的消费群体为知识商品的消费提供了非常广阔的市场。大量的资本进入中国知识生产市场势在必然。中国的知识市场也在尽可能地吸纳由资本构成的知识商品，一方面是从国外大量购买相关的知识产品；另一方面也在国内投入知识产品的生产，形成规模化的生产，也形成了消费的市场。

20世纪90年代以后，互联网成为现代知识生产的重要领域，风险投资大量地进入互联网领域，极大地扶持和刺激互联网的发展，风险投资也从中获得了巨大的利益回报。

风险投资在中国所投资的企业大多是互联网企业，比如新浪、搜狐、阿里巴巴等互联网企业，都是在这一时期得到风险投资的投入。新的知识生产领域因其成长性好且回报稳定而受到风投青睐。

第八章　现代知识生产的商业化

风险投资是一种股权投资，其投资的目的不是为了获得企业的所有权或控股，而是通过投资和提供增值服务把企业做大，然后通过上市、兼并收购或其他方式退出，在产权流动中实现投资回报。

这是当代知识生产资本化的重要特征。资本投入的目的就是为了赢利，在知识成为商品时，这个目的也同样不会改变，具有商品属性的知识产品按照自身的运作不断地发展起来。

在大众文化迅速发展的背景下，大众文化消费成为经济资本所看中的潜在市场，文化市场也就成为重要的投资领域。经济资本的介入是现代知识生产的重要条件，也是巨大的推动力量。

文化知识生产的社会化过程也是资本不断渗透的过程，各种资本进入知识生产领域，使得文化知识生产具有了多种元素。

规模化的知识生产需要大量的现代技术迅速地融入生产的各个环节，成为知识生产的不可或缺的条件和手段。从知识发展的角度而言，这是知识发展的有利条件。比如说，在现代影视产业的发展过程中，大量的科技投入了影视的生产制作，从而大大地提升了影视产品的艺术质量，其艺术性又迅速地转化为商品的因素，综合为现代艺术的重要审美因素，并以此获得更大的市场。

在相关的知识生产领域，资本的大量投入使知识的再生产成为可能，也使知识大规模的社会化再生产成为可能。这更有利于知识的广泛推广。资本的投入可以推动知识的生产和推广。

文化资本包含了文化的各种条件，其中有经济条件以及文化权利，文化的地位以及社会的教育水平等各个方面的因素。

在全球化的背景下，不同来源的资本对知识生产领域的投入可能会引起不同文化知识之间的交流，同时重新配置知识，使不同的知识产生新的联系。如果知识生产领域绝对地排斥经济资本的投入，反而会导致现代知识生产的停滞不前，甚至崩溃。

在市场化的推动下，民间资本迅速地投入知识生产领域，这是当代中国的重要变化。因为在这之前，文化领域主要受到政治化资本的控制。

20世纪90年代，民间资本开始进入中国的出版业，在这之前，中国出版业一直受到政治意识形态的严格控制，几乎任何出版物从出版到发行都会受到严格的审查批准，然后才能统一生产和发行。尽管这一政策一直没有改变，但是，在90年代以后，民间资本，也就是个人投资者可以通过购买出版社书号进行出版。这种借助国家出版社的名义发行的图书开始在市场上大量出现，形成了颇为壮观的出版发行的第二渠道。这个市场上的出版人被称为书商。

民间出版的目的是通过商业市场盈利，其目标指向是明确的商业目的，而且，在很大程度上获得了商业上的成功。

出版的商业化改变了中国社会关于知识的观念，知识拥有产权，知识可以商业化和市场化，知识可以通过市场获取大量的经济收益，同时，商业市场可以主宰知识的发展走向。在中国这样一个高度统一的政治意识形态的环境中，知识的市场化使得严格的控制不断地遭受挑战。

出版的市场化推动了出版社企业化的改制。在此之前，出版社是作为国家政治意识形态的文化单位进行管理，被认为是国家重要的意识形态阵地，不能被其他力量所干预。市场化却在很大程度上挑动了这个体制性的原则，使出版业走向市场，改变为市场化的生产体制，也就是企业化。

出版企业的集团化显示了强大的知识生产的垄断形态。出版集团通过强大的经济资本迅速地整合社会的知识生产，并把这些知识转化为垄断性的知识产品。

现代知识生产使各种技术条件不断融合，形成循环的生产机制。知识生产的需要又刺激了科技产品的发展，反过来又用于知识生产。因此，现代知识生产的突出特点就在于，社会成员是以商业关系介入知识的生产环节，从知识的生产到消费都具有明显的商业因素。

当知识作为商品时，它会更加有效地聚集社会的力量。社会在对知识开发的过程中所需要的种种因素，包括人的因素以及各种物资财力的因素会有效地聚集运作。社会有效地聚集起知识开发的人员，挖掘知识的盈利功能，使社会的知识开发更加有效，从而推动社会的发展。

国家作为知识的开发者，重要的是建立起适合的环境机制，让开发者能够有效地发挥自己的知识创造潜力。国家通过经济手段对文化知识生产领域大量投入，是当代中国文化发展的趋势。这样的趋势会不会导致国家文化资本主义的产生，这是一个值得探讨的问题。

2. 现代知识生产的竞争与垄断

知识以商品的形式出现，就具有了商品的属性，也因此与商品一样具有了盈利的特点。这就不可避免地吸引投资者对其进行投资生产，并且试图从中获得更大的利益。这实际上也意味着市场竞争的出现，并出现知识生产垄断的状态。这并不奇怪，利润是吸引投资的重要动力，人们在进行商品生产时总是以获取利润作为最终目的。知识产品也不过是能够产生利润的商品。

知识生产的竞争也许在某种程度上伤害了个体生产者的利益，但是知识生产竞争也在不断地推动着现代知识的发展。在技术含量方面，包括艺术也在不断地受到刺激而得到推动，特别是在综合性较强的艺术领域，这种竞争也许更有效地推动了相关艺术的发展。

有了竞争，就会出现知识生产的垄断。知识生产的技术含量越来越高，规模越来越大，需要大规模的资金支持，因此更容易导致大规模垄断的出现。一方面是垄断知识生产的技术；另一方面也垄断知识的消费市场，垄断知识的资源和分配，最终会主宰社会文化知识的走向。

在现代的知识生产过程中，经济资本会不断地渗透其中，并逐渐地形成某个领域的文化垄断，这种垄断不仅是传统的主流意识形态对文化经营的垄断，而且是文化经营者通过绝对优势的经济资本对知识生产进行控制。

在现代知识的生产过程中，个体化的知识生产比例会越来小，尤其是在流水线化的生产过程中，个体因素的影响力越来越小。个体生产者仅仅是知识生产流程中的某一个环节，甚至只是某一个部件，他对整个知识包括艺术的整体性的感受被削弱。

这种垄断性成为现代规模化的知识生产的主要形态，它会在一定程度上制约个体创造性的发挥。知识生产的垄断化会导致个体在知识生产中被淹没。这是机械复制下的艺术生产可能会淹没艺术个性的推论，宏观的垄断生产难以凸显个体的知识特长或者艺术特征。

借助经济手段对文化生产领域进行大量的投资，占有绝对的文化市场的份额，便可以主导市场的文化消费，甚至形成新的文化垄断态势，这是商品市场所难以避免的情况。

知识的垄断会导致某种知识在一定阶段成为具有强大霸权的知识群，它在无形中主宰社会的文化导向，并且改变社会的价值观念，使社会对某种价值产生普遍的认同。

商业资本大量地进入知识生产领域，可以加大某种知识的权力，尤其是商业资本与意识形态结合在一起时，更能够有效地推动某种知识的垄断，使某种知识具有更为强大的社会霸权。

现代网络技术对知识生产具有重要的推动作用，对网络的控制也意味着对知识生产的控制。在商业资本和政治意识形态联手掌控网络技术的时候，知识生产会受到更大程度的控制。

网络化的知识生产已经成为大资本瞄准并大规模投入的领域，这也意味着资本对互联网领域的控制越来越强，甚至可以操控互联网的知识生产运作，主宰互联网平台的走向，于是，资本可以直接地操控社会舆论，与政府意识形态相对峙。

大规模的资本投入会形成知识生产以及知识商品化的控股形态，这是知识生产的垄断形态，可能会导致相关的知识生产按照某种特定的方式进行。知识生产被强势资本所控制，也就会受到特定意识形态领域的强大资本的控制。它可以按照自己的意愿组织文化市场，也主宰国家知识生产的导向，因此，如果能够对知识生产资本进行有效的控制，就可以以资本化的意识形态对知识消费市场进行控制。

在今天的中国，外来资本已经大量投入中国的知识生产领域，并在某种程度上操控中国的知识生产，这种趋势还会继续发展，其效果也会逐渐地显现出来。

知识生产的垄断还可能导致世界性的文化知识的价值朝向垄断方所控制的目标发展，这种可能性是存在的。当某种文化资本以强势的力量主宰社会的文化知识走向时，社会就会出现更为庞大的文化共同体。这个共同体可能会要求以统一的价值组织社会文化，并在不同的文化之间建构起相应的联系。不同国家和民族的文化逐渐地趋向于某种共同的价值，形成世界性的共同的文化特质。就如同西方的政治文化及其强势文化，以其核心价值，通过资本推进的方式进入其他民族国家的文化领域。

这种共同文化的趋向性有时候是显性的，有时候是隐性的，尤其是某种文化知识以艺术的方式包装之后，其隐含在艺术符号之下的文化价值观也会随同其艺术产品进入异质文化的市场，直接地影响到不同国家和民族的文化架构以及价值观念，影响到不同社会、民族的文化审美走向。就如同今天的好莱坞大片对世界电影市场的垄断一样，它相当有效地主宰了电影艺术的发展，甚至电影标准的制定，同时也对其他国家的文化价值观念产生巨大的影响。

这些电影所灌输的社会观念以及艺术观念也在引导着其他国家地区电影生产的发展走向。尽管世界范围的文化知识是多元的，但是强势文化覆盖的大趋势已经显露出来，强势文化对现代和未来的知识生产产生了根本性的影响。

这是市场竞争的状态，在国家和地区之间、不同阶层之间都存在相应的知识市场的竞争，实际上也是知识权力的竞争。

三 商业化的知识生产运作

知识进入商业化运作，就按照商品生产的方式进行生产，因此，应该关注商品生产的基本运作情况，了解现代知识生产在商业关系中所具有的基本属性。

1. 成本与生产管理

知识生产会产生相应的成本。生产成本亦称制造成本，是指生产活动的成本，即为生产产品而发生的成本。生产成本是生产过程中各种资源利用情况的货币表示，是衡量知识生产企业技术和管理水平的重要指标。

生产成本由直接材料、直接人工和制造费用三部分组成。直接材料是指在生产过程中的劳动对象，通过加工使之成为半成品或成品；直接人工是指生产过程中所耗费的人力资源，可用工资额和福利费等计算；制造费用则是指生产过程中使用的设施及物料和辅料的成本。知识生产成本包含这些方面。

知识的生产成本有物态化的成本，也有精神性的成本。精神性的成本往往又必须通过物态化的形式表现出来，因此，当人们消费知识产品时，会对精神性的成本有相应的认可。特别是那些有创意的知识产品经过特殊的精神创意后可以获得承认。

生产成本还主要体现在市场所表现出来的需求关系。一般而言，知识生产成本以货币的形式显示出其成本的指标。

生产管理是对企业生产系统的设置和运行的各项管理工作。其包括生产组织工作。生产管理的任务是通过生产组织工作，按照企业目标的要求，设置技术上可行、经济上合算、物质技术条件和环境条件允许的生产系统；通过生产计划工作，制定生产系统优化运行的方案；通过生产控制工作，及时有效地调节生产过程的各种关系，使生产系统的运行符合既定生产计划的要求，实现预期生产的品种、质量、产量、出产期限和生产成本的目标。生产管理的目的就在于，做到投入少、产出多，取得最佳经济效益。

知识生产在作为商品规模化生产时，也需要进行相应的生产管理，其要求与一般商品生产的管理是一样的。

作为个体化的知识生产则主要是依据个体的特性进行运作，在互联网时代，分布于各个终端的知识生产者则主要以自己的生产方式为主，这样则更有利于个体发挥其创造性。如果其参与规模化的知识生产，则需要加入相应的管理系统。

2. 工艺技术

当知识生产达到一定水平时，生产规模就越来越大，知识生产也因此拥有相应的技术含量，其工艺技术代表了知识的生产水平。

知识生产水平处在初级阶段，其工艺技术也相对落后，对原材料的处理也较为简单。当知识生产达到较高水平，其所要求的工艺技术会越来越高，达到更为精致的状态，同时还能够开发出更多的附加值。知识生产工艺技术的提高也就意味着其生产过程中的科技含量的提高。在当代科学技术条件下，能够大量吸收各个领域开发出来的科技用于现代知识生产，会对产品技术含量的提高有重要的支持。

知识生产工艺技术不仅仅是对某种单一技术的开发，更重要的在于能够整合各种工艺技术，并将之用于知识产品的生产中。综合性的工艺技术更加体现现代的科技水平和综合艺术的水平，比如说影视作品的生产，舞台技术的整合以及网络技术的整合，会充分地体现出现代技术在工艺方面的水平。

3. 增长模型

在大众文化和互联网条件支持下，知识的生产条件更加充分，生产能力也比传统生产能力更强大。

传统主流知识生产主要是少数知识经营者和官僚集团所进行，现代的知识生产能够借助现代技术进行大众化的生产。它能够全面地激发和开发社会的知识生产潜力，使更多的人加入知识生产，特别是个体能够在互联网上获得知识生产的权力，或者说，每一个进入互联网的人都能够成为知识生产的环节。它包括知识生产、传播、接受的整个生产和消费的链条。大众化和个体化融合构成了现代知识大规模生产的效应。

在大众文化的知识生产中，许多知识会反复地在相同的轨道上运作，有些知识被不断地重复，在重复过程中被重新整合，由此而形成新的知识生产状态。新的知识点会不断地积累，新的知识元素会不断地培育出来。当新的知识元素出现时，现代的知识生产条件会更快地整合这些元素，新的知识系统会因此产生，并在互联网上迅速流行，这是大众文化知识流行的特点。

互联网时代，集团化的知识生产会大规模形成，互联网有效地将分布于不同时空的知识生产者联系起来，集合成某种生产主体，针对某个知识产品进行大规模的开发，这是前所未有的知识生产的景观。集团化的知识生产模式能够将不同专业的知识分子迅速地集合起来，并且将不同专业的知识高效地整合运作，以产生新的知识。这种规模化的知识生产已经越来越明显地成为现代全球化知识生产的重要方式。

集团化的知识生产还表现在知识的传播与应用方面，因为拥有巨大的资本以及技术的支持，集团化的知识可以迅速地向更大的市场推广，形成品牌效应，并且在品牌的传播过程中不断地强化某种知识观念，也因此形成全球化的知识增长模式。

4. 新税种

知识成为商品，知识所具有的商业属性凸显出来，知识产品也被作为课税对象而成为新税种。

大规模的知识生产和知识交易已经形成新的税种，而且税利相当巨大，成为国家税收的重要来源之一。一些发达国家知识生产及贸易的额度相当大，占到国家商品生产以及出口的重要份额。这些都形成了新的国家税种，并且对国家的经济增长起到举足轻重的作用。

一个国家知识产品的税种增加，说明这个国家在知识生产方面所取得的成就会更大。这是知识生产效益的可见的比较。因此，一个国家如果能够有效地开发出相关的知识税种，也就表明这个国家在知识开发、生产和贸易方面达到了较高的水平。

以近年中国开设的文化知识品种的税种看，知识商品已经具有重要的地位。

根据《中华人民共和国增值税暂行条例》（国务院令538号）和《中华人民共和国增值税暂行条例实施细则》（财政部国家税务总局令50号）规定：

下列货物继续适用13%的增值税税率：

音像制品。指正式出版的录有内容的录音带、录像带、唱片、激光唱盘和激光视盘。

电子出版物。指以数字代码方式，使用计算机应用程序，将图文声像等内容信息编辑加工后存储在具有确定的物理形态的磁、光、电等介质上，通过内嵌在计算机、手机、电子阅读设备、电子显示设备、数字音/视频播放设备、电子游戏机、导航仪以及其他具有类似功能的设备上读取使用，具有交互功能，用以表达思想、普及知识和积累文化的大众传播媒体。

对部分出版物在出版环节执行增值税先征后退50%的政策。

知识产品税种的开征会使生产经营结构进行相应的调整，其贸易往来会趋于平衡，国家也因此获取相应的财政收入。部分知识产品获得优惠的税收政策，也显示了国家对某些知识产品发展的支持。

四　知识的营销与消费

知识产品生产出来以后，就需要进入市场，提供给消费者消费，其重要的环节就是传播和营销。

1. 知识的传播与营销

在现代知识生产中，传播媒介的发展是知识生产实施的最重要的条件之一。如果没有现代互联网技术以及现代传媒巨大的革命性变化，很难有现代知识的大规模的传播。互联网出现之初，有人担心传播媒介的变化会带来知识的失控。在习惯于知识垄断的国度里，知识的失控是令人担心的问题。

随着社会的发展，现代传媒迅速地覆盖到大众之中，更多人拥有了获得知识的权力，知识也并不因此显出失控的状态。知识的普及化让社会受众得到了享受知识的权利。

社会大众既是知识的消费者，也是知识的生产者和传播者。这是现代知识生产的巨大变革。知识对社会进行全面的覆盖，同时也对原有的知识生产机制以及观念造成了重大的冲击。

互联网对知识传播的"守门人"形成了冲击。在中国传统社会，知识传播形成了相对固定的模式，也形成了知识传播的相关规则。有些知识可以传播，有些知识被限制或者甚至被禁止传播。政治道德的规则有效地规定了知识的生产和传播，比如说清代的文字狱就是非常典型的知识传播的惩罚手段。

随着网络技术的普及化，资本投入成为现代传播投入的最重要的对象。民间的和官方的网络建设也成为现代传播资金最大的投入领域。

新的知识传播方式已经极大地拓展了现代知识市场，现代知识可以在世界范围内以强势力量覆盖各种社会领域，这是在20世纪末出现的知识传播状态。经济资本在知识市场的投入方面取得了巨大的效果，这种趋势仍然以迅猛的势头发展，成为未来知识生产和消费的最重要的形式。

对知识传播的投入也就是对市场的扩张，在商业社会中，知识市场的扩张能够非常有效地占领相关的社会领域，并在这些领域获得相应的经济回报。

网络技术为现代传播建立了巨大的平台，它是人类有史以来在传播技术上最大的革命性的变化，各种知识观念都可以通过互联网迅速传播，因此互联网强调拥有观众或顾客最为重要。相关平台的互联网的扩展策略就是投入大量的人力、物力、财力，迅速建立起能够吸引大量观众和顾客的网络平台。首先拥有观众和顾客，然后对他们进行知识理念的覆盖，并最终改变和塑造他们的消费行为。

这种抢占顾客的营销策略已经在互联网市场争夺战中非常直接地显现出来，而且也非常有效地获得了更大的经济效益。各种投资迅速汇集到互联网市场的拓展活动之中，这也无形中把某种知识理念迅速覆盖到相关的顾客群中。

为了使知识更有效地在市场上传播，知识包装成为重要的环节。包装并不意味着知识本身拥有更丰富的知识含量，而在于通过包装形成宣传和传播的效果，对知识的意义广而告之。它可以产生市场吸引力，具有更为强大的广告作用，因此，知识包装在现代市场也同样是必要的。

知识包装是知识产品营销的策略和方式，以营利为目的的市场包装有助于相关知识的传播，能够引起消费市场的注意，因此市场需要以包装和广告的方式推动相关知识的传播。

知识营销也如同一般商品的营销，它强调知识本身的特性，同时也强调知识所拥有的功能，因此营销往往成为知识传播的重要手段。刺激营销手段发展的最大动力就是利润。

知识商品同样存在利润分配问题。利润分配依据市场的协调形成一定的比例，由不同的生产环节占有。在一般情况下，不同的知识品种都会以特定的经济指标作为衡量其相对地位的标准，比如电影往往是以票房价值作为其基本的评价指标；电视剧主要以收视率作为其评价指标；网络文学以点击率作为其重要的指标。一般的文艺产品类型都以自身的运作划分出相关的盈利领域。

随着市场化的充分发展，各个领域的文化知识产品逐渐形成了清晰的营销和推广方式。其营销手段互相渗透，不同的知识产品可以通过各种手段进行基本的推广。这种立体性的推广在立体性消费的大众文化环境中是相当有效的，而且这种推广往往具有感性化和本能化的特征，因此能吸引大众的注意，也可以获得更大范围的市场关注。

市场化的知识产品的推广并不意味着知识含量的降低，相反，知识能够在更大的范围发挥作用。一些成功的知识产品营销除了知识本身的内容以外，更多的是借助了商业市场的轰动效应和流行效应获取更多的盈利。

2. 知识的交易与消费

知识成为商品进入经济流通领域，缩短了知识转化为社会效益的时间和距离，这是现代知识传播与营销的特点，也是现代知识生产运作的趋势。

现代知识传播更多的是以知识交易方式进行，比如知识产权，知识专利及产品，直接通过商品交易的方式进行传播，因此，知识交易是现代市场正常的商品交易，知识产品是现代商业重要的交易品种，人们可以通过交易获得某种知识产品。

商品社会的知识交易改变了传统知识的传播方式，有偿性的知识交易推动了现代知识的传播，使知识更加普及化。

现代知识传播以大规模商品化的交易方式进行，以集团或国家的操作进行知识交易成为全球化的主要知识交流方式。它推动国家或民族知识生产的进一步发展，直接影响到国家的文化地位。规模化的知识生产建立在大规模的知识贸易的基础上，这是现代知识生产的重要条件。

大规模的知识交易不一定会降低知识的技术含量，也不一定导致知识退化，相反，知识交易推动了国家、地区或者民族之间的文化交流，使全球化的知识交流成为可能，并出现具有倾向性的知识变化的趋势。由强势文化所推动的世界性的知识变化会导致地区性的强势文化的垄断。大规模的知识交易已经有效地影响到某些地区的文化结构以及文化发展。

20世纪末以后，知识在大量生产的同时也迅速地进入市场，成为被消费的对象，或者说知识消费量的增大，也促进了知识生产量的扩大。这是知识生产的重大变化。大部分知识成为商品，或者在知识的领域中增添了诸多的商品属性。知识生产具有明确的目标市场，它被作为符号消费对象在市场上被购买，同时被消费。

在大众文化迅速发展的今天，消费新知识越来越被消费者所青睐，新知识成为市场的重要商品，因此，创新性知识更容易被市场青睐。

第八章　现代知识生产的商业化

知识的消费具有双重性，一方面是它的物质性消费，知识可以转化为物态化的对象，给消费者提供明确的使用价值。现代市场也给这种物态化的知识提供了充分的消费条件，比如说各种知识专利的确认给知识提供了明确的使用范围。在消费时代，大量的知识物态化于大众的日常生活之中，成为社会物质生活的直接使用对象。

另一方面，知识产品又具有精神性消费的特性。消费者可以从知识符号的消费中获得精神上的享受和满足，在这其中不乏审美性的精神享受。知识的精神性的享受功能在大众文化时代会得到更为广泛的开发。在现代科技的支持下，各种知识会迅速地转化为商品，融汇在人们的日常生活之中，并被大众充分地享受。

现代知识消费是多层次的，既有本能层次的消费，也有更深层次的精神消费。本能是人类最基本的需要，也是人类生活最基本的追求，因此本能层次的知识消费会占据主要的市场。

在现代社会，知识的综合性越来越强，社会整体的文化水平在不断地提高，许多本能性的知识发生了复杂的演化，融入人的更高的精神追求。现代科技和商业社会相当巧妙地整合了本能层面的知识，使它所拥有的现代科技元素和思想元素更为复杂。因此，现代的本能知识也具有了更为充分的精神内涵。比如现代饮食文化及服饰文化的发展已经包含了更多的科技元素和人文元素，形成现代文化精神，并在科技的支持下更为直观地在网络中流行。

当知识转化为商业消费品时，消费者可以通过货币量化的方式购买知识，成为某种层面上的知识拥有者。在某种程度上，他甚至成为某种知识的垄断者。知识专利和知识产权的概念已经成为知识消费的重要概念，这就意味着，知识可以通过货币购买而兑现为实体性的消费物品。作为技术性的知识，它可以直接物态化为知识产品。作为精神性的知识，比如文学、哲学以及种种与精神直接相关的知识形式，往往是以符号的方式显示，它可以在虚拟的传播空间呈现，形成符号性的消费。

符号性消费可以直接地诉诸人的视觉、听觉以及各种感官，成为精神性的审美享受。

在现代大众文化消费时代，精神性的知识大量地转化为商品形式进入市场，并被大量地消费。其消费形式有持续性的，也有一次性的。

一次性消费的知识往往具有流行的特色。流行知识成为现代消费的重要产品之一。在信息技术高度发达的今天，流行的知识产品具有了越来越多的商业成分，并且成为主宰文化消费走向的重要力量。

大众文化知识的商品化过程，既有本能化的精神需要，也有知识化的提升。现代消费群体的知识水平在不断提高，知识产品的消费规模迅速扩大，消费品位的提升也成为社会文化发展的总体趋势。

随着城镇化的快速发展，中国市民社会群体越来越庞大，现代市民社会的消费水平也在不断地提高，它逐渐形成以中产阶级生活作为社会消费水平的标杆，吸引其他阶层的关注，形成总体向上的消费目标。

而在这个消费系统中，现代知识的消费所占的比例越来越大，它包括现代的物质知识和精神知识。精神性的知识元素越来越被人们所看重，并成为现代消费的主要内容。

尽管现代消费所包含的内容是多层次的，但是，这并不影响人们在知识消费中的追求。精神性的消费所带来的知识产品的发展变化十分迅速。现代知识生产可以把人的精神需要迅速地转化为产品，并且能够迅速地进入市场，成为消费品。知识作为消费品的转化过程在不断地缩短，迅速地覆盖到大众文化的层面上；同时，知识也可以迅速地获得经济以及各方面的回报，形成知识再生产。

3. 知识的相对价格及品牌效应

知识商品与其他商品相比较，同样也会出现相关的价格比较问题，也就是说，它是以什么样的价格定位？知识作为商品，同样具有价值和使用价值，其成本是确定价格的重要依据。这是一般价格

第八章 现代知识生产的商业化

定位的基础。

知识产品的附加值在一定程度上体现其自身的价值。在大多数情况下，知识的创意以及知识的垄断会使该知识产品获得更高的利润。知识产品新推出的阶段，可能会出现两种情况，一种是价格定位较低，以打开销路；另一种是价格定位更高，尤其是那些具有品牌效应的知识产品会以相对更高的价格定位。某种知识产品在经过一段时间的市场消化以后，其价格会相应地回落。

一部分知识产品是精神性的消费品，这是无形的存在形态，有时候，精神性的产品还很难以具体的成本作为其真实的价格定位，这其中还要考虑到消费市场的机会以及社会的消费需求，因此在某个阶段，某种知识产品的相对价格较高。

商品都是以盈利作为其最终的目的，在可能的情况下，知识商品也许会利用自己的无形价值，如精神附加值或文化附加值保持相对的高价格。

相对价格是由特定的消费环境所决定的，知识作为商品往往会有各种无形的因素影响到其价格。

当知识进入商品市场，知识产品可以培育成品牌。培育品牌是知识商品营销的重要手段。

品牌是消费者对产品及产品系列的认知程度，是销售者向购买者长期提供的一组特定的特点、利益和服务。品牌承载的是消费者对其产品以及服务的认可。品牌是给拥有者带来溢价、产生增值的无形资产，它的增值源泉来自消费者心智中形成的关于其载体的印象。

品牌是人们对产品及其文化价值的评价和认知，是一种信任。品牌是商品综合品质的体现和代表，品牌会与时尚、文化、价值联系到一起，知识品牌会创造时尚，培育文化，知识产品会从低附加值向高附加值升级，形成知识产品的开发优势、文化创新优势。知识品牌被文化市场认可后，会增加其市场价值。

品牌是形象的认知度，它属于一种无形资产。知识品牌的实质是其价值、文化和个性。

品牌代表着特定商品的属性，体现某种特定的利益，体现生产者的某些价值感；品牌还附着特定的文化，反映个性，提示购买或使用产品的消费者类型。

品牌的价值包括用户价值和自我价值。品牌的功能、质量和价值是品牌的用户价值要素。品牌的知名度、美誉度和普及度是品牌的自我价值要素。

知识品牌不仅仅是标志和名称，例如好莱坞电影，更蕴含着精神文化的内容，品牌体现着人的价值观，象征着人的身份，抒发着人的情怀。

知识品牌只有打动消费者，才能产生市场经济效益，品牌的价值及市场感召力来源于消费者对品牌的信任、偏好和忠诚。

设计品牌名称和标志要注意各地区、各民族的风俗习惯、心理特征，尊重当地传统文化，符合传统文化，为公众喜闻乐见。这样更受消费者青睐。

品牌是企业的无形资源。品牌拥有者可以凭借品牌的优势不断获取利益，可以利用品牌的市场开拓力、形象扩张力、资本内蓄力不断发展。品牌的价值能使企业的无形资产迅速增大，作为商品在市场上进行交易。一些文化产品会以系列形象扩大品牌的影响。消费者通过对品牌产品的使用，会围绕品牌形成消费经验，存贮在记忆中，为将来的消费决策提供依据。

每种品牌代表了不同的产品特性、不同的文化背景、不同的设计理念、不同的心理目标，消费者和用户可根据自身的需要进行选择。

品牌文化是指品牌在经营中逐步形成的文化积淀，代表了企业和消费者的利益认知、情感归属，是品牌与传统文化以及企业个性形象的总和。与企业文化的内部凝聚作用不同，品牌文化突出了企业外在的宣传、整合优势，将企业品牌理念有效地传递给消费者，进而占领消费者的心智。

品牌是利用各种传播手段使消费者甚至整个社会与品牌之间产生共鸣，形成统一的价值观。品牌传播是向消费者注入具有导向性的观念，使消费者产生共鸣。好莱坞电影，日本动漫，韩国影视剧，香奈儿、兰蔻的产品，都形成了自己的知识认同理念。

品牌核心价值是品牌资产的主体部分，它让消费者明确、清晰地识别并记住品牌的利益点与个性，是驱动消费者认同、喜欢乃至爱上一个品牌的主要力量。

品牌识别是能引起人们对品牌美好印象的联想物。这些联想物暗示着品牌对消费者的某种承诺。品牌识别是企业通过规范、系统、独特的声音传播自己的品牌信息，从而产生消费者的认知和记忆，达到区隔其他品牌的目的。

品牌形象是指消费者基于能接触到的品牌信息，经过自己的选择与加工，在大脑中形成的有关品牌的印象总和。

品牌认知度是品牌资产的重要组成部分，它是衡量消费者对品牌内涵及价值的认识和理解度的标准，衡量品牌在目标消费群的传播程度。提高品牌知名度就是要围绕目标消费者进行有效的传播。

品牌知名度、品牌认知度、品牌美誉度、品牌忠诚度被称为品牌四度，是衡量品牌力的标准之一。

品牌延伸到网络产品，比如网站名称、网站域名、网站 LOGO 等树立的形象，就是网络品牌，网络品牌是在网络上建立的产品或者服务。网络知识品牌已经是现代及未来知识生产及消费的重要内容。

形成品牌以后，其相对价格可以提高，形成产品竞争的优势。知识品牌可以达到这样的效果。

五　知识效益

知识效益是难以评定的指标，因为知识既有精神性的也有应用性的，一般认为知识只有在应用性上显示出效益，这是可以量化的效益，在现代社会，商业因素大量地介入知识领域，更需要知识以量化的经济效益出现。知识可以成为物化的财富，可以在物质方面以及技术方面给人类提供最大的效益，具有相当明确的使用价值。

但知识也有精神的效益，这又是难以用量化的指标考量。它主要体现在使用知识者在某方面或在整体上获得的精神享受和精神提升。

1. 知识的经济回报

在市场经济条件下，知识生产最重要的目的就是追求知识产品的经济效益。资本投入知识生产，其目的就是将知识量化为经济回报，并以其效益的最大化为主要的目标。例如电影的票房收入，电视收视率，网络点击率等，它还可以带动系列产品的发展。知识的经济回报也具体体现在这些方面，它能够让知识转化为经济效益，也可以将经济效益转化为社会需求。知识也因此拥有巨大的功利性。现代社会的知识生产投入可以取得高额的经济回报，文化产业也因此迅速兴起和发展。

知识的经济回报刺激了大量的资本投入知识生产之中，这也意味着知识消费需求不断扩大。传统的较为狭窄或者单一的知识生产领域迅速地扩张为多元化全面化的生产领域，而且由于商品经济的带动，消费市场进一步扩大，再加上当代社会的教育水平不断提高，社会对知识产品的需求量迅速扩大，中国的知识市场成为全球性的巨大市场。知识生产、知识贸易在中国市场成为主要的产品和贸易对象，从而刺激了知识生产、贸易和消费的大规模发展，其经济回报是非常可观的。

知识生产的效益会刺激社会及其资本大量投入其中，社会成员也会以不同的形式介入生产。知识生产的脑力劳动和体力劳动在现代社会越来越显示出它的多层次性。知识生产从设计到投入生产是一个完整的流程。生产者在不同的环节上进入自己的角色，完成自己的工作职能，这其中有脑力工作，也有体力工作。

现代知识生产的集团性和连续性都显示了劳动者以不同的方式进入知识生产的过程中。有些劳动是直接地从事某种知识生产，而有些劳动是为这种生产服务的。

知识的经济回报同样刺激知识的再生产，使再生产能力进一步加强。这并不因此降低知识的技术含量，相反，在经济市场的支持下，生产者为了更有效地推销知识，就需要加大知识的认知性，促进它以实际的力量去解决世界性的问题以及人们在现实生活中所遭遇的种种问题。

知识生产似乎不能失去对经济的依赖，如果没有经济的支持，知识反而不能够以良性的态势发展。经济回报的一部分资源投入知识的创新之中，知识会在更大范围获得提高和发展。

2. 知识的精神回报

在知识产品获得经济效益的同时，知识也同样可以获得精神回报。知识的功能非常丰富，它可以物态化，可以量化，也可以是精神性的无形状态。它会直接的影响社会或者时代人们的精神状态，会直接影响社会心态。在这方面，知识所能产生的效益就远远超出了经济量化所确立的效益，即便是极端的功利主义，也不可回避知识所产生的精神效益是能够改变社会精神的。在客观上，知识本身就呈现了它的基本功能，或者在潜移默化之中改变社会。

人类的文明史实际上就是知识生产史，也是知识对人的精神影响的历史。历史积累的文明因素以精神的形式保存下来，根深蒂固地存储于社会之中，也构成了某种社会的文化。有些知识会由于历史的发展而变得模糊，但它的精神却潜在地主宰社会的运行。

知识具有精神的效益，这种效益可以使现代人获得精神的满足，也可以在精神上得到审美的享受。但是这个效益指标如何确定，因为它对每个人的效应是不一样的，也是难以量化的。现代人是否需要精神性的效益，答案应该是肯定的，也就是说现代人尽管在物质上得到了极大的满足，但是，他们仍然需要更多的精神满足才能够匹配相应的物质生活。

有时候，社会也会忽略知识对精神的有效性，甚至认为精神是无效的，例如社会的重理轻文就是这种表现。可是随着经济的发展和物质的极大丰富，人们发现精神上的空白确实令人恐惧，失去了精神支柱的人类和社会将是空虚的。知识的精神性越来越被高度发达的社会所重视。

精神性的知识效益会在更多的层面上显示出来，其针对时代或者社会所形成的精神效益很难用量化的指标衡量。

社会以及民族的精神素质是在特定的环境下逐渐形成的，它通过具体的个人和社会整体的知识水平显示出来。社会知识的精神效益在其还未显示出明确的效益指标时，就容易受到忽略甚至排除。

一个人口众多的国家，如果知识水平尚未达到较高的程度，其精神水平也很容易被忽略。随着物质水平的提高，其所显示出来的精神要求也会相应地提高。

技术水平与精神水平在正常的社会应该同步发展，这两者是相辅相成、互相支持、互相发展的。在社会高度发展的时候，如果这个平衡被打破，往往就会导致相应的精神危机，尤其是在核心价值观没有确立稳固时，这种精神状态更加会显示出民族或社会的精神稳定程度。

技术的发达会促使社会不断地调整其精神水平，社会的自协调机制会使这种危机得到相应的化解。在技术和物质高度发达时代，如果社会的自协调机制欠缺，精神形态跟不上物质的发展水平，社会将会失去最核心的精神支柱，也许会导致民族精神的迷惘，由此产生更大的精神危机。

社会的竞争机制应该是健全的，或者是向健全的方向发展，其本身就体现为一种知识所产生的效益。

第九章 现代知识伦理秩序的建立

20世纪80年代以来,中国进行经济改革开放,经济迅速发展,创造了相当大的奇迹,随之而来的是社会文化知识的新的伦理秩序重新组合建立,新的知识生产机制形成,知识生产秩序重新建构,这是现代知识生产的特征。

一 现代知识生产的秩序化

知识生产具有类比化和秩序化的方式。所谓类比化,也是相似性的方式,它是将已有的知识作为基础,将未知的对象类比已有的知识,用已有的知识对未知的对象进行解释,形成新的知识。

这样的知识生产环节明显地带上了已有知识的基础和规定,在已有知识的基础上滚动产生。相似类比的知识生产方式很容易受到原有知识的规范,它所运用的概念、价值基础以及逻辑关系都受到原有知识的限制,与原有知识有着极大的相似性。

类比性是人类知识生产的重要方式,人类大量的知识是借助原有的知识不断地滚动产生。在此基础上产生的知识往往被认为是教育的成果,它有根深蒂固的基础,与原有的知识保持紧密的联系。这些新的知识也主要以原有的知识为属主,与原有的知识有千丝万缕的联系。

相似性的知识生产有其局限性,一些新知识很难在原有的知识范式中找到相应的知识参照,原有知识的内涵和外延的局限性往往直接影响到对新知识的认识和理解,甚至产生曲解。库恩在其科学哲学中曾经提到，在原有的知识范式中很难进行新的知识突破，因为原有的知识范式所具有的概念因素和思维方式规范了对新知识的理解和创造，也限定了新知识的进一步发展。新的知识发展往往要摆脱旧知识范式的束缚，才能够超越旧知识的规定形成自身的知识系统。

17世纪以后，随着理性主义的进一步的发展，秩序化的知识生产方式有了明显的发展。所谓秩序化的知识生产方式就是将众多的知识碎片秩序化，使之成为有序化的知识链条，并由于它们之间的联系产生出各种意义。

人类的世界和社会具有形形色色的知识碎片，在某种社会规范中，人们可以将这些知识碎片按照各自的价值需要组织整合，使之秩序化，成为具有某种特定联系的知识网络，形成系统。

有目的的秩序化实际上就是结构主义的知识生产过程，它围绕着某个核心价值组织相关的知识碎片，形成知识系统。结构主义的知识生产方式往往渗透着某种权力的运作，在知识结构的整合过程中，权力会在其中起着很大的作用，它会以自身的权力意志强调某些知识碎片的意义，并在其特定的结构关系中凸显出来，形成强大的权力亮点。

知识碎片形成一定的关系后，就会产生出特定的意义，这种意义也许会成为社会整体不可分割的一部分，因此，在社会知识的建构中，许多知识碎片会被不同的生产目的结构在一起，形成力量，对社会造成影响。

秩序化的知识生产包含了明显的知识建构的痕迹，或者具有非常明确的权力运作的保障。

秩序化的知识生产方式在不同的社会形态中都很容易被社会，尤其是被政治权力所操控。比如说中国的儒家文化就是建立在宗法伦理基础之上的与国家政治权力紧密联系的知识系统，中国社会又是在这样的知识系统中运作的。

当一个知识系统构成之后，它就形成了相对稳固的叙述结构和

第九章　现代知识伦理秩序的建立

叙述方式，这种叙述方式如果拥有权力的保障，尤其是国家机器的保障，就很容易成为社会主要的知识架构，并直接地主宰社会生活。

这种叙述方式很容易在社会生活以及文学艺术中表现出来。每个社会时期的文学艺术作品都会明显地具有这种叙述的特征，尤其是它的结构特征以及叙述的目标，都会显示出被权力秩序化的特征。当某个时期的文艺作品在大量地重复运用某种叙述策略的时候，这个社会就被这种叙述所掌控，并且以这种叙述作为合法化和合理性的存在方式。

知识叙述的规定性强化了人们的生活方式，整个社会会按照这种知识系统所规定的方式发展运作，这就是特定的知识系统所产生的功能。每个社会的人们都是按照这种知识的结构方式进行生活的。

在社会系统中，知识不一定是由知识分子所建构的，它是由各个阶层的人按照自身生存的需求生产出来，这些知识系统包含了一定的概念，也包含了一定的规则和基本精神，它会形成不同的层级和类型。

不同类型的知识在社会中会形成一定范围的权力，这种权力不仅仅是它所构成的对外压力，还包括某个群体对这种知识的认同，并且自觉和不自觉地向这个知识核心靠拢，围绕着系统展示自身的力量。

当某种知识类型成为一个社会的普遍价值的时候，这个社会就会以这种知识作为主体性的知识，吸引更多的人集聚到这种知识的周围，使得该知识类型膨胀放大，甚至成为一个时期社会主体性的知识，直接影响社会的发展。

传播对知识秩序的构成及推广尤为重要，它可以形成相关的权力，对知识分类及秩序进行强化，使社会接受某种知识标准及秩序。

在传统国家的意识形态中，对传播媒介的严格控制可以达到对知识生产的控制。单一的信息传播渠道，在强权社会中更容易受到控制。

在现代社会多元化的传播条件下，要想达到对知识生产的绝对控制相当困难，现代知识的流动性很大，不同价值观的知识交流越来越频繁，这就使知识的生产很容易加入异质文化的元素，由此而导致现代知识的混合性程度越来越高，组织知识的标准也更加复杂。

在社会的发展过程中，大量的知识分子已经参与到一般性的知识生产运作之中，这个过程具有历史的承传性，并与时代的社会条件紧密联系在一起。当社会力量不断渗透到知识生产的各个环节时，这个知识系统便具有了该时期社会的基本特征。

每一个时代的知识分子都很难摆脱已有知识的规定，他们甚至在无意识中运用这些知识组织相关知识的生产，并且将之作为判断知识生产成败的重要标准。

大多数知识分子很难摆脱已有知识的规定，一些知识分子多少还保持了一定程度的警惕性，这种警惕性可以让他们反思自身的知识构成，并对已有的知识采取批判的立场和姿态。

关于知识立场的自觉是一些知识分子有别于一般知识分子的特点之一。他们能够不断地提醒自己对已有知识以及现实反思，而不是仅仅运用已有的知识对所遭遇的问题作出相关的解释。

绝大多数知识分子在接受某种知识教育的同时，也接受了这种知识的价值观念以及知识规范，但是他们意识不到这个问题，而且不会对之进行反思。他们理所当然地利用这些知识及其规范教育其他接受知识的人。这些教育者实际上已经在实施知识的权力，并毫无节制地把这种权力放大。如果这种知识权力是通过国家机器进行运作，它就具有了更大的社会影响作用。

在今天的社会里，相当一部分知识分子由于接受了某种特定的知识，哪怕是非常狭隘的知识，也被认为是掌握了某种知识权力。他们可以通过这种知识获得相应的地位，在社会的权力保障之下，他们更加容易获得精神的满足。

相应的社会地位使知识分子在不同的阶段拥有自己的权力，他们在社会中建立起不同的知识高地，并以特定的心态俯视社会。拥有这样的精神权力是当代中国知识分子所渴望的。

当知识分子找不到自己的社会地位时，就会产生极度的焦虑症，相应地，他们就会向社会发出种种责难和诉求。由于知识分子拥有能够相对自由表达自身愿望的基本素质和条件，这种素质和条件是其他阶层，比如说农民和工人阶层难以拥有的，这就使得知识分子比其他阶层拥有了更多的在文化上发言的空间。

为了平息知识分子所制造的社会舆论的影响，在中国历史上曾经有过以不同的手段对待知识分子的方式。例如秦始皇的"焚书坑儒"就是以极端的、强制性的手段制裁知识分子；另外就是疏导，在一定范围内让知识分子有发言的空间，但是，这种发言的空间是有限的，是有边界的，它是以不危害统治者的统治基础为界限。当统治者的政治管理相对宽松的时候，知识分子的言论范围相对较大，如果统治者的宽容度相对紧缩，知识分子发言的空间也会相对地缩小。

在成熟的传统王权政治的机制下，中国知识分子的言论受到相对固定的规范。它以儒家文化为基础，围绕着王权的核心体系进行运作，知识分子的言论大体上是在这样的范围中运行。这个时代的知识分子也难以摆脱这样的知识规范，他们有意无意地就会以维护王权秩序的核心利益作为发言的立足点。

现代国家的建立为现代知识生产提供了相当充分的条件。现代国家意识的强化，全球化文化交流的加强以及日益发达的传播媒介，都使现代知识的建构具备了更为充分的条件。

二 经济秩序与知识秩序

新经济形势所产生的利益集团形成了新的伦理价值关系，在这方面，社会需要一系列正面的伦理价值让其能够有效地协调社会各个阶层的利益伦理。

在经济高速发展时期，核心价值的建立非常重要，以核心的价值组织社会，就会建立起拥有一定核心价值的社会伦理秩序。例如西方以自由、平等、博爱的价值组织社会，构成其社会发展的伦理秩序，民众可以在这样的坐标中调整自己与公众社会的关系。欧美发达国家不仅仅是经济在发展，更重要的是它要求有能够普及于社会大多数人的核心价值，以组织社会各方面的知识，形成协调各阶级利益平衡的社会机制。

西方的福利制度，反垄断制度，通过法律对个人的责任、义务以及自由程度的明确规定等，构成了西方社会秩序的重要依据。这种核心价值能够有效地组织社会，在一定程度上限制社会极端矛盾的出现。

中国社会需要有效建立伦理秩序的核心价值，以组织整个社会的运作秩序和社会精神秩序。在经济发展的过程中，财富迅速聚集在少数人手中，导致了社会伦理秩序的混乱。这种核心价值还不能够以最为普遍的伦理价值有效地组织和管理社会，个人精神处于无序的状态，个人没有形成在法律他律和道德自律的状态下平衡发展自身的要求，权力没有受到法律的制约，个人权力可以无限扩大，由此而侵害了他人的利益。社会机制失去可信性和制约性，社会财富分配混乱，一些人可以不择手段地掠取公共财富，而社会没有形成相应的制约机制，这就导致了社会价值的混乱。

社会所产生的信念是权力就是一切，拥有权力就能够获得最大的利益，从而导致包括知识分子在内的人群充满了权力的欲望，也因此形成相应的价值理念，由这样的价值理念所指导和组织的社会形成了高度政治化的伦理秩序。

社会秩序是由它的生存资源形态以及资源分配的方式所构成。中国人口众多，人均生存资源并不丰富，正因为这样，中国社会一直出现争夺生存资源，主要是土地资源而展开的种种斗争，乃至极端暴力的斗争，也因此导致社会对生存资源的敏感。如果社会在生存资源分配方面不能够达到相对的平衡，就会导致社会动乱的出现，尤其是极端暴力事件的出现。

建立社会普遍认同的伦理价值观，建构能够适应当代社会发展，尤其是经济高速发展时代的知识秩序是非常重要的。这种被社会大多数成员所认同的社会伦理价值及其所构成的知识应该获得国家机制的保障，使之能够顺利地发展。

由国家主导的社会知识秩序应该具有更大的公信力，它具备组织知识秩序的核心价值和基本要素，能够覆盖到社会大多数成员的直接利益之上，否则这种知识伦理不会具有坚实的社会基础，也难以长久维持。

21世纪初，中东国家出现的变动说明了这种状况，由极少数人控制的利益集团由于没有能够平衡社会的利益秩序，导致了社会大多数成员的不满，并最终推翻了这一利益秩序。

建立起引导社会知识正价值发展的核心价值非常重要，但是社会发展的负价值的知识伦理往往拥有巨大的空间。例如被人们所诟病的官本位的体制和思想，其利益特权的思想成为组织社会的主导思想，其所构成的权力知识是人们所向往的价值目标。

新一轮知识秩序将如何形成，它会受到什么力量推动形成，是值得进一步探讨的。

国家机器是知识建构的最为重要的力量。国家可以通过包括政治、经济、教育、军事以及各种宣传机构对知识秩序的建构进行推动。它拥有绝对的权力，也拥有绝对的力量。在当代中国知识建构中，这种力量无所不在地渗透到知识秩序建立的过程之中。由国家所规定的知识的核心内容、知识形式以及知识资源的分配，逐渐地在不同阶级所建构起来的关系中形成了难以撼动的秩序化的知识存在形式。

由国家机制建立起来的知识秩序十分稳固，人们已经很难摆脱由此建立起来的知识结构。这种知识深入人们的日常生活和精神生活之中，构成了中国社会崇尚特权、崇尚官僚集团的价值取向。中国的年轻一代以拥有特权作为奋斗目标，也因此构成了中国新一代未来追求政治权力的知识走向。

互联网兴起后，形成了知识建构的公共领域，这个公共领域有来自不同方面的知识，它通过不同渠道进入这个领域，当代知识又处在重新组织的过程中。从目前的情况看，来自不同渠道的知识可以对新的知识重组起到一定作用，或者说，它可以在某些方面对当代社会知识的构成产生直接的影响，但是从总的知识建构来看，国家统一规定的知识仍然成为主流，政府通过强大的国家机器规划意识形态的共同体，由其核心价值建构起来的知识秩序仍然是未来互联网知识秩序建构的基础。

民间的知识如果不能借助自身的文化知识以及国际化的知识元素介入知识秩序的建构，就很难在国家文化知识的共同体中获得更多的地位。

在现实中，更多的民间文化知识是以自己的方式运作，它不通过国家文化的认同，而在一定的集团或者群体中运作，这是一种现代文化运作的形式。在互联网平台上，民间化的知识运作越来越普遍，也成为新的知识制造的景观。

这是文化知识秩序重构的过程，新的知识因素还会出现，变动的幅度还相当大，还很难以此作为定性的考量，只有在实践过程中逐渐地将之所呈现出来的资料积累下来进行分析，才能够有效地了解当代文化知识运作的规律。

经过30余年的运作，现代知识形成了相对稳定的形式，并在不同的阶级以及利益集团中固化下来，不同价值的知识可能会达成相对的平衡，以获得在社会大环境中共存的状态。

由于不同层次以及不同方面的知识大量出现，可能会导致知识空间的扩张，在文化知识生产的管理方面，不得不留存更大的空间，以让相关的知识获得生存的地位。

这显然要求社会对不同的知识文化有包容性，有些知识也许在某些环境条件下对有些人群不适合传播，可能会在一定程度上受到限制。如在不同的社会道德环境中,其所能够呈现的程度是不一样的,整体上还是取决于整个社会环境的道德标准和相关压力。社会可能重新建立相应的知识道德以及知识标准,以规定某种知识在特定的层面呈现。

社会化的知识是由不同的价值观以及相应的知识元素所构成。相应的目标需求可能会制造出相应的知识,不同的知识会在社会中寻找自己的相应地位,在这个过程中,某种知识也许会与其他类型的知识或者利益群体的知识形成矛盾冲突,可是在社会的运作中,它会逐渐地寻找到自己的地位,拥有自己的相应身份以及存在的合理性。

社会思想大都是在相应的社会环境中出现,它可能会在相应的空间中获取自己的位置,并且对社会产生影响。

三 知识资源的分配

尽管社会已经展开了对不同知识的生产,整个社会形成了不同层次的知识生产体制,但是知识资源的分配仍然处于失调的状态,这涉及不同的人群对社会知识资源的拥有和享受的分配问题。

在现代中国,社会文化资源和教育资源的分配问题仍然没有引起足够的重视。知识的供应和需求在现代社会仍然显示出极大的矛盾,尤其在教育方面,教育资源的匮乏或者不平等的分配导致了供求方面的矛盾,同时形成政治性的矛盾。这些问题也成为现代与未来社会公平的主要争议问题。

知识消费的水平往往取决于社会地位与经济条件,这就产生了教育资源分配的阶层差别以及知识享用的不同阶层。

抢占知识资源成为现代社会重要的矛盾冲突之一。在教育体制上,有条件的阶层或者群体迅速地集聚大量优质教育资源,将之集中在少数人的身上,而相当一部分人却没有充分地享受到必要的教育资源,这是现代社会的矛盾焦点。

城市和乡村所拥有的教育资源有很大的差别,大量的教育资源以及文化资源都集中在城市，尤其是大城市。即便在城市，不同的群体所享受到的教育资源也有很大的不同。

在现有的知识占有和享受方面，教育资源的配置明显地有着很大的差距。乡村和城市的差距，同一个地区不同的阶层，由于政治和经济地位的差异，也不可能平等地享用现有的教育资源或者知识资源。不同层次的学校在教育质量方面有很大的不同，不同阶层的民众只能进入与自身条件相配套的学校接受教育。

知识资源供求的不平衡，不是知识的问题，而是社会权力分配的问题。

教育的多元化可以使知识分配产生新的格局，但是在通往更高层次的教育道路上，仍不得不在中国有限的中等和高等教育的资源中进行重新分配，并且获取相应的知识利益，这确实是中国现代知识分配的重要瓶颈。

在国内难以解决的知识分配状态可以通过外在的补充获得相对的平衡，大量的出国留学生可以在另外的系统中获取知识，这种知识资源主要是来自国外的教育。在不同系统的教育中所获取的知识，包括科学技术知识和社会知识以及关于知识的观念，已经改变了中国现代社会的知识格局。

现代社会文化知识的大量生产成为最为重要的产业之一。互联网的出现使现代知识生产有了更大规模的发展，各种知识资源的配置可以在互联网上得到协调，生产者和消费者之间的矛盾得以相对的缓冲。

互联网是现代知识分配的缓冲平台，这个平台能够将不同的知识资源综合起来，呈现在社会成员面前，人们可以按照自己的需要获取相应的知识。

由于缺乏专业化的指导，人们在互联网上所接受的知识是混杂零碎、不成系统的知识。专门化的知识是相对的，对每一个人群，他们会有自己相对专门性的知识，但是对大多数人而言，庞杂的知识反而可能会导致知识处于混杂的状态。

总体而言，互联网时代的知识配置具有更为广阔的前景，知识资源的垄断性可能会并打破，人们可以跨专业了解不同门类的知识。

知识的分配最终由经济和政治权力所决定，占据政治以及经济中心权力的群体在知识分配方面可以获得更为丰富的资源。中国当代社会迅速分化的经济和政治的权力配置同样直接地影响知识资源的配置，社会可以通过强大的经济实力或者政治力量改变知识资源的配置。

现阶段经济资源的重新配置会加速改变文化知识的资源配置，这是一个变动的阶段，当经济阶级还没有完全固化下来的时候，这个过程可能还要持续相当长的一段时间。

随着社会教育的市场化，知识资源的分配与经济实力有着更紧密的联系，在知识市场化的过程中谁拥有更大的经济实力，谁就可以有机会享用更多的知识资源。

知识资源的分配与经济资源的分配是同步的，在某些阶段会逐渐地达成相对平衡的状态，知识资源的分配也有自协调的过程，由不同因素构成的条件会使知识资源的分配趋于平衡。

随着时间的推移，这种以经济力量决定的知识资源的配置会逐渐地固化，不同阶级所享受的知识资源也不一样。拥有强大经济实力的社会成员及阶级会获得更多的知识资源，并且将之固化下来，成为特定的专门化的知识资源的配置，其新的知识能力会重新出现。例如某些行业化的专门知识，会被一些阶级和阶层所垄断。

知识秩序的重新设置是世界性的，在中国社会变动的时代，它也是以相对明显的效果出现在中国社会中。

拥有了更丰富的知识资源，也就意味着拥有更多的社会资源，能够在社会的发展过程中拥有更多的机会，文化资本或知识资本逐渐地成为现代社会重要的人生立足的资本。

知识资源的配置还包括对文学艺术的配置，文学艺术相对属于较高阶层的艺术享受。一般而言，文化中心，主要是大中城市的文化知识资源的配置更加丰富，乡村的相关配置就薄弱得多。

政治和经济权力决定知识配置。城乡差距、城市不同阶级和阶层的差距，其知识资源配置有很大的差距。知识配置的城乡差距以及不同经济地区的知识配置的差距会加大。

不同阶层对不同知识资源的需要量也不一样，有些知识在某些阶层是非常重要的，但是，在其他阶层也许并不需要或者需求量较小。比如有些具体的谋生知识在一些阶层可能会非常重要，但是在另外的阶层却不显得那么重要；还有一些消费知识如奢侈品消费在某些阶层可能非常重要，在某些阶层却显得不那么重要。

知识资源配置更多地涉及平等的问题，这是一个敏感的问题。它在客观上很难达到绝对的平等，但是在主观上，直接涉及国家综合性的资源配置问题，如教育格局和质量的分配，国家知识资源对不同地区的分配，可能会造成主观的知识配置的不平等状态。这是社会的综合性问题，也包括作为阶层或者阶级的资源配置的平等问题。

政府对不同地区和不同阶层教育资源的平等配置问题，文化资源分配的平等性问题，都是今天面临的问题，但由于涉及不同阶层获得知识资源的权力来源，因此是较为敏感的问题。

知识配置还有自由的问题。从理论上说，社会成员可以通过各种渠道自由地获取知识，但是在特定的社会条件下，也许人们并不能够自由地获取相关的知识，包括在国家统一安排的教育资源中，人们只是有限地获取某种类型的知识，其他知识很难纳入教育体系之中。

知识资源有硬性的知识，比如数理化知识，理工科知识，具有相对客观的科技性知识，同时还有人文知识以及社会科学知识。人文知识以及社会科学知识包括信念、信仰、价值观以及不同知识体系的思想观念、方法思路，在特定的社会阶段可能会遭遇到更多的屏蔽或者限制。

知识配置的自由度还表现在对历史知识的选择，由于受到某种特定的意识形态的限制，可能在对现实和历史知识的介绍方面受到相应的制约，某些阶段的历史知识或者历史事件可能会被相关的意识形态进行屏蔽，不能够纳入历史知识的体系之中，这就可能会导致某些历史知识的缺失或消失，人们在知识的选择方面失去相对主动的条件。

以严格的考试制度限定知识的自由选择是现代教育的主要问题。人们必须按照规定的知识体系进行学习，超出的知识将不被纳入考试范围，某些知识被忽略，或者有意识地屏蔽，社会的知识教育趋向于较为单一的轨道，人们只能按照特定的教育轨道运行。

当代教育规定了现代知识的配置，特定的考试制度直接影响知识配置的灵活性，受教育者必须按照考试制度的要求，按照特定的价值指向选择知识。这个过程可能会摒弃更多的知识点和知识领域，这直接地影响青少年学生的整体素质的培养，包括对知识的创造性的培养。

社会成员在相应的知识体系中接受知识，学生的知识素质没有获得更充分的提升，也导致了社会民族知识接受的单一化，整体素质相对的薄弱。

知识的配置看上去有无形的力量进行调剂，但实际上是国家意识形态以其核心的价值观，通过国家机器和力量对其进行调剂，全民化的知识教育是国家进行知识配置的主要行为。

四　知识阶级的重组

在社会变动的格局中，新的阶级秩序会重新建构起来，在这其中包括知识阶级的秩序重建，这一概念也许会导致一种新的认识。

新的知识阶级应该包括这个阶级所拥有的核心知识以及知识资本，文化资本和相关的知识权力。

在知识阶级形成的过程中，尤其是在早期，它首先是以经济资本作为基础。中国20世纪80年代以后市场经济开放，一部分人先富起来，这些富起来的人拥有了更强的经济实力，然后在持续性的发展中将自己的子女送进最好的学校接受教育,并占据社会经济发展的核心阶层,获取了社会发展的优势地位以及资源分配的制高点。

随着社会经济的分化,社会阶层分化也越来越明显。分化的过程同时也是阶级固化的过程。以经济为基础而导致的文化知识的固化也在不同的阶级中明显地呈现出来。

拥有强大的经济实力以及政治权力的阶级可以拥有社会的知识分配权和知识资源的优先获取权。知识资源的分配比例出现倾斜,这在社会中可以具体表现在教育方面,他们的子弟可以就读最好的学校,获得从小学、中学到大学这一链条的优质资源配置。

同时,学校也可以获得受过更高水平教育的生源,因此,在社会的交易机制上,它可以将获得优质教育以及优秀知识资源的生员吸纳到这些学校。

这些学校由于其教育方面的优势,使得他们更加容易获取大量资金的投入,包括国家资金和民间资金的投入,这就使得这些学校拥有了更为优越的条件。这是一个循环,社会对优质学校的向往和投入使之迅速地成为社会的知识高地,由此而获得知识教育的话语权。

与此相关的是,经济地位较低的阶级和阶层在接受教育方面处于劣势,底层社会民众的子弟由于没有足够的经济支持,甚至不能够完成最基本的初级教育。

这不仅仅是知识教育的承传性的问题,更重要的是知识话语权越来越明确地分化到各个阶级,尤其是上层阶级的手中。

受过良好教育的阶级迅速地占领社会的各个文化知识领域,并将其知识优势传播到社会和生活中的各个环节,成为这些领域的知识权力阶级。

能够进入国家机器的知识权力拥有非常重要的功能,它可以将知识迅速地转化为政治权利和经济利益,或者用政治权利迅速地同化知识的权利,然后形成合力对社会进行管理和控制。由于这种可以转化的知识权力能够获取巨大的经济利益的回报，这类知识阶级的地位也越来越强大和稳固。

新的知识阶级在经济资本的支持下也迅速地拥有文化的资本，文化资本包括教育水平及其所拥有的社会地位，他们由此而掌握了文化发展的导向。

处于高层的文化阶级拥有绝对的政治和经济的资本，由于其掌握着主导性的社会专业知识，他们因此拥有更为强大的社会话语权。

他们将拥有更多的文化资本，并且将这种文化资本实施到社会的各个环节，主宰着社会的文化走向，尤其是社会流行文化的走向，这些知识又会转化为主导社会主流价值的力量。

一般情况下，城市知识分子对社会文化导向的引领更为普遍。城市的白领阶层以及中产阶级将自己所拥有的文化知识直接作为城市生活的示范，建立起新的生活方式。这些新的知识阶级拥有知识的掌控权和传播权，同时能够将知识的话语权运用到极致。

专门化成为细化的标准分类。它按照特定的人群利益需求对知识进行细化，这种人群由经济、政治以及知识的专门化的标准进行细致的划分。在知识权力分化的过程中，知识的话语权也迅速地细化。

不同阶级、人群、行业所形成的知识权力会将他们捆绑在一起，形成相应的行业群体，经济利益群体和政治利益群体，包括精神利益的群体。这些群体可以通过互联网、智能手机以及各种传播方式结成自己的知识同盟。他们将相关的利益联系在一起，由此而获得相关的专门化的知识权力。

在学院则形成了学术利益的群体，这是被专门化的群体。知识的专门化会形成相应的规则，这些规则是平衡群体利益的重要规则。这些规则被逐渐固化下来，成为组织群体秩序的力量。这是一种专门化的规则，它拥有一定的权力，并且由于其专门性，这种规则越来越具有权威性。它的权威性实际上也是专门知识的话语权，进入这个领域和阶级的成员必须遵循这种规则才能存在于群体中。

各个知识群体都拥有自己的利益来源，他们可以通过特定的利益来源进行调整，使利益分配达到相对的平衡。一旦新的利益来源出现，相同的阶级又会重新进行分配调整，以达到新的平衡。因此，相应的知识阶级的结构以及功能是动态的，它可以随社会所给予的资源以及利益而发生变化。

同时，这种知识阶级也逐渐地固化下来，达到相对的稳定性。由于不同的知识阶级所拥有的知识类型以及利益不一样，他们所获取的利益的大小、达成的平衡度以及联系的紧密度都有差异。

知识细化使知识分子的分工越来越细，他们同时也拥有了自己群体的界限，任何一个想进入这个群体的成员必须拥有这种专门化的知识，并且遵守规则，如果游离于规则之外，也很难进入这种群体。

知识细化越来越有利于将非专业的人员拒之门外，这也形成了专门知识的话语权，掌控某种专门知识的话语权也就意味着拥有这方面的权力和利益。

专门化的知识阶级在现代的知识系统中占据了重要的知识高地，这种知识会有效地主导社会的某个领域，掌控某个领域的权力，其话语权可以辐射到经济和政治领域。

专门化的知识阶级会在社会不断强调自身知识的重要性，有意扩大其知识的功能，将其知识功能无限地放大。但实际上，在某种特定的场合下，这些知识功能是有限的，它还必须要依赖特定的条件，才能成为权力话语。

有些专业由于其特定的功能限制，只能在少数人的范围产生影响；有些专业由于其功用性较大，具有直接的社会功利性，会受到社会的广泛关注，有些专业被认为能够产生更大的社会效益，尤其是经济效益，这些专门化的知识可能就会被社会看重，获得更大的投资，包括政府投资和民间投资。

当一个社会以经济作为其发展的基本指标和最为重要的指标

时，这种知识选择的指向性也更为明确，就是指向拥有非常强大的经济效益的专业知识。

专门知识的效益，也就是经济效益和社会效益可以直接地带来利益，也会迅速地促进这种专门知识的发展，使之成为社会的显学。

当一种知识成为现实显学，就很容易引起人们的关注，也更容易获得各种利益。互联网时代，知识分子可以迅速地成为社会的知识明星，这意味着社会经济效益的扩大。明星化的知识分子也迅速地成为特定的知识阶级，并在社会中掌控着相应的流行知识的权力。

知识秩序的发展推动了知识阶级的产生和发展，其阶级的界限会越来越明显，相应的知识阶级也会逐渐地固化下来。

对 20 世纪中国知识分子及知识生产的线条式的考察，其中对 20 世纪初、20 世纪中期、20 世纪末三个不同时期的知识板块的产生及构成进行重点讨论，可以相当清晰地了解中国现代知识的基本形态及其演变过程，同时对中国现代知识发展的动力和推动力量也有较为明确的认识。

这是探索的过程，提出中国现代知识生产的题目，可以打开中国现代文化知识研究的领域，有助于对中国现实和未来知识存在与发展的进一步认识。

后　记

　　从 20 世纪的中国走过来,总感觉到被某种知识的力量规定着。社会的知识基础,人的价值观,人对世界的评判,都受到特定知识的规定。同时,人们还运用这些知识组织自己的生活,组织人生,组织社会,构成相关的历史叙事和日常叙事,形成具有某种特色的社会知识形态。社会便在这个知识系统中按部就班地运作。

　　人们给 20 世纪的知识赋予了一个很好听的名称:现代知识,它拥有权威的力量,拥有不可颠覆的地位,支撑和组织中国社会走过了一个世纪。

　　社会从来没有反思这些知识的来源,也没有考察这种知识权力的构成过程。人们把这些知识当作天经地义的存在,习惯于已有的知识规则,并在其中自然地生活。

　　我有过受这些知识支配的体验,因此对 20 世纪的知识形态及其所形成的权力产生了兴趣,我想了解中国社会是如何制造了这些知识,并建立了这些知识的权力。这是值得探讨的问题。

　　我的思考来源于切身的生存处境,由此而激发起我对这些问题的兴趣。这是一种自问自答的思想过程,在这其中我感到了思想的快乐,也常常感觉到某种沉重,因为这些知识在其构成过程中所付出的代价是巨大的,有些代价是触目惊心的,这不得不让我严肃地对待它。

　　20 世纪的中国提供了非常丰富的知识样本,可以从中发现许多有趣的现象。这个考察跨度很大,在这里把论题提出来,也不失

后　记

为探讨的开始。

我的思考很难归入具体的学科类型，但它是一种思想，是从现实的问题处境激发出来的思想，而且融入了我的探求愿望，我更愿意将之归入思想的领域，也因为有了这样的思想拓展，这个空间会变得更加广阔，也更加自由。

讨论自己感兴趣的问题，写写自己的所思所想，享受思想的快乐，是人生的一大乐事，哪怕仅仅是为了养生，也是自得其乐的事情。放开思想，为自己的思想而写作，就如同在蓝天中任意飘荡的白云，确实是一种自由自在的境界。

2017 年 6 月于广州